大学生职业生涯规划与创新创业教育研究

蒋育忻 著

辽宁大学出版社 沈阳

图书在版编目（CIP）数据

大学生职业生涯规划与创新创业教育研究/蒋育忻著.--沈阳：辽宁大学出版社，2023.10
ISBN 978-7-5698-1331-9

Ⅰ.①大… Ⅱ.①蒋… Ⅲ.①大学生－职业选择－研究②大学生－创业－研究 Ⅳ.①G647.38

中国国家版本馆 CIP 数据核字（2023）第 137732 号

大学生职业生涯规划与创新创业教育研究
DAXUESHENG ZHIYE SHENGYA GUIHUA YU CHUANGXIN CHUANGYE JIAOYU YANJIU

出 版 者：	辽宁大学出版社有限责任公司
	（地址：沈阳市皇姑区崇山中路66号　邮政编码：110036）
印 刷 者：	河北万卷印刷有限公司
发 行 者：	辽宁大学出版社有限责任公司
幅面尺寸：	170mm×240mm
印　　张：	13.75
字　　数：	247 千字
出版时间：	2023 年 10 月第 1 版
印刷时间：	2023 年 10 月第 1 次印刷
责任编辑：	张宛初
封面设计：	韩　实
责任校对：	郝雪娇

书　　号：ISBN 978-7-5698-1331-9
定　　价：98.00 元

联系电话：024-86864613
邮购热线：024-86830665
网　　址：http://press.lnu.edu.cn

前言

大学生创新创业教育是根据教育部的文件要求,以培养高素质的创新人才为目的,以提升大学生的创新意识、训练大学生的创新思维、提高大学生的创业能力为目标,以科学的创新创业理论和实践为内容的关注人的发展和人生规划的教育;也是结合专业教育,通过传授创业知识,培养学生的创业能力和创业品质,使学生毕业后能够顺利步入社会,实现自主创业和自我发展的教育。高等院校依法依规对大学生开展创业教育,鼓励和扶持大学生创新创业活动,着力培养大学生的创业意识、创新精神、创业知识结构、创业能力等综合性的创业素质。高等院校在进行创新创业教育时,以创业理论知识为基础,培养学生的创新意识和思维,提高学生的创业素质和能力,理论结合实践,通过校企、校地、校校结合帮助学生进行社会实践、掌握创业知识、激发创业精神、树立创业意识。此外,创新创业教育能够推动就业,提高大学生的就业竞争力。

本书共分为五章,系统性地对大学生职业生涯规划与创新创业教育进行了详细的分析与研究,具体如下:

第一章为职业生涯规划综述,分别从职业生涯规划的相关概念、职业生涯规划的基本理论、职业生涯规划的原则与步骤三方面对职业生涯规划的概念、理论等进行分析,便于加深大学生对职业生涯规划的理解。

第二章为创新创业教育认识,主要内容有初识创新与创业、创新创业教育概述、创新创业教育理论。

第三章为大学生自我认知,内容包括自我认知的一般认识、兴趣认知与性格认知、能力认知与价值观认知三部分。

第四章为大学生职业意识与创新创业意识,主要包括大学生职业意识概述、大学生创新创业意识概述、大学生创新创业意识培育总体态势、大学生职业意识培养路径、大学生创新创业意识培育基本路径。

第五章为大学生职业生涯规划教育与创新创业能力培养的有效途径，主要内容包括大学生职业生涯规划教育的一般认识、大学生创新创业能力发展概述、完善大学生职业生涯规划教育与创新创业能力培养的对策、大学生职业生涯规划教育与创新创业能力培养体系构建。

本书适用于从事相关工作的人员作为参考用书使用，在编写的过程中得到了很多专家、教授的帮助，在此表示感谢。由于编者水平有限，书稿难免存在一定的不足与缺陷，希望广大读者多提宝贵意见，以便我们不断改进和完善。

目 录

第一章　职业生涯规划综述　　1
   第一节　职业生涯规划的相关概念　　1
   第二节　职业生涯规划的基本理论　　10
   第三节　职业生涯规划原则与步骤　　31

第二章　创新创业教育认识　　44
   第一节　初识创新与创业　　44
   第二节　创新创业教育概述　　51
   第三节　创新创业教育理论　　59

第三章　大学生自我认知　　67
   第一节　自我认知的一般认识　　67
   第二节　兴趣认知与性格认知　　72
   第三节　能力认知与价值观认知　　85

第四章　大学生职业意识与创新创业意识　　96
   第一节　大学生职业意识概述　　96
   第二节　大学生创新创业意识概述　　110
   第三节　大学生创新创业意识培育总体态势　　121
   第四节　大学生职业意识培养路径　　124
   第五节　大学生创新创业意识培育基本路径　　132

第五章 大学生职业生涯规划教育与创新创业能力培养的有效途径　155

  第一节　大学生职业生涯规划教育的一般认识　155
  第二节　大学生创新创业能力发展概述　166
  第三节　完善大学生职业生涯规划教育与创新创业能力培养　172
  第四节　大学生职业生涯规划教育与创新创业能力培养体系构建　189

参考文献　209

第一章 职业生涯规划综述

第一节 职业生涯规划的相关概念

一、职业与职业生涯

（一）职业的含义

《现代汉语词典》对"职业"的解释为，个人在社会中所从事的作为主要生活来源的工作。比较专业的定义是，职业是指人们在社会生活中所从事的以获得物质报酬作为自己主要生活来源，并能满足自己精神需求的、在社会分工中具有专门技能的工作。职业也可以简单理解为一个人赖以生存和发展的社会劳动岗位。职业（career）不同于工作（job），它更多的是指一种事业。

对大多数大学生来说，职业是一个"万花筒"，他们对职业有一定的了解，但却是片面的。有的人认为，职业就是"某一种工作"，如医生、教师、律师等；有的人认为，职业是一种生活来源；还有的人认为，职业是一种"专业类别"或"等级身份"。大学生对职业的各种认识主要归因于我国的社会教育以及家庭教育，加上当代大学生从小学到大学疲于应试，这使得他们对职业的了解并不全面。

对职业的认识一般可以从两个角度来理解。从社会学的角度来看，职业是一种社会现象，是指人们为了谋生和发展而从事的相对稳定的、有收入的、专门类别的社会劳动。一方面，随着社会的不断进步和发展，社会分工越来越细，行业越来越多，个人职业发展的选择机会也越来越多；另一方面，一些职业则随着时代的变迁逐步退出人类社会。从个人角度而言，职业是个人在职业生涯中扮演的一系列工作角色。对大学生而言，第一次就业意味着要从学生角色转换到职业角色。同时，对于初次就业的大学生而言，就业也是个人谋生的重要手段，是大学生独立的表现。因此，可以认为，职业是指有劳动能力的人未来的谋生和发展，通过发挥自己的能力和专长而从事的相对稳定、有经济收入、特定类别的社会劳动。它包括三层含义：首先，从事职业的目的是谋生和发展，所以在择业时不仅要考虑薪资的多少，还要考虑将来的发展；其次，选择职业时要用到自己的专业特长，所以大学生为了找到更好的职业必须要具有一定的专业知识和技术能力，只有这样才能在日益激烈的人才市场上拥有竞争力；最后，职业是相对稳定的而不是绝对稳定的，且有特定的类别，这就要求大学生在择业时一定要选择与自己的能力、兴趣和价值观相匹配的职业类型，最好在第一次就业时就选准，如若不行，可以考虑在工作前期通过转岗和换行等行为进行自我调整，直至最终找准自己的职业定位。

（二）职业生涯的认识

人的一生从出生开始就扮演着孩童、学生、劳动者、父母等各阶段的多项社会角色，这些角色的组合使每个人有着不同的生活方式，这样的发展历程构成了"生涯"。职业生涯是指一个人一生在职业岗位上所积累的，与工作活动相关的连续经历。职业生涯是一个动态的过程，它反映了职业选择、职位变动、个人职业理想得以实现的整个过程。在这个过程中，个人决定了自己的人生价值，并不断追求自我，实现人生目标，因此它是人一生中最重要的历程。

在进行职业生涯分类的过程中，可将职业生涯分为内职业生涯和外职业生涯两部分，这样分类有助于实现职业生涯的发展目标。

1. 内职业生涯

内职业生涯是指从事一种职业时的知识、观念、经验、能力、心理素质、内心感受等因素的组合及其变化过程。内职业生涯各项因素的获得，需要个人通过学习、研究等方式不断完善。内职业生涯各因素是真正的人力资本所在，是一个人生涯发展的原动力。内职业生涯的完备，也为外职业生涯打下了良好的基础。确切地说，内职业生涯是一个人对自我的认识、了解、目标设计、愿望如何达成的全部心理过程，即我是谁、我的兴趣、我能做什么、我要怎么做、我需要什么资源、我要成为什么角色等。内职业生涯是人生初探时全部问题的自我解答过程，如果能够深入分析自我、认识自我，并在此过程中让自我不断明确、肯定、满足，那么内职业生涯的确立已经开始。中国有"吾日三省吾身"的古训。"三"并不代表三次，而是从精神健康及人生态度上不断反思的过程，这是内职业生涯最初也是最基本的模式。

内职业生涯具有以下三个特性。

（1）自我实现性。内职业生涯各项因素的获得，是靠自己努力追求实现的。

（2）不可剥夺性。内职业生涯各项因素一旦获得，他人便不可收回或剥夺。

（3）可转化性。内职业生涯可以转化为外职业生涯。

内职业生涯各项因素一旦获得，别人便不能收回或剥夺。内职业生涯是真正的人力资本所在，提高内职业生涯而取得的工作成绩，会转化为外职业生涯。内职业生涯的发展是外职业生涯发展的前提，内职业生涯的发展带动外职业生涯的发展。内职业生涯在人的职业生涯成功乃至人生成功中具有关键性作用。因此，在职业生涯的各个阶段，我们都应重视内职业生涯的发展，尤其是在职业生涯早期和中前期。对于尚未毕业的大学生，或者是刚刚参加工作的新员工，一定要把对内职业生涯各因素的追求看得比外职业生涯更重要。

2. 外职业生涯

外职业生涯是指从事职业时的工作单位、工作时间、工作地点、工作内容、工作职务与职称、工作环境、工资待遇等因素的组合及其变化过程。它是依赖于内职业生涯的发展而增长的。外职业生涯着重强调外部环境和外部条件，其构成因素通常会随着外在条件的变化而变化，外职业生涯的稳定以内职业生涯的发展为前提。良好的外职业条件还可提升个人对内职业生涯的认知，相互促进、相互协调。

外职业生涯具有以下三个特性。

（1）不可控性。外职业生涯构成要素往往是他人给予的，容易被别人收回和否定。

（2）不等偿性。外职业生涯构成要素往往与自己的付出不符，尤其是职业初期。

（3）依赖性。外职业生涯发展以内职业生涯发展为前提条件。

3. 区别和联系

内职业生涯和外职业生涯既相互区别又相互联系，它们共同构成了职业生涯的整体。

两者的区别如下：外职业生涯的构成因素通常是由别人认可和给予的，也容易被别人否认和收回；而内职业生涯各项因素的取得主要靠自己的努力追求；与外职业生涯的构成因素不同，内职业生涯的各构成因素一旦取得，别人便不能收回或剥夺。外职业生涯略超前时有动力，超前较多时有压力，超前太大时有毁灭力；内职业生涯略超前时舒心，超前较多时烦心，超前太大时要变心。

两者的联系如下：内职业生涯的发展是外职业生涯发展的前提，内职业生涯带动外职业生涯的发展；内职业生涯是真正的人力资本所在，提高内职业生涯而取得的工作成绩，会转化为外职业生涯。

一方面，内职业生涯的发展是外职业生涯发展的前提。只有内、外职业生涯同时发展，职业生涯之旅才能一帆风顺。另一方面，外职业生涯发展顺利，还可以促进内职业生涯的发展。

二、职业生涯规划概述

（一）职业生涯规划的含义及意义

1. 职业生涯规划的含义

职业生涯规划简称生涯规划，又称职业生涯设计，指对职业生涯和人生发展进行系统而持续的计划。一个完整的职业生涯规划由职业定位、目标设定和通道设计三个要素构成（如图1-1所示）。具体来说，职业生涯规划是在对一个人职业生涯的主客观条件进行测定、分析和总结的基础上，对自己的兴趣、能力、个性及态度等进行综合分析与权衡，结合时代特点，根据自己的职业倾向，确定最佳的职业定位和奋斗目标，并为实现这一目标制订出行之有效的行动计划。

```
          ┌─────────────┐
          │ 职业生涯规划 │
          └──────┬──────┘
      ┌──────────┼──────────┐
 ┌────┴───┐ ┌────┴───┐ ┌────┴───┐
 │ 职业定位 │ │ 目标设定 │ │ 通道设计 │
 └────────┘ └────────┘ └────────┘
```

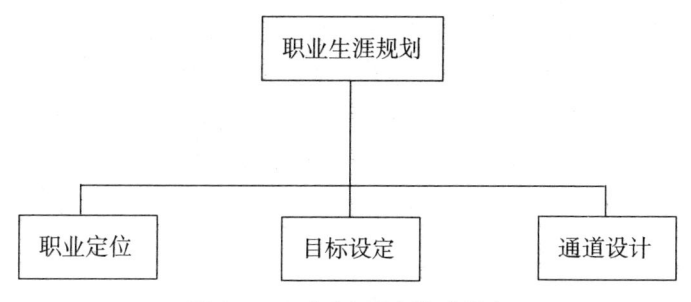

图 1-1　职业生涯规划构成要素

职业生涯规划要求根据自身的兴趣、特点，将自己定位在一个最能发挥自己长处的位置，选择最适合自己能力的事业。职业定位是决定职业生涯成败的关键一步，同时是职业生涯规划的起点。对年轻人而言，职业选择是否适当，将影响其将来事业的成败以及一生的幸福；对社会而言，个人择业是否适当，能决定社会人力供需是否平衡。如果每个人都适材适所，那么不仅每个人都有发展的前途，而且社会亦会欣欣向荣；相反，则个人贫困，社会问题丛生。

职业生涯规划并不是一个单纯的概念，它和个体所处的家庭、组织以及社会存在密切的关系。随着个体价值观、家庭环境、工作环境和社会环境的变化，每个人的职业期望都有或大或小的变化，因此它又是一个动态变化的过程。

2. 职业生涯规划的意义

每一个人在性格、能力、心理、价值观念、身体素质、物质条件、生活状态等方面都是不同的，这是人生发展中"质"与"量"的差异所造成的。人生发展的"质"与"量"可以说是人与人之间的区别标签。因此，在发展的起步期，只有找准自己当前的"质"与"量"，才能知道自己所处的位置、所具备的条件；只有找准了自己未来的"质"与"量"，才能知道自己所努力的方向和所要达到的境界。这需要一种衡量工具。在发展的过程中，只有运用恰当的方法，科学系统地去构造发展的轨迹，才能找到理想的"质"与"量"。这就需要一种勾画手段。我们都知道，标尺的作用是衡量与勾画，而职业生涯规划正是人生发展的标尺，这点对于站在生涯发展十字路口的大学生而言，更是如此。

（1）职业生涯规划的衡量作用。其一，指导大学生确定恰当的人生目标。目标是人生的灯塔，它指引着奋斗的方向，也给予奋斗的动力。但是，确定一个恰当的人生目标绝非易事。目标确定得过于宏大，就会找不到实现目标的入手之处，对个人成长起不到促进作用；目标确定得过于狭隘，会使个人的成长受到局限，最终限制了大学生的发展空间。而职业生涯规划所包含的各种理论、方法、工具，可以帮助大学生准确地认识自我，在正确的自我定位的基础上，结合外部条件和社会需要确定切实可行的目标。

其二，帮助大学生认识既有的发展状态。认识既有的发展状态，包括对个性的认识、对现有能力和不足的认识、对发展阶段的认识等。如果对既有的发展状态有较好的把握，就可以确定之前所做努力的效果，明确下一步的工作计划。这样，我们就能知道今后是应该继续沿用之前的发展思路，还是作适当的调整。这既可以作为一种对之前确定的人生目标的检验，又能促进我们逐渐朝人生目标迈进。

（2）职业生涯规划的勾画作用。其一，帮助大学生树立正确的择业观念。时下就业市场上之所以会出现"公务员热""金融热"等现象，是因为很多大学生没有正确的择业观念，而一味地随大流，或者仅仅认识到社会环境对职业发展的影响，而没有考虑到自我的身心特点和未来发展的目标。延伸到相关的"考研热""出国热"等，这也是大学生群体缺乏正确就业观念的表现。没有正确的择业观念，带来的结果往往是就业中的四处碰壁，或从事了一个不适合自己的职业，导致个性被压抑，能力被限制，生活中郁郁寡欢，事业上步履维艰。三百六十行，行行出状元。对于有抱负的人而言，其实大多数职业都有广阔的施展空间，都能带来人生的成功。正确的择业观念应当是自我认识、环境认识、价值目标认识的系统结合。而职业生涯规划可以帮助个体在此基础上树立具体的、有针对性的择业观念，从而对机遇的把握更为全面和深刻。

其二，引导大学生重视并有针对性地培养素质和能力。对于大学生而言，当前社会发展既充满了机遇，又面临着严峻的挑战。可以预见，未来对人才要求的趋势是越来越多样化、专业化，而且越来越注重品行合一。我们常常听说这样的情况：有学生在工作中由于不能熟练地使用各种现代化的工具，使得其能力大打折扣；有学生在大学期间虽然看了很多书，但在工作时无论是口头表达能力还是书面表达能力都不强，直接影响到社会对自己的认可；还有一些学生在工作时感觉专业知识学得不深，常有重回校园学习的冲动等。这些都是大学生没有有针对性地培养自己的素质和能力的结果。那么，在机遇和挑战面前，大学生应该怎样培养素质和能力呢？人一生中学习和实践的时间是有限的，我们很难使自己的素质和能力面面俱到，使自己成为无所不能的"全才"。而且当代社会分工的精细，使得任何人都不能在所有领域里大显身手。因此，我们应该以发展目标为核心，有针对性地培养自己在某些方面的素质和能力。学习了职业生涯规划，相信大多数人都能理解这一点，并会付诸行动。

（二）职业生涯规划的特点及分类

1. 职业生涯规划的特点

职业生涯规划是一个动态的、持续的人生不同阶段或者整个人生的设计规划，科学合理的职业生涯规划具有以下特点。

（1）可行性。规划要有事实依据，不能只是美好的梦想或者不着边际的幻想，否则将会延误发展良机，失去职业生涯规划的价值。职业生涯规划必须依据个人及其所处环境来制定，才能成为能够实现和落实的计划方案。大学生制定职业生涯规划，要考虑所学的专业或今后从事的职业所需要的知识和能力。如果所学非所用，或者不具备理想职业所要求的能力，职业生涯规划就不可行。现实中，所学非所用的现象比比皆是，都在一定程度上反映出没有进行职业生涯规划或者职业生涯规划失败的结果。

（2）适时性。规划是预测未来的行动，确定将来的目标，因此各项主要活动何时实施、何时完成，都应有时间和时序上的详细安排，以作为检查行动的依据。

（3）适应性。规划未来的职业生涯目标，涉及多种可变因素，因此规划应有弹性，应留有余地，随着外界环境和自身条件的变化，个人应及时调整自己的职业生涯规划方案，以增加其适应性。

（4）持续性。职业生涯目标是人生追求的重要目标，每个发展阶段的职业规划应能持续连贯衔接,通过不断调整和持续的职业活动安排,最终实现职业生涯目标。

2. 职业生涯规划的分类

按时间长短,职业生涯规划可分为人生规划、长期规划、中期规划和短期规划,如表1-1所示;按职业问题处理方法,职业生涯规划可分为依赖型、直觉型和理性型,如表1-2所示。

表1-1 按时间长短划分职业生涯规划

类型	定义及任务
人生规划	整个职业生涯的规划,时间长至40年左右,设定整个人生的发展目标
长期规划	5～10年的规划,主要是设定较长远的目标
中期规划	一般为2～5年的目标与任务
短期规划	2年以内的规划,主要是确定近期目标,规划近期完成的任务

表1-2 按职业问题处理方法划分职业生涯规划

类型	定义及任务
依赖型	依赖父母、朋友、老师,或遵从书本与社会舆论
直觉型	凭自己的直觉与一时好恶作出决定
理性型	综合考虑个人和职场因素,分析利弊得失,做出相应的计划

(三)职业生涯规划的认识误区

大学生都经历过高考和填报志愿,在填报志愿的时候,其实就已经做出了职业生涯中一个重要的决策,因为所填报的志愿在很大程度上将决定大学四年的专业学习。但是如果问到一些同学是因为如何做出这个决策的,恐怕结果会让人大吃一惊。很多学生是因为和同学一番简单的交流,或者老师一句不经心的话,又或者家中亲友给予的建议甚至某个道听途说的消息就决定了四年乃至更长时间的生活。

面对如此重大的决定,很多同学所花费的时间却并不比选购一件衣服花费的时间多。可见,职业生涯规划中存在许多的误区,这些误区还普遍存在。①

1. 职业生涯规划可有可无

职业生涯规划意识淡薄是当代大学生的普遍特点。大部分大学生从来没有对自己的职业生涯做过合理的规划，只知道大学生就业形势特别严峻，从进校开始就十分紧张，在感到紧张的同时，并没有认真规划自己的职业前景。不少大学生认为职业生涯规划可有可无，反正能否就业不由自己说了算，听天由命。还有的大学生认为，自己尚处于学习阶段，未来有太多的不确定因素，所以现在规划自己的职业生涯为时过早。这些想法导致大学生学习无目的性，荒废了宝贵的学习时间，错过了职业规划下有目的、有针对性、有计划的人生素养和能力提升的大好时机。

2. 职业生涯规划是毕业生的主要任务

不少大学生在谈及职业生涯规划时，都认为这是毕业生的主要任务，而其他年级的学生不必为职业规划"浪费"时间，认为计划不如变化快，等到即将毕业时再做职业规划也不迟，其实这是一种误区。如果不从走进大学的第一天开始，就接受有关职业规划的理念，并在老师的指导下逐渐形成自己的职业发展规划，到毕业真正面对就业问题时就会陷入盲目状态。

事实上，不容乐观的就业形势已经让一些大学生意识到，职业规划从大一起就应该作为重点工作来做。一方面，通过职业规划可选择适合自己的职业，确定符合自己兴趣与特长的职业生涯路线；另一方面，还可拓展到职业修养、价值观等"内在"的素质培养。但由于缺乏专门的指导和督促，不少学生并没有在进校时就开始进行科学的职业生涯规划。

3. 职业生涯规划中的自我定位不准

许多大学生没有做好自己的职业规划，首要原因是自我认知不清晰，不知道自己想干什么、适合干什么。大学生在制定自己的职业规划时，应面对现实，做一个全面的自我分析，做好"四定"：定向，即确定自己的职业方向；定点，即确定自己职业发展的地点；定位，即确定自己在社会中的位置；定心，即做到心平气和。这实际上就是解决职业生涯设计中"干什么""何处干""怎么干""以什么样的心态去干"这四个最基

---

① 李金亮，杨芳，周欣. 大学生职业生涯规划[M]. 长沙：湖南教育出版社，2019：12.

本的问题。这样，既可以防止"低价出售"自己，也可以防止期望值过高而一无所获。

4.职业生涯规划急功近利，把就业、职业与事业混为一谈

不少大学生忽视职业生涯规划过程的动态性和阶段性，不考虑自己的实际情况，盲目从众，急于求成，甚至企图走"捷径"实现目标。并且，有些大学生把就业、职业和事业混为一谈，认为就业等于职业，甚至把就业与一生的事业发展画上等号。因此，在就业问题上显得优柔寡断。把就业当成一生中带有定格性的事情来对待，既不利于毕业时就业问题的解决，也不利于长远职业生涯的规划，更谈不上事业发展。职业生涯设计师徐小平认为，人生职业分为三个层次：第一层次是就业，维持生存；第二层次是职业，从事比较稳定的工作，满足基本的物质需求；第三层次是事业，这个层次不仅有丰富的物质生活，还有精神上的满足感。这三个层次是逐步推进、逐步实现的，并不能一步到位。

第二节　职业生涯规划的基本理论

一、职业选择理论

（一）帕森斯特质因素理论

帕森斯特质因素理论又称帕森斯的人职匹配理论，是最早的职业辅导理论，也是用于职业选择与职业指导的经典性理论之一。1909年，美国波士顿大学教授弗兰克·帕森斯（Frank Parsons）在其《选择一个职业》的著作中提出了"人与职业相匹配是职业选择的焦点"的观点。

特质因素理论的核心是人与职业的匹配，其理论前提是每个人都有自己的特质，并且可以客观而有效地进行测量；为了取得成功，不同职业需要配备不同特质的人员；个人特质与工作要求之间配合得越紧密，职业成功的可能性越大。所谓特质，就是指个人的人格特征，包括能力倾向、兴趣、价值观和人格等，这些都可以通过心理测量工具来加以评量。所谓因素，则是指在工作上要取得成功所必须具备的条件或资格，这可以通过对工作的分析而了解。

1. 特质因素理论的类型

帕森斯认为特质因素理论分为两种类型。

（1）因素匹配又称条件匹配，或"活儿找人"。例如，需要有专门技术和专业知识的职业与掌握该技能和专业知识的择业者相匹配；或脏、累、苦劳动条件很差的职业，需要有吃苦耐劳、体格健壮的劳动者与之匹配。

（2）特性匹配又称特长匹配，或"人找活儿"。例如，具有敏感、易动感情、不守常规、个性强、理想主义等人格特性的人，宜从事审美性、自我情感表达等艺术创作类型的职业。

2. 职业设计的步骤

根据特质因素理论，职业设计应包括以下三步。

第一步是评价求职者的生理和心理特点（特性）。通过心理测量及其他测评手段，获得有关求职者的身体状况、能力倾向、兴趣爱好、气质与性格等方面的资料，并通过会谈、调查等方法获得求职者的家庭背景、学业成绩、工作经历等方面的情况，并对这些资料进行评价。

第二步是分析各种职业对人的要求（因素），并向求职者提供有关的职业信息。包括职业的性质、工资待遇、工作条件以及晋升的可能性；求职的最低条件，如学历要求、所需的专业训练、身体要求、年龄、各种能力以及其他心理特点的要求；为准备就业设置的教育课程计划，以及提供这种训练的教育机构、学习年限、入学资格和费用等；就业机会。

第三步是人职匹配。指导人员在了解了求职者的特性和职业的各项指标的基础上，帮助求职者进行比较分析，以便选择一种适合其个人特点又有可能得到并能在职业上取得成功的职业。

3. 理论评价

帕森斯特质因素理论讲究科学理性，符合逻辑推理的方法，指导方法十分具体，便于学习和操作。特质因素理论也注重职业资料的重要性，强调个人必须对职业有正确的态度与认识，才能做出正确的职业选择。它所提出的对个人提供有关职业资料的服务，的确能增进职业指导的功能，但该理论的缺陷在于，理论中的静态观点和现代社会的职业变动规律不相符，忽视了社会因素对职业设计的影响和制约作用。

（二）罗伊人格发展理论

安妮·罗伊（Anne Roe）是一位临床心理学家，她的人格理论约在20世纪60年代提出，她依据自己所积累的临床心理学经验及对各类杰出人物有关适应、创造、智力等特质的研究结果，综合了费罗伊德的精神分析论、墨瑞的人格理论与马斯洛的需要层次论，形成了其人格发展理论。罗伊认为，早年经验会增强或削弱个人高层次的需求，进而影响人的生涯发展。她特别强调早期经验对个体以后的择业行为的影响。

1. 理论假设

罗伊的理论假设每一个人天生就有一种扩展心理能量的倾向，这种内在的倾向配合着不同个体的儿童时期的经验，塑造出个人需求满足的不同方式。而每一种方式对于生涯选择的行为都有不同的意义。

（1）如果需求获得满足，就不会变成无意识的动力来源。

（2）如果高层次的需求（如自我实现、审美）不能获得满足时，则这种需求将会消失而且不再发展。

（3）如果低层次的需求未获得满足，将驱使人们去满足此类需求来维持生存，而间接地妨碍了高层次需求的满足。

（4）如果需求的满足受到延迟，就会无意识地驱动人们去满足这些需求，而延迟其他的需求。其影响力将依据该需要的强度、时间的长短及周围环境对满足该需求的价值判断而定。

个人心理能量的运作会影响个人需求的满足状况，而心理能量又受遗传与环境交互的影响，特别是早年所受的挫折和满足、体验和经验对个人心理需求的发展会有重大的影响。

2. 亲子关系

罗伊认为，需求满足的发展与个人早期的家庭氛围及成年后的职业选择有密切的关系。

例如，个体成长过程中，父母是接纳还是拒绝，家中氛围是温暖还是冷漠，父母对他的行为是自由放任还是保守严厉，这些都反映在个人所做的职业选择上。

（1）关心子女型包括过度保护和过度要求两种情况。多半满足子女的生理需求，有条件地满足心理需求。

（2）逃避型包括拒绝和忽视两种情况。只能满足孩子的生理需求，忽略心理上的需求。

（3）接纳型包括"爱的接纳"和"不明确的接纳"两种情况。前一种不仅能满足孩子的各种需求，还会支持子女发展的独立性。后一种则采取自由放纵，任其发展的态度。

3.职业分类

罗伊认为，我们所选择的工作环境，往往会反映出幼年时的家庭氛围。如果我们小时候生活的环境充满温暖、接纳或保护的氛围，就可能会选择服务、组织等与人有关的职业。如果小时候生活在一个冷漠、被忽视、被拒绝或过度要求的家庭中，很可能会选择以事、物和观念为主的职业。她把职业分为服务、商业交易、行政、科技、户外活动、科学、文化、艺术娱乐八大职业组群；依难易程度和责任要求的高低，把职业分为专业及管理（高级）、专业即管理（一般）、半专业及管理、技术、半技术、非技术六个等级。这八大业组群和六个专业等级，组成了一个职业分类系统，如表1-3所示。

表1-3 罗伊的职业世界分类系统（1984年）

层次	Ⅰ服务	Ⅱ商业交易	Ⅲ商业组织	Ⅳ技术	Ⅴ户外	Ⅵ科学	Ⅶ文化	Ⅷ演艺
专业及管理（高级）	社会科学家、心理治疗师、社会工作督导	公司业务主管	董事长、企业家	发明家、高级工程师	矿产研究员	医师、自然科学家	法官、教授	指挥家、艺术教授
专业及管理（一般）	社会行政人员、社工人员	人事经理、营业部经理	银行家、证券商、会计师	飞行员、工程师、厂长	动植物专家、地质学家、石油工程师	药剂师、兽医	新闻、编辑、教师	建筑师、艺术评论员
半专业及管理	社会福利人员、护士	推销员、批发商、经销商	会计、秘书	制造商、飞机修理师	农场主、森林巡视员	医务室技术员、气象员、理疗师	记者、广播员	广告、室内装潢家、摄影师
技术	技师、领班、警察	拍卖员、巡回推销员	资料编纂员、速记员	锁匠、木匠、水电工	矿工、油井、钻探工	技术助理	一般职员	演艺人员、橱窗装潢员
半技术	司机、厨师、消防员	小贩、售票员	出纳、邮递员、打字员	木匠（学徒）、起重机驾驶员、卡车司机	园丁、农民、矿工、助手		图书馆管理员	模特儿、广告绘制员
非技术	清洁工人、门卫侍者	送报员		助手杂工	伐木工人、农场工人	非技术性助手	送稿件人员	舞台管理员

4.亲子关系与职业选择

罗伊认为，父母对个体早期的教养方式，对其今后的职业选择有很大的影响。她把父母对孩子管教的态度从"温暖"和"冷漠"两个基本方面，大致划分为三种类型、六种情况，并非常形象地把亲子关系和职业选择的关系用图1-2来表示。

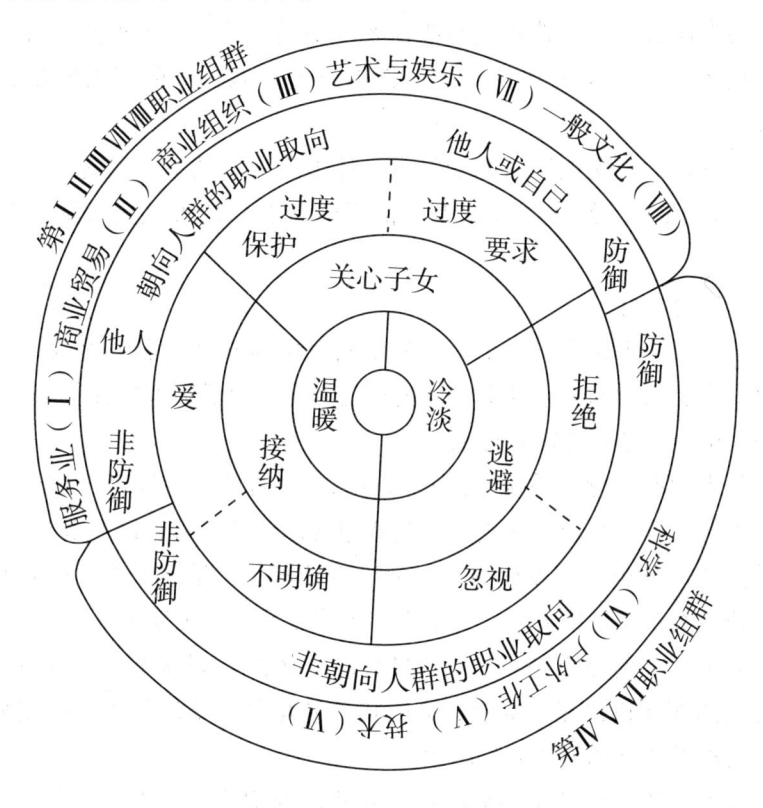

图1-2 亲子关系与职业选择的关系

从图1-2可以清楚地看出亲子交互反应的形态与人际倾向之间的关系，而此两者的关系又取决于需求满足的方式与程度。

第一种"关心子女型"中的"过度保护型"父母，会毫无保留地满足子女的生理需求，却不见得能满足子女对爱与自尊的需求，即使这些需求都能得到满足，子女也未必表现出社会认可的行为。所以，在这类氛围下长大的子女，日后显示出较多的人际倾向，而且不是出自防御的心理机制。而"过度要求型"的父母，对于子女需求的满足往往附加某些条件，也就是当子女表现出顺从的行为，或表现出父母认可的成就行为时，其生理需求或爱的需求才能得到满足，这种在父母的高标准严要求下长大的孩子会变成完美主义者。他们会为表现得不够完美而焦虑，因而在做职业选择时较为困难。

在第二种"逃避型"父母的教养态度下，无论是受到拒绝或忽视，儿童需求满足的经验都是痛苦的，即不论生理需要还是安全需要的满足都会有所欠缺，更谈不上高级需要的满足。所以，这类儿童日后会害怕和他人相处，宁可在自己的工作岗位上，靠自己的努力满足自己的需求。

第三种"接纳型"家庭的氛围大体上是温暖的。在温暖、民主氛围下长大的孩子，各类层次的需求都不会缺乏，长大之后也能做独立的选择。

5. 理论评价

（1）罗伊人格理论的意义。罗伊特别强调早期经验，尤其是父母的养育方式和亲子间的互动对个体需求的满足及以后职业选择行为的影响，这些理论与观念都是富有见地的。

罗伊的职业分类系统采用多向度的分类方法，有助于个体对工作进行深入的了解。目前，在美国最被普遍使用的"电脑辅助职业资料系统"就是依照此分类系统设计的；美国华盛顿州各大学的课程，也参考罗伊等人的分类系统加以分析，并纳入学生的职业生涯规划体系。

罗伊的理论提出辅导人员必须注重个体的心理需求，并协助个体选择适当的职业以满足其需求，同时培养满足其需求的能力，以克服阻碍满足需求的各种困惑或心理障碍。

（2）罗伊人格理论的局限性。就罗伊的理论框架而言，大多数研究并不支持其亲子关系与职业选择关系的假设，而双亲的管教方式也不一定一致，难以作统一的分类。

罗伊的理论在实际辅导的应用上过于笼统，尚未提出具体明确的辅导方法与技术。用心理能量的需求满足来辅导个体，需要花费较长的时间了解与分析，这对于讲究时效的现代心理辅导也不太可行。

罗伊的理论对于与个体择业选择密切相关且非常重要的教育因素和其他环境因素，基本未涉及。

（三）霍兰德职业个性理论

职业个性理论也叫职业兴趣理论，由美国约翰斯·霍普金斯大学心理学教授、著名的职业指导专家约翰·霍兰德（John Holland）提出，实质在于人格与职业的相互适应。霍兰德认为，人的个性与相关职业存在对应关系，并强调了个体在孩童时代的家庭环境对个性及将来择业的影响。按照职业要求，人的个性可以归纳为社会型、企业型、常规型、现实型、调研型、艺术型六种类型，分别具有相应的职业适应范围。霍兰德强调，人具有广泛的适应性，通过努力，有些人可能适应其他职业类型。工作环境是由工作群体的特性形成的，个体能否适应工作环境主要看能否和别人协调沟通。

人的个性类型分为以下六种。

1. 社会型（S）

（1）共同特点。喜欢与人交往，不断结交新的朋友、善言谈，愿意教导别人；关心社会问题、渴望发挥自己的社会作用；寻求广泛的人际关系，比较看重社会义务和社会道德。

（2）典型职业。喜欢与人打交道的工作，能够不断结交新的朋友，从事提供信息、启迪、帮助、培训、开发或治疗等工作，并具备相应能力。例如，教育工作者（教师、教育行政人员）、社会工作者（咨询人员、公关人员）等。

2. 企业型（E）

（1）共同特点。追求权力、权威和物质财富，具有领导才能；喜欢竞争、勇于冒险、有野心、有抱负；为人务实，习惯以利益得失、权力、地位、金钱等来衡量做事的价值，做事有较强的目的性。

（2）典型职业。喜欢要求具备经营、管理、劝服、监督和领导才能，以实现机构、政治、社会及经济目标的工作，并具备相应的能力。例如，项目经理、销售人员、营销管理人员、政府官员、企业领导、法官、律师等。

3. 常规型（C）

（1）共同特点。尊重权威和规章制度，喜欢按计划办事，细心、有条理，习惯接受他人的指挥和领导，自己不谋求领导职务；喜欢关注实际和细节情况，通常较为谨慎和保守，缺乏创造性，不喜欢冒险和竞争，富有自我牺牲精神。

（2）典型职业。喜欢要求注意细节、精确度、有系统、有条理，记录、归档、根据特定要求或程序组织数据和文字信息的职业，并具备相应能力。例如，秘书、办公室人员、记事员、会计、行政助理、图书馆管理员、出纳员、打字员、投资分析员等。

4. 现实型（R）

（1）共同特点。愿意使用工具从事操作性工作，动手能力强，做事手脚灵活，动作协调；偏好于具体任务，不善言辞，做事保守，较为谦虚；缺乏社交能力，通常喜欢独立做事。

（2）典型职业。喜欢使用工具、机器，需要基本操作技能的工作。对要求具备机械方面才能、体力或从事与物件、机器、工具、运动器材、植物、动物相关的职业有兴趣，并具备相应能力。例如，技术性职业（计算机硬件人员、摄影师、制图员、机械装配工）、技能性职业（木匠、厨师、技工、修理工）等。

5. 调研型（I）

（1）共同特点。思想家而非实干家，抽象思维能力强，求知欲强，肯动脑，善思考，不愿动手；喜欢独立的和富有创造性的工作；知识渊博，有学识才能，不善于领导他人；考虑问题理性，做事精确，喜欢逻辑分析和推理，不断探讨未知的领域。

（2）典型职业。喜欢智力的、抽象的、分析的、独立的定向任务，要求具备智力或分析才能，并将其用于观察、估测、衡量、形成理论、最终解决问题的工作，并具备相应的能力。例如，科学研究人员、教师、工程师、电脑编程人员、医生、系统分析员等。

6. 艺术型（A）

（1）共同特点。有创造力，乐于创造新颖、与众不同的成果，渴望表现自己的个性，实现自身的价值；做事理想化，追求完美，不重实际；具有一定的艺术才能和个性；善于表达、怀旧，心态较为复杂。

（2）典型职业。喜欢的工作要求具备艺术修养、创造力、表达能力和直觉，并将其用于语言、行为、声音、颜色和形式的审美思索和感受，具备相应的能力，不善于事务性工作。例如，与艺术相关的演员、导演、艺术设计师、雕刻家、建筑师、摄影家、广告制作人，与音乐相关的歌唱家、作曲家、乐队指挥，与文学相关的小说家、诗人、剧作家等。

然而，大多数人并非只有一种性向（比如，一个人的性向中很可能同时包含社会性向、实际性向和调研性向）。霍兰德认为，这些性向越相似，相容性越强，则一个人在选择职业时所面临的内在冲突和犹豫就会越少。为了帮助描述这种情况，霍兰德建议将这六种类型分别放在一个正六边形的每一角上，如图1-3所示。

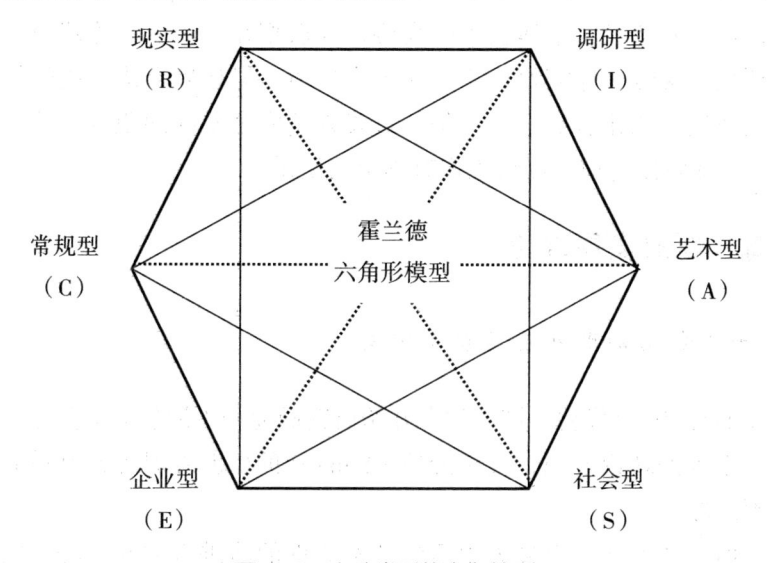

图 1-3 六种类型的内在关系

从图1-3中可以看出，每一种类型与其他类型之间存在不同程度的关系，大体可描述为三类。

相邻关系如RI、IR、IA、AI、AS、SA、SEES、EC、CE、RC及CR。属于这种关系的两种类型的个体之间共同点较多，现实型R、调研型I的人都不太偏好人际交往，这两种职业环境中的人也较少有机会与人接触。

相隔关系如RA、RE、IC、IS、AR、AE、SI、SC、EA、ER、CI及CS。属于这种关系的两种类型的个体之间共同点较相邻关系少。

在六边形上处于对角位置的类型之间即相对关系，如RS、IE、AC、SR、EI及CA，相对关系的人格类型共同点较少。因此，一个人同时对处于相对关系的两种职业环境兴趣都很浓的情况较为少见。

人们通常倾向于选择与自我兴趣类型匹配的职业环境，如具有现实型兴趣的人希望在现实型的职业环境中工作,可以最好地发挥个人的潜能。但在职业选择中,个体并非一定要选择与自己兴趣完全对应的职业环境。一是个体本身常是多种兴趣类型的综合体,单一类型显著突出的情况不多,因此评价个体的兴趣类型时,也时常以其在六大类型中分居前三位的类型组合而成,组合时根据分数的高低依次排列字母,构成其兴趣组型,如 RCA、AIS 等;二是影响职业选择的因素是多方面的,不完全依据兴趣类型,还要参照社会的职业需求及获得职业的现实可能性。因此,在职业选择时个体会不断妥协,寻求相邻的职业环境甚至相隔的职业环境,这时个体需要逐渐适应工作环境。但如果个体寻找的是相对的职业环境,意味着所进入的是与自我兴趣完全不同的职业环境,则工作起来可能难以适应,或者工作时不会很快乐。

二、职业发展理论

(一)舒伯的职业生涯发展理论

20世纪50年代初,许多学者开始研究职业和生涯发展的问题,并形成了一系列的理论学说,其中舒伯(Super)的生涯发展理论是最有代表性的理论之一。

舒伯把"生涯"定义为生活中各种事件的演进方向和历程,它综合了人一生中的各种职业和生活角色,由此表现出个人独特的自我发展形态;生涯也是人自青春期至退休后所有有酬和无酬的职位的综合,除了职位以外还包括与工作有关的各种角色。

舒伯根据布尔赫勒(Buehler,1933)的生命周期和列文基斯特(Lavighurst,1953)的发展阶段论,提出了一个新的诠释职业和生涯的发展概念模式。他在1953年提出了10个基本主张,在之后出版的《职业发展:研究的架构》和他与巴克拉奇(Bachrach)合著的《科学的生涯和职业发展》两本书中,又进一步发展为12个基本主张,即生涯是一种连续不断、循序渐进且不可逆转的过程;生涯发展是一种有秩序、有固定形态且可以预测的过程;生涯发展是一种动态的过程;自我观念在青春期就开始发展,并于成年期转化为职业生涯的概念;自青少年期至成人期,随着时间及年龄的增长,现实因素如人格特质及社会因素,对个人职业的选择愈加重要；对于父母的认同，会影响个人正确角色的发展和各个角色间的一致及协调，以及对职业生涯计划及结果的解释；职业升迁的方向和速度与个人的聪明才智、父母的社会经济地位、本人的地位需求、价值观、兴趣、人际技巧以及经济社会中的供需情况有关；个人的兴趣、价值观、需求、对父母的认同、社会资源的利用、个人的学历及其所处社会的职业结构、趋势、态度等均会影响个人的生涯选择；虽然每种职业均有特定要求的能力、兴趣、人格特质，但却颇具弹性，以允许不同类型的人从事相同的职业，或一个人从事多种不同类型的工作；工作满意度关系个人能力、兴趣、价值观及人格特质是否能在工作中适当发挥；工作满意的程度与个人在工作中实现自我观念的程度有关；对大部分人而言，工作及职业是个人人格完整的重心。虽然对少数人而言，这种机会是不重要的，甚至是不存在的，社会活动及家庭才是他们人格完整的中心。

孔子曾说："吾十有五而志于学，三十而立，四十而不惑，五十而知天命，六十而耳顺，七十而从心所欲不逾矩。"可见，孔子早已体会到生涯是分阶段动态发展的过程，在这一点上，舒伯与其不谋而合。

舒伯认为，人的每一个阶段都与职业发展有着密切的关系，人的生涯发展会伴随着年龄的成长而递进，每个年龄阶段各有其生涯发展的任务。他将人的生涯发展分为成长（儿童期）、探索（青春期）、建立（成年前期）、维持（中年期）、衰退（老年期）五个阶段，每一阶段又分别包含几个子阶段。

1. 成长阶段（出生至14岁）

这一阶段的主要任务是经由与家庭、学校中重要人物的认同，而发展出自我概念。此阶段的一个重点是身体与心理的成长。透过经验可以了解周围环境，尤其是工作世界，并以此作为试探选择的依据。成长阶段包括三个子阶段。

（1）幻想（fantasy，0~10岁）：以需求为主，角色扮演在此阶段很重要。

（2）兴趣（interest，11~12岁）：喜欢是抱负与所从事活动的主因。

（3）能力（capaciy，13~14岁）：能力占的比重较大，也会考虑工作要求的条件。

2. 探索阶段（15～24岁）

这一阶段的主要任务是自我概念与职业概念的形成、自我检视、角色尝试、学校中的职业探索、休闲活动与兼职工作。探索阶段包括三个子阶段。

（1）试探（tentative,15～17岁）：会考虑自己的需求、兴趣、能力、价值与机会，并透过幻想、讨论、课程、工作等尝试做试探性选择。此时的选择会缩小范围，但因仍对自己的能力、未来的学习与就业机会不是很确定，所以现在的一些选择以后并不会采用。

（2）过渡（ransition,18～21岁）：更加考虑现实的状况，并试图通过自我努力予以实现。

（3）尝试（trial,22～24岁）：已确定了一个似乎是较适当的领域，找到一份入门的工作后，尝试将它作为维持生活的工作。此阶段所选择的工作范围会更小，只选择可能提供重要机会的工作。

3. 建立阶段（25～44岁）

这一阶段的主要任务是凭借尝试错误确定前一阶段的职业选择与决定是否正确。若自我感觉决定正确，就会努力经营，打算在此领域久留。但也有一些专业的领域，还未尝试就已开始了建立阶段。建立阶段包括两个子阶段。

（1）尝试（trial,25～30岁）：原本以为适合的工作，后来可能发现不太令人满意，于是会有一些改变，此阶段的尝试是定向后的尝试，不同于探索阶段的尝试。

（2）稳定（stabilization,31～44岁）：当职业的形态都很明确后，便力图稳定，努力在工作中谋取一个安定的位置。

4. 维持阶段（45～65岁）

这一阶段的主要任务是守住这份工作，继续将它做好，并为退休做计划。

5. 衰退阶段（decline,65岁至死亡）

这一阶段的主要任务是在体力与心理能力逐渐衰退时，工作活动将改变，必须发展出新的角色，先是成为选择性的参与者，然后成为完全的观察者。维持阶段包括两个子阶段。

（1）减速（deceleration,60～70岁）：工作速度变慢，工作责任或性质亦改变，以适应逐渐衰退的体力与心理。许多人也会找份代替全职的兼职工作。

（2）退休（retirement，71岁至死亡）：有些人能很愉快地适应完全停止工作；有些人则适应困难、郁郁寡欢；有些人则是老迈而死。

在这些不同的阶段，人所扮演的角色也不同，且通常要同时扮演几个角色，如子女、学生、工作者、配偶、家长等，舒伯设计了生涯彩虹图来表示不同角色在人生各个阶段的地位，如图1-4所示。

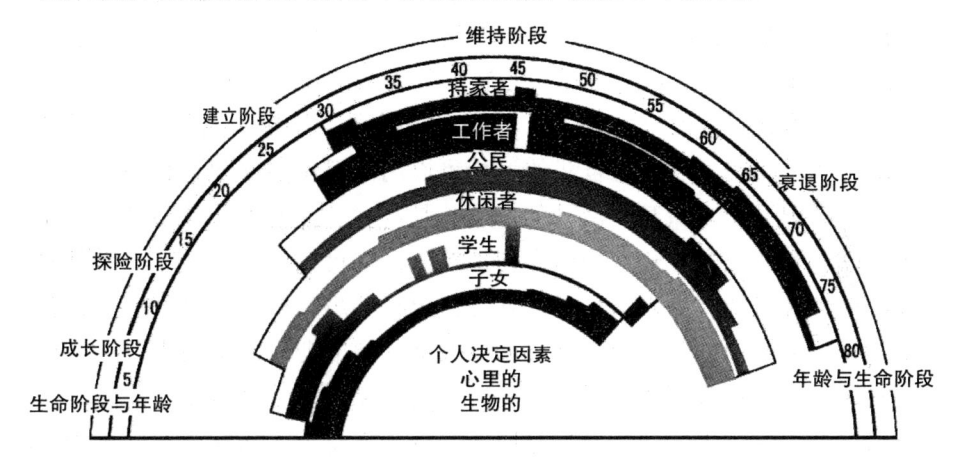

图 1-4 舒伯的生涯彩虹图

综合阶段理论和角色理论，舒伯把人生发展分为三个层面：一是时间层面，即一个人的年龄或生命的历程；二是广度层面，即一个人终其一生所扮演的各种不同角色；三是深度层面，即一个人在扮演每个角色时投入的程度，比如有的人在工作角色上投入更多一些，有的人则在家庭角色上投入更多一些，等等。

（二）克朗伯兹的社会学习理论

约翰·克朗伯兹（Jhon Krumbolz）汲取班杜拉的社会学习理论精华，兼顾心理与社会的影响作用，以帮助面临职业生涯发展困惑的人群。社会学习理论与强调刺激—反应的行为主义相联系，这对许多人来说意味着增强了外界环境的控制和威胁，减弱了个人自由。不过，尽管这一理论的确提出了必须承认自由需要进行某些限制，但它也强调了人类行为同时受到个人和环境的控制，大多数行为主义方法都提倡自我管理。①

克朗伯兹认为，人的许多选择很大程度上受外界环境的控制和影响，提出了对职业选择和生涯决策的四种影响因素。一是基因特征（种族、性别、外形），它可以拓展或限制人的职业偏好和能力，如智力、音乐艺术才华、肌肉协调性等。二是环境条件，如只能在某些地域找到某些工作、雇主限定的任职要求、劳动法规和行业协会的规定、自然灾害、自然资源的供需情况、技术的新发展等。三是过去的学习经验。克朗伯兹指出了两种学习经验——人作用于环境的与环境作用于人的。四是个人处理新任务、新问题时所形成的技能、绩效标准和价值观。

这些影响因素使个人对自己做出某些评价，应用所学的技能，通过行动来解决问题。个人对自我的评价可以用兴趣量表来记录和测量，这种量表会记录个人对某些活动的态度，是喜欢、无所谓还是不喜欢。评价自己还有其他的方法，如形容词检核表，你可以从中选出能准确描述你的词；价值观调查表，可以用它来评定一些事物的相对重要程度，会学到对环境作出解释、应对和预测的技能。在职业生涯规划中，这些技能将用来厘清价值观念、设定目标、估测未来时间、找出备选职业、搜集信息、解释过去经历，并选定职业。行动就是个人所学会并应用于实践的行为。职业生涯规划中的行动包括找工作、接受工作或升职、开始专业学习等。

按照克朗伯兹的社会学习理论的观点，个人的偏好折射出个人所习得的反应。反馈对职业规划中所需的技能学习和行为同样起作用。没有反馈或因个人偏好、技能、行为而受罚会减弱甚至完全消除对某一职业的偏好。

社会学习理论应用于职业生涯规划可检测个人在职业决策和求职时可能产生的一些棘手想法。每个人都可能会产生一些不利于自己的想法，不击溃这些想法，个人可能会做出不现实的选择或者找不到令自己满意的职业。决策是带有压力的，有时甚至会很痛苦。个人可能会在压力下变得死板和过于防范。与此相反，我们也可以剖析自己，寻求职业指导，下决心做出选择。

---

① 杨红英. 大学生职业生涯规划[M]. 昆明：云南大学出版社，2015：13.

（三）职业锚理论

职业锚是做职业生涯规划时另一个必须考虑的因素。职业锚是指当一个人做出职业选择时，最难以舍弃的选择因素，也就是一个人选择和发展一生的职业时所围绕的中心。职业锚分为以下八种类型。

1. 技术/职能型

技术/职能型的人追求在技术/职能领域的成长和技能的不断提高，以及应用这种技术/职能的机会。他们对自己的认可来自他们的专业水平，他们喜欢面对专业领域的挑战；他们往往不喜欢从事一般的管理性质的工作，因为这意味着他们将放弃在技术/职能领域的成就。

2. 管理型

管理型的人有强烈的愿望去做管理人员，同时经验也告诉他们自己有能力达到高层领导职位。他们倾心于全面管理，追求权力；具有强烈的升迁动机和价值观，追求并致力于职位、收入的提升；善于与人沟通；具有较强的分析能力和领导、操纵、控制他人的能力；对组织有很大的依赖性；他们愿意承担整体的责任，把组织的成功看成自己的工作，而把具体的技术/职能型的工作作为通向更高、更全面的管理层的途径。

3. 创业型

创业型的人希望通过自己的能力建立完全属于自己的公司，或以自己名字命名的产品或工艺，或是能反映个人成就的私人财产，而且为此愿意冒险。他们认为只有这些实实在在的事物才能体现自己的才干。他们具有强烈的创造需求和欲望；他们可能正在别人的公司工作，但他们一直在学习和寻找机会，一旦时机成熟，他们会义无反顾地去创建自己的事业。

4. 安全/稳定型

安全/稳定型的人追求的是职业的长期稳定性与安全性。他们为了安定的工作、可观的收入、优越的福利与养老保障等付出努力。对他们来说，一份安全稳定的职业、一笔体面的收入、优越的福利与良好的退休保障是至关重要的。尽管有时他们能达到一个较高的职位，但他们并不关心具体的职位和具体的工作内容。

5. 自主/独立型

自主/独立型的人更喜欢独来独往，希望随心所欲地安排自己的工作方式、工作习惯和生活方式。追求能施展个人才能的工作环境，最大限度地摆脱组织的限制和制约。他们宁可放弃提升自己和工作发展的机会，也不愿放弃自由和独立。

6. 服务型

服务型的人一直追求他们认可的核心价值观，可以影响所服务的组织或社会政策，他们喜欢帮助他人，如医师、护士、社会工作者。在较少他人支持的情况下会向有更大自由度的职业如咨询师上转。即使换了工作岗位或单位，他们也不会接受不允许他们实现这种价值观的变动或提升。

7. 挑战型

挑战型的人喜欢解决看上去无法解决的问题、战胜强硬的对手、克服无法克服的困难和障碍，对他们来说，参加工作是工作允许他们去战胜各种不可能，他们需要新奇、变化和困难，如果事情很容易，他们就没有兴趣。

8. 生活型

生活型的人希望将生活的各个方面整合为一个整体，喜欢平衡个人的、家庭的、职业的各种需要，因此生活型的人需要一个能够提供"足够弹性"的工作环境来实现这一目标。他们对成功的定义远远超出了职业的范围，相对于具体的工作环境和工作内容，他们更关注自己如何生活、在哪里居住、如何处理家庭事宜等方面的问题。

上述几种职业锚之间可能会存在交叉，但是那个最强烈、最突出、最易识别的特征就是你的职业锚。由于职业锚是个人与工作环境之间相互作用的产物，它不可能像职业性那样通过各种测评来预测，而是必须通过若干年的实际工作的内化沉积才能被发现。在此之前，我们不得不在职场的车道上碰撞、寻觅。

职业锚实际上是个人能力、动机、需要、价值观和态度等相互作用和逐步整合的结果。在实际工作中，通过不断审视自我，逐步明确个人的需要与价值观，明确自己所擅长及今后发展的重点，最终在潜意识里找到自己长期稳定的职业定位，即职业锚。

三、职业生涯决策理论

（一）伽列特的职业决策理论

1. 决策过程模式理论

1962年，伽列特（Gelatt）提出职业决策过程模式，认为决策是一串连贯的决定，个体在生涯中做出的任何一个决定都会对今后的决策产生影响；因受先前决策的影响，决策是一个发展的历程而非单一的事件。这说明职业生涯决策不是一次选择或一个结果，而是持续不断地做决定以及修正的终生历程。决策的基准在于选择有利因素最多、不利因素最少的方案。

（1）决策过程的三个系统。职业决策过程模式特别强调资料的重要性，将个人处理资料的策略分成三个系统。

其一，预测系统。预测不同的选择可能会造成的结果，估算出每个行动可能造成该结果的概率，以作为该采取哪个行动方案之参考。例如，根据职业与心理测验等方面的客观资料，对未来升学或工作的成功概率作预测。

其二，价值系统。依据个体内在价值、态度体系等，判断个人对可能产生的结果的喜好程度。

其三，决策系统。评判各种行动方案的标准。选择取向分为以下几种。

期望取向：选择可能达成自己最想要的结果的方案，就是与自己的职业观相一致，与自己的兴趣、特长最相符的方案。但该方案也许是成功概率很小的方案，所以存在着较大的风险。

安全取向：选择最安全、最保险的方案。该方案适合追求稳定的人，但该方案也许与你的职业兴趣是不一致的。

逃避取向：避免选择可能造成最不好结果的方案。这也适合追求稳妥、不爱挑战的人，选择的结果也许与你的期望有一定差距。

综合取向：考虑自己对行动结果的需求程度、成功概率，避免最不好的结果。

（2）决策的具体步骤。权衡这三个方面，然后选择一个行动方案。

决策的具体步骤如下。

根据自己的需求制定决策目的或目标；搜集与目标或目的有关的信息资料，以了解可能的行动方向；根据所得的资料，预测各个可能行动的成功概率及其结果；根据价值系统，估算个人对每个行动方案的喜好程度；评估各种可能方案，选择其中的一个方案执行；若达成目标，则终止决定，然后再等待下一个决定的出现；若没有成功，则继续选择其他可行的办法。

伽列特的决策过程模式理论运用经济决策原理来分析和研究职业行为，为编制职业决策能力量表和计算机辅助指导提供了理论基础，其中理性地诊断职业选择和职业发展障碍的思维方法，成为职业设计和职业管理良好的工作思维方式。

2. "积极的不确定论"

早期伽列特的职业决策模式，是典型的理性取向的。但伽列特（1989）采用新的态度、新的思维方式，提出了"积极的不确定论"。所谓积极的不确定，是指以积极乐观的态度，面对及接纳做决策时的不确定以及成功概率的不确定，以直觉、开放的心态面对职业决策。伽列特认为决策是一种非序列性、非系统性、非科学性的人类历程。他把作决策重新定义为："决策是一种将信息调整再调整，融入决策或行动内的历程。"

（二）盖蒂的 PIC 模型

PIC 模型是由以色列职业心理学家盖蒂（Gati）提出的一种系统的职业决策方法，其构建兼顾理论验证与实践运用。

PIC 是排除阶段（prescreening）、深度探索阶段（in-depth exploration）和挑选最合适方案阶段（choice of the most suitable alternative）的缩写。PIC 模型的理论基础是排除理论，决策方案的选择通常都是多属性的，在选择过程的每一阶段，要挑选出某一属性或某一方面，根据其重要性对其做出评价，对不符合决策要求的属性应予以排除，直到剩下某种未排除的方面或属性时，再做出最后的选择。①

1. 排除阶段

在许多职业决策的情境中，潜在职业方案的数目是相当大的。排除

---

① 龚芸，辜桃. 大学生职业取向与职业规划[M]. 北京：中国社会出版社，2017：32.

阶段的目的就是将这些潜在方案的数目减到最少,达到可操作的水平。这样可以使有可能方案的数目有限,决策者能够为每个方案收集更广泛的信息,并且有效地加工这些信息。排除阶段可以分为五个步骤。

(1)搜寻,即选择在搜寻中被用到的有关方面。个体寻找有可能的方案应建立在个人对有关方面的偏好这一基础之上,如个人的职业价值观、兴趣、能力、工作环境、培训时间、工作时间、人际关系类型等。

(2)排列,即根据重要性排列这些方面,然后按照个人的重视程度给这些方面排序,以便序列搜寻过程能相应地进行(即先搜寻最重要的方面,再搜寻次重要的方面,依此类推)。

(3)定义,即为重要的方面定义可接受水平的范围,在序列搜寻中对于每一个要考虑的方面,先引入个人偏好的最优水平,即在该方面上最想要的;然后挑选出次想要的但仍是可接受的水平。

(4)比较,即将个人可接受水平的范围与有关职业方案的特性水平进行比较,列出所有潜在的职业方案,并且将它们的特点与个人的偏好进行比较。先排除最重要的方面上与个人偏好不符的方案。在其他方面上,这个过程被反复进行,直到剩余"有可能方案"的数目在可操作的范围内。

(5)灵敏度分析。检查对偏好的可能变化而引起相应结果变化的灵敏度。这个步骤包括再次检查排除阶段的输入、输出以及步骤。检查被报告的偏好是否仍然是可以接受的,还是更希望改变它们;分析为什么某些在系统搜寻前被个人认为是有吸引力的方案在序列排除过程中被删除了;找出那些仅仅因为一个方面上的不一致而被排除的方案,检查关键方面信息的有效性,并且考虑可不可能在这个关键方面上折中一下。

2. 深度探索阶段

这个阶段的目的是找到一些不仅是有可能的,而且是合适的方案,并列出合适方案的清单。基于以下两方面可认为该方案是合适的。第一,每个合适的方案与个人的偏好相符;第二,个人符合该方案的要求。考察某个方案是否真正适合个人,涉及两个条件:一是在个人认为最重要的方面上检查每一个可能方案与个人偏好的符合程度;二是在其他重要的方面上检查该方案与个人偏好的符合程度。有可能的方案都是在排除阶段筛选后留下的,它们在重要的方面上多少和个人的偏好相符合。在深度探索阶段,随着更多的、更具体的信息被得到,个人的偏好是会被调整的。另一个适合性的方面涉及个人满足特定方案要求的程度,也包含两种适合的条件。一是考察个人是否真正能达到方案核心方面规定的要求。二是适合的条件涉及考察实现每个方案的可能性,一方面要考虑个人过去的教育背景、实践经验等,另一方面要考虑每个有可能方案的先决条件(如最低的从业资格)。最后,希望个人能通过自己的努力来提高实现某个有希望方案的可能性。

3. 挑选最合适方案阶段

第三阶段的目的是考虑个人的偏好与能力,挑选出对于个人来说最合适的方案。

(1)挑选最合适的方案。许多人会在第二阶段结束时得到一个合适的方案,并据此收集相应的信息。在这种情况下,没有必要再比较方案了。但是,深度探索阶段结束时也会得到两个或更多的合适方案,个人为了挑选最合适的一个不得不比较这些方案,这时就要关注它们的特点,将方案的优缺点进行比较,考虑方案之间的平衡挑选其一。

(2)挑选其他合适的方案。职业决策通常是在不确定的状态下做出的,职业方案实现的可能性也是不确定的。比如,得到一份工作的可能性不仅取决于是否满足了它的最低要求,还有赖于其他应聘者的人数和品质。所以,在挑选了偏爱的"最合适的"方案之后,个体必须通过收集到的信息评估实现该方案的可能性,如果肯定能够实现,就没有必要再挑选次等的方案;但如果存在不确定性,建议回到前面的步骤,搜寻更多的、可能被认为是"次等的"但仍然适合的方案。如果第一和第二个方案实现的可能性都相当低,建议考虑第三、第四个方案等。

总之,决策理论重视个人生涯发展时的历程及抉择,并且因为涉及个人价值观,所以除了搜集正确的客观资料之外,更重要的是要对个人独特的价值观加以了解、澄清。因此,虽然大多数人所认同的具体步骤可供参考,但个人主观的价值评判其实才是最重要的决策依据。

（三）泰德曼的七步骤决策历程

泰德曼（Tiedeman）结合萨柏与金斯伯格的生涯发展观点，提出整个决策过程是由确定目标、实施与调整这两个阶段和七个步骤组合而成的。

1. 确定目标阶段

个人在进行职业决策时，先要确定职业目标。确定职业目标包括以下四个步骤。

（1）试探：根据自己所学的专业及个人的兴趣、爱好、职业理想，考虑不同选择方向及可能目标。

（2）具体化：列出所有可能目标存在的优点与不足，通过对各种选择方向或目标优缺点的对比，明确什么是自己最想要的、什么是阻碍自己目标实现的最大困难。

（3）选择：选定一个能解除目前困扰的目标。

（4）明确化：对最终选择的目标进行再审视，看是不是自己最想要的，并且通过努力可以实现的，若发现问题，及时修正和调整目标。

2. 实施与调整阶段

将选择的方案付诸行动，落实于现实生活，然后评估其结果，并根据个人对结果的满意程度，对方案做调整或改变。具体的实施分为以下三个步骤。

（1）入门：开始执行自己的选择，也是新经验的开始。在新环境中，争取他人的接纳。

（2）转化：调整步伐与心态，专心致志。肯定在新环境中的角色，全力以赴。

（3）整合：个人的信念与集体的信念达到平衡与妥协。

第三节　职业生涯规划原则与步骤

一、职业生涯规划原则

大学生在制定职业生涯规划时，应该把个体和社会、现在与未来结合起来进行思考。正确的职业生涯规划能使一个人走向成功,不正确的职业生涯规划可能使一个人误入歧途。要想正确制定职业生涯规划,我们必须遵循一些原则,职业生涯规划应遵循的主要原则如下。

(一) 社会需要的原则

大学生在制定职业目标时,应把社会需要作为出发点和归宿,以社会对自己的要求为准绳去观察和认识问题,进而确定自己的职业岗位。职业岗位的产生,是随着历史的发展而产生的,社会上每一个职业岗位的出现,都是社会发展的需要。目前,社会的需要不断地变化着,旧的需要不断消失,新的需要不断产生,我们在进行职业生涯规划时,一定要分析社会需求,择世之所需。如果漠视社会需求,强调主观的想象,闭门造车,那一定会自食苦果,不能实现职业发展的目标。

(二) 发挥个人优势的原则

在选择职业岗位时,我们应该综合自身素质情况,根据自身特长和优势选择职业岗位,以利于今后在职业岗位上顺利地、出色地完成本职工作。人与人之间是有差异的,每一个人和其他人相比,在能力、性格、专业等方面是不同的。根据自己能力及特长来选择职业岗位,既是胜任工作的需要,又是发挥个人最大潜力和进行创造性劳动的需要。

准确评估自己的性格特点,充分发挥性格特长也十分必要,从所学专业特点出发,使专业技能、知识结构能够迁移到目标职业工作中,从而在职业岗位上大显身手。如果不坚持发挥个人优势的原则去择业,那么会事与愿违,功不成、业不就,贻误自己的前程。不同职业对从业者素质还有其特殊的行业要求是不同的,人们在发挥自己特长的同时,要充分认识、主动去适应职业岗位的需要,但若是身体原因、性别原因受限,则不能勉强。

(三) 择己所利的原则

职业对每个人而言,当然是一种谋生的手段,是谋取人生幸福的途径。谁都期望职业生涯能给自己幸福,利益倾向支配着我们的职业选择。

每个人通过职业劳动,在谋取个人利益的同时,也为社会做出了贡献,创造了社会财富。每个人在规划职业生涯时必须考虑自己的预期收益,这种预期收益要求你实现最大化的幸福,也就是使收益最大化。个人预期收益在于使这些由低到高的需求得到最大的满足,而衡量其满足程度的指标表现在收入、社会地位、职业生涯稳定感与挑战性、自我实现程度等方面。不同的人会有不同的想法,每个人都会尽可能满足其所有的需求,从一个社会人的角度出发,在一个由收入、社会地位等变量组成的函数中找到一个最大值。不考虑个人利益的职业生涯规划是不合理和不现实的,但择己所利必须建立在履行个人对社会的义务,遵守国家社会法规的前提下。

(四)独立性原则

独立性原则是指规划职业生涯时有自己的主见,能根据自己的志向和判断独立做出选择。每个人在规划职业生涯时,他人及一些社会现象和信息会对自己产生一定的影响,有些人的建议会有重要的参考价值,也有些人尽管他们的出发点是好的,但由于价值观差异、思考角度不同,有时还会产生误导作用。

独立性原则要求我们头脑清醒,在了解社会现状及发展趋势的情况下,多看书,多浏览网站,多向父母、老师、同学、亲戚请教,最后自己做出正确的决策。毕竟自己对自己的情况最了解,未来职业生涯规划的实现与否影响最大的也是自己。一般情况下,了解信息越多,请教的人范围越广,做出的规划就越客观。当然,如果没有主见,听得越多会越糊涂。大多人云亦云、随大流的人是没有多大作为的。但坚持独立性原则不是要求我们在制定规划时闭门造车,固执己见,不虚心听取别人的意见。

(五)主动性原则

主动性原则是指我们在职业生涯规划实施过程中,要主动出击,积极实践。主动性表现在主动地完善自我,提高自己的素质,在就业前掌握一定的职业技能,为此后在职业竞争中获得成功打下基础。主动性具体表现在主动参与职业岗位竞争，主动与用人单位进行联系，主动寻求父母兄长、同学老师、同事朋友的帮助，主动开拓就业岗位、自谋职业、自主创业。主动性还表现为主动地了解人才供求信息和规格要求，主动搜集各种职业知识和用人信息，主动到职业介绍机构进行咨询，主动参加各种职业技能培训，主动准备好求职信，主动做好面试与形象等方面的准备。大多有主动性的人，具有积极生活态度的人，比被动、消极的人会赢得更多的机会，从而容易取得一定的成就，尽快实现自己的职业发展目标。

（六）分清主次的原则

在现实生活中，职业或用人单位是多样的，其工作性质、工作条件、薪资待遇、发展方向等不尽相同，且各有各的优劣之处。人们在选择时，不可能有十全十美的职业或用人单位，只能权衡利弊、分清主次，在职业选择决策的过程中，抓住主要的、现实的、合理的条件，摒弃次要的、幻想的、过分要求的因素。

分清主次的原则要求我们规划职业生涯时不要面面俱到，过于追求完美，那样会丧失很多机会而难于就业。同时，分清主次的原则要求我们规划职业生涯时，一定要明白哪些是主、哪些是次，不能本末倒置，抓住了本该忽视的、与自己关系不大的方面，而忘记本应该重视的、与自己紧密相关的方面，错过了真正的好职业，没有达到应该达到的发展程度。

（七）长期性原则

职业生涯规划一定要从长远来考虑，只有这样才能给人生设定一个大方向，使我们能够集中力量紧紧围绕生涯发展目标做出努力。规划一定要明确可以实行的行动，各项主要活动何时实施、何时完成，都要有时间和时序上的安排。人生各阶段的线路划分与安排都应具体可行，能够根据个人特点、用人单位发展需要和社会发展需要确定将来的目标。人生每个发展阶段的规划都应保持连贯性，各具体规划与人生总体规划保持一致，若摇摆不定，前后矛盾，则会浪费各发展阶段的人力资本积累。规划是预测未来的行动，涉及许多可变因素，因此规划要有弹性，到了一定的时间要视具体情况予以修正。有了长期性原则，职业生涯规划就会变得清晰起来，并且是可行的、有效的，最终使进行职业生涯规划的人走向成功。

二、职业生涯规划步骤

（一）自我认知与评价

俗话说，"知己知彼，百战不殆"。对于大学生职业生涯规划来说，"知己"就是通过自我认知与评价达到的，这也是职业生涯规划中的首要工作。自我认知与评价要求大学生必须对自己做到准确、全面、客观、深入的了解，还要对自己将来的发展有一个预估。

自我评估的内容很多，如个性、职业兴趣、人际关系状况、家庭背景、优缺点、知识经验丰富程度、技能水平、情绪智力、心理韧性、各种已取得资格的价值等。通过这一步工作，我们应该要解答"我拥有什么""我要什么""我可能达到何种水平"等问题。自我认知与评价包含了两个方面的内容。一方面是认知，是对自己和有关职业发展的所有信息的搜集与认识；另一方面是评价，是在搜集与认识的基础上，对自己当前各方面的情况进行优劣判断，并预估未来可能的发展。自我认知与评价工作是职业生涯规划的基础，它为职业决策提供依据。因此，如果搜集的信息不完整，判断与认识不够充分，或是基于信息的预估有偏差，都可能影响职业生涯发展的速度、难度及最终结果。

那么，我们该如何进行自我认知与评价呢？自我评估的方法很多，除了基本的自省法，还可以借助自我评估工具、问卷测评、他人评价等方法。需要注意的是，不管采用何种方法，都要经过多次验证和深入探索，务必做到严谨、求真、仔细，应采用不同方法反复验证，不要草率做出评价。例如，在自我评估的基础上，让他人加以评价，这样可以避免评估的主观性和片面性，千万不能犯"以点带面""想当然""伪科学"等错误。

(二)职业环境探索

个体都是作为社会人而存在的,在任何地点、任何时间都身兼多种社会角色。以大学生为例,他们在学校背景下是同学、学生,在家庭背景下是子女、兄弟姐妹,在某个社会职业背景下是同事、下属,此外他们还可以是朋友、爱人等许多角色。毫不夸张地说,每个人随时随地都受社会背景和关系的影响。因此,要做好职业生涯规划,离不开对个体所处环境中各种因素的了解与评估。对于职业发展来说,这些因素中与职业生涯有关的因素更是关注的重点,我们把与这些因素有关的环境称为职业环境。职业环境包括(企业)组织环境以及与职业发展有关的社会环境,如经济技术环境、人力资源环境、文化教育环境等。

自我认知与评价是职业生涯规划的首要工作之一,然后就是职业环境探索。前者我们称为职业生涯规划中的"知己",而后者则是"知彼"的工作。虽然关于这两项工作到底先做哪一项存在不同的观点,但从逻辑与实际的角度分析,是不可能完全做好两者中任何一个后再去考虑另一个的。自我探索与职业环境探索应该是相互制约、相互关联、同时并进的两项基础工作。只考虑职业环境,可能会发现最终决策并不能满足个体需要;而只关注个体,可能会发现现实环境根本无法适应个体发展。所以,只有将两者同时考虑,相互协调,适当合理地调整,才能实现真正匹配,所做的职业决策才有可能既满足个体需要,又能适应现实环境。

职业环境为我们的职业发展提供了空间、机会、条件和可能性,特别是信息科技迅速发展的当今社会,谁能很好地把控环境,必然有助于其职业生涯的顺利发展。职业环境探索涉及的主要内容包括相关社会环境分析、行业环境分析、企业(组织)环境分析。

1. 社会环境分析

社会环境分析具有很强的时效性。第一,经济环境的分析。分析经济政策的变化、经济的景气度、产业结构的调整、区域状况及经济发展水平等对自己所选职业的影响。第二,社会文化环境的分析。分析社会政策、科技发展、价值观取向、法律状况、人才市场需求等对自己所选职业的影响。在良好的社会文化环境中,个人在学习、进修、深造等方面都可以得到更好的教育和熏陶,从而为职业发展打下良好的基础。

2.行业环境分析

俗话说："女怕嫁错郎，男怕入错行。"选择行业是每个人一生中的重要决定。企业所处的行业环境将直接影响企业发展，进而影响个人职业发展。行业环境分为行业发展现状和行业发展前景两部分。比如，目标行业是朝阳产业还是夕阳产业？国内外重大事件对其影响如何？国家的相关政策如何？行业自身竞争力怎样？总之，通过分析和了解影响职业生涯的行业因素，有利于个人选择有发展前途的行业和职业，有助于个人职业目标更好地实现。

3.企业（组织）环境分析

通过对企业内部环境的分析，可以了解企业资本环境和其在新的发展领域中的地位和发展前景，从而做出自己的职业规划。企业环境分析主要涉及组织文化与制度、领导者素质、组织人员状况、组织实力与规模、组织社会声誉等。

（三）职业生涯目标确立

1.职业生涯目标的概念

职业生涯目标是指个体渴望获得的与职业相关的结果，是个体所选定的职业领域中未来某一节点或某一时期所要取得的成绩后达成的愿望。设定职业生涯目标是职业生涯规划的核心内容，具体表现在如下几个方面。

（1）有助于激励个体朝向目标努力的坚持度。

（2）有助于个体选择实现目标的战略战术。

（3）有助于个体的职业生涯成功，影响和引领个体现实的行为表达方式。

（4）有助于个体衡量自己行为结果的有效性，提供即时性的积极反馈。

大学生的职业生涯目标是指大学生根据社会期望和自身发展的需要，选择的自我奋斗目标和发展方向，它不仅为大学生的自我发展提供导向作用，还能充分调动大学生的积极性、主动性和创造性。

2.职业生涯目标的类型

（1）概念性职业生涯目标。概念性职业生涯目标属于哲学层次上的目标，与具体的工作和职位无关，它所表达的是工作任务的性质、场所和全部的生活方式，反映的是个体的价值观、兴趣、才能和生活方式偏好。

（2）操作性职业生涯目标。操作性职业生涯目标是将概念性职业生涯目标转换为一种具体的工作或岗位，如获得某公司市场调研部经理或市场总监的职位。在设计职业生涯目标时，个体要在概念性和操作性这两个目标层次上进行认真分析和权衡。

（3）短期与长期的职业生涯目标。从时间维度看，职业生涯目标可以分为短期目标与长期目标，长期目标的时间跨度是 5～7 年，短期目标的时间跨度是 1～3 年。

3.职业生涯目标的设定

（1）选择职业生涯发展路线。职业生涯发展路线是指一个人未来的职业发展方向。不同的生涯发展路线对从业者的素质要求有所不同，影响日后的职业生涯发展阶梯。生涯发展路线呈现为一个自下而上的职业阶梯，如大学教师的生涯发展路线为助教—讲师—副教授—教授；企业财务人员的职业发展路线是：会计员—主管会计师—财务部经理—公司财务总监。

不同素质的个体所适合的职业生涯发展路线有所不同。例如，有人适合从事研究工作，可在科学技术领域获得突破；有人适合管理岗位，可成为一名优秀的管理者或领导者。职业生涯发展路线的类型有以下几种。

其一，专业技术型路线。这是一种技术职能取向的专业路线，需要从业者具备特定的知识、能力和技术，尤其是良好的分析与综合能力。

其二，行政管理型路线。这是一种管理职能取向的路线，以不同的管理岗位为目标，对一个人的综合素质，尤其是人际交往技能的要求较高，其生涯发展阶梯一般是从基层职能部门开始，然后向中级部门和高级部门逐步提升，管理权限越大，所承担的责任也相应增加。

其三，自我创业型路线。这是一种以自主选择和自由发展为特色的生涯阶梯。自我创业型路线客观上要求具备创业的良好机会和适宜创业的社会土壤，主观上则需要创业人员具有较高的创造性、强烈的成就动机、较高的心理素质和承担风险的意识与能力，并且善于开拓新领域、新产品和新思维。

（2）选择职业生涯目标。职业生涯规划需要设立一个有效而可行的目标。职业生涯目标要符合如下要求：为每一个行为设定明确的方向；

反映一个人的真正追求和真实需要，便于科学地管理时间；将立足现在和利于未来发展相结合；清晰地评价每一个具体行为的效率、效能和进展状况；结果导向重于过程导向；结果具有可预见性，以产生持续的信心、热情和动力；具体、明确而不空泛；高低适度，不宜好高骛远；兼顾平衡，与生活目标有机结合。

4.职业生涯目标的实施

（1）目标分解。职业生涯目标可分解为一系列易于达成的阶段性目标。所谓目标分解，就是将目标清晰化、具体化的过程，它是将目标量化为可操作的行动方案的有效手段，是根据观念、知识和能力差距将职业生涯远大目标分解为有时间限定的长、中、短期分目标，直至将目标细化为某个具体目标且可以采取的具体行为。目标分解有助于个体在现实环境和自我愿望之间建构拾级而上的路径。

（2）目标组合，指一种处理不同目标之间相互关系的有效方法。个体如果只关注目标之间的排斥性，就会在不同目标之间做出排他性选择；如果能看到目标之间的因果关系与互补性，就能够进行不同目标之间的组合。目标组合的方法有以下几种。

①时间组合：时间组合有两种类型，一是平行式时间组合法。如果外部环境使个体面临多个机会和选择，个体将会产生两个或多个不同方向的职业生涯目标。此时，如果个体有足够的精力和能力来应对，则倾向于采取"齐头并进"式的时间组合法，即同时着手两个平行的工作目标或简历，实现与目前工作内容不相关的预备性职业生涯目标。二是连续式时间组合法，即以时间坐标为组结，将各个目标前后连接，实现一个目标后再进行下一个目标。一般来说，短期目标是实现长期目标的前提。目标的期限性是相对的，随着时间的推移，长期目标成为中期目标，中期目标成为短期目标，短期目标成为近期目标。

②功能组合：功能组合有两种类型，一是因果功能关系。有些职业生涯目标之间存在明显的因果关系，如某职业经理人10年的经济目标是年薪50万，那么实现此目标的途径要么是业绩突出，要么是职务晋升，而这两种途径的共同基础是工作能力的提高。二是互补功能关系。有些职业生涯目标之间存在明显的互补关系。例如，一个管理人员在成为一名优秀进口部经理的同时取得了MBA证书，这两个目标之间存在着直

接的互补关系，实践管理工作机会为 MBA 学习过程提供了丰富经验，而 MBA 学习内容和过程也为管理实践提供了理论支持和科学方法的指导。

③全方位组合：全方位组合是指事业与家庭生活质量之间的均衡发展和相互促进关系。全方位组合超越了狭隘的职业范畴，涵盖了人生的全部活动。完美的、完整的职业生涯规划应该涵盖生活内容，寻求职业生涯与生活之间的和谐与协调。

5. 职业生涯目标的评价与反馈

职业生涯目标的评价与反馈是指个体依据内外环境因素所做出的一种动态的和适应性的评估过程。在职业生涯目标实施的进程中，社会文化环境、组织环境、市场机遇、自我都会发生某些变化，有些变化还会超出个体的预料，这无不影响个体的职业生涯发展，有时甚至会令其感到束手无策，直接影响其生涯规划的执行过程，从而使其生涯目标的实际结果偏离原来的生涯目标，这在客观上需要个体不断有效地调整实施策略和生涯目标，做出动态的科学评价与即时反馈。因此，职业生涯目标的评价与反馈的目的在于让自己时刻保持一种最佳状态，在生涯道路上克服各种障碍，走得更直、更稳和更快，从而实现可持续发展。

（四）职业路径决策

职业目标确立以后，接下来就是规划达成目标的路径。就如同解决问题一样，达成目标也可能存在许多不同的路径，正所谓"条条大路通罗马"，也是职业路径决策的真实写照。对于不同的个体来说，在许多可以选择的职业路径中，最佳路径可能会不一样。如何达成最佳，这就需要对备选路径所涉及的行业、企业（组织）、地域背景、时间安排等进行比较和评估。

每个人的具体情况不同，所面临的问题也就不同，在现实中不同的职业发展路径适应不同的个体。职业生涯路径规划了一个人从什么方向、如何发展、如何实现职业目标。方向选择不同，所对应的要求也就不同，具体需要解决的问题也不一样。许多学者和管理实践者都对职业路径进行过深入的研究，比较有代表性的路径如表 1-4 所示。[1]

---

[1] 肖琪，倪春虎，王婷，等. 应用型本科大学生就业心理辅导[M]. 西安：西安电子科技大学出版社，2019：147.

表1-4　几种典型的职业生涯路径

类型	典型特征	职业愿景	典型职业	职业提升路径举例
技术型	职业的目标主要定位于技术能力的提升，比较关注工作中实际操作层面的内容，以技术水平的高低作为价值评价的标准，不愿意承担社会性或管理性工作	达到本专业技能水平的高峰，得到同行的认可，成为行业技术专家	工程技术、财务分析、营销计划、系统分析等	助理工程师—工程师—高级工程师—教授级工程师
仕途型	注重培养自己人际交往、沟通协调、领导管理的能力，具有承担责任和风险的魄力，有一定的决策能力，以权位或威信作为评价职业成功的标准	承担更多责任，获取更大权力，管理更多人才和资源，获得人们的尊重与追捧	政府机构、企业组织及其各部门的主要负责人	销售员—销售主管—销售经理—总经理
安稳型	从众，依赖组织，力求职业安稳，不愿意转换工作岗位，做事认真，兢兢业业，担心失去工作，职业发展按部就班，没有太多苛求，有回避风险与责任的倾向	稳定的工作环境，融洽的组织氛围，良好的生活状态，充足的工作提升机会	教师、医生、研究人员、勤杂人员	助教—讲师—副教授—教授
创造型	喜欢自主和创造的空间，愿意承担有挑战性的任务，爱冒险和创新，总是对新事物充满好奇，常常更换工作环境，以是否能接触和完成新的目标为职业发展的方向	能拥有自己的发明、创造或观点，有属于自己的而不同于他人的职业成就	发明家、风险性投资者、产品开发人员、作家	因为经常性的更换职业或工作内容，所以没有上升空间，一般以新成果的数量和影响力来评价职业水平的提高

（五）制定职业生涯方案

职业生涯方案的制定主要包括三个部分：确定自我条件与职业要求之间的差距、寻找消除差距的具体路径和方法、确定实施方案的具体步骤与所需时间。

另外，在制定职业生涯方案时，还涉及经验获取、人际关系培养、心理素质提升等方面。总之,职业生涯规划方案的制定是一个仔细考量、反复验证、不断调整的过程。

(六)实施方案

职业目标确立、具体方案制定后,接下来就是按照方案进行实践了。"实践是检验真理的唯一标准",当然实践也是检验方案可行性和效果的唯一有效的途径。也只有通过方案的实施才能发现可能存在的问题,并加以调整,使之更加合理,并逐步向职业目标靠近。职业生涯规划的实施过程包含了个体的各种工作经历和体验,如实际操作、参加培训、学习深造、人际交流等。再好的方案,如果不去落实,一切都只是纸上谈兵。爱迪生(Thomas Alva Edison)在75岁时还坚持每天准时去实验室上班,当被问及什么时候退休时,他十分风趣地说,自己活到这个年纪却一直没顾上考虑这个问题。在爱迪生84年的人生中,一共有1100多项发明,他这样归纳自己成功的原因:"有人认为我成功是因为所谓的天赋,但其实这并不是原因所在。只要是思维正常的人,都可以通过努力获得与我一样的成就。"正如爱迪生的名言"天才是百分之一的灵感加上百分之九十九的汗水"所说明的道理一样,职业生涯规划的重点在于执行,也只有通过具体的行动才能实现哪怕很小的目标。

(七)评估与调整

俗话说,"计划赶不上变化"。职业生涯经历的时间较长,几乎涵盖了人一生三分之二的时间,涉及的影响因素又复杂众多,具有一定的偶然性,且人与人之间还存在较大差异,因而对职业生涯规划的评估与调整也就必然涉及职业发展的全部过程。通过适时、合理地评估与调整,可以不断修正我们的生涯规划,使之更加适应当时、当地的现实情况,规划也会变得更加行之有效。个体对计划的调整和修正,既可以是针对某个阶段性目标或其实施方案的,也可以是针对总目标的,甚至在极端情况下,可以是对整个职业目标和方案的重新制定,但这一切都必须遵循符合个体实际情况与客观现实的需要。职业生涯规划也需要用科学发展观来指导。与职业发展有关的诸多因素都处于发展变化之中,因而职业生涯规划也必然要随着时间的推移而变化，才能适应社会发展。正如20年前我们无法想象今天社会的发展状况一样，在当时制定的职业生涯规划也必然难以适应今天社会的需要，为了能保持职业的继续提升，我们必须对当初的规划做出调整。其实，在现实的工作中，对职业生涯规划的调整每时每刻都在发生，只是有些影响较大，甚至是方向性的改变；有些则很微小，只是一个具体内容或行为的适当调整。总之，在实施职业生涯规划的过程中，大学生必须时刻总结经验和教训，评估职业生涯规划，不断搜集评价信息和各种因素，修正自我认知，通过实践反馈，对规划作出合理适当的修正，缩小乃至消除各种理想与现实的偏差，保证职业生涯规划的行之有效。概括而言，职业生涯规划的评估与调整主要包含了职业生涯路线的修正、职业生涯目标的调整、计划实施的变更，乃至职业的重新选择等内容。

第二章　创新创业教育认识

第一节　初识创新与创业

一、创新的概念与类型

（一）创新的概念

创新是指以现有的思维模式提出有别于常规或常人思路的见解为导向，利用现有知识和物质，在特定环境中，本着理想化需要或为满足社会的需求，而改进或创造新的事物、方法、元素、路径、环境，并能获得一定有益效果的行为。创新是以新思维、新发明和新描述为特征的一种概念化过程。它起源于拉丁语，原意有三层含义，即更新、创造新的东西和改变。创新是人类特有的认知能力和实践能力，是人类主观能动性的高级表现形式，是推动民族进步和社会发展的不竭动力。一个民族要想走在时代前列，不能没有理论思维，不能停止理论创新。创新在经济、商业、技术、社会学以及建筑学等领域的研究中都有着举足轻重的分量。在我国，经常用"创新"一词表示改革的结果。改革被视为经济发展的主要推动力，促进创新的因素也被视为至关重要的条件。

对创新概念的理解一般有狭义和广义两个层次。狭义的创新立足于把技术和经济结合起来,即创新是一个从新思想的产生到产品设计、试制、生产、营销和市场化的一系列活动。广义的创新力求将科学、技术、教育等与经济融会起来,即创新表现为不同参与者和机构(包括企业、政府、学校、科研机构等)之间交互作用的网络。在这个网络中,任何一个节点都可能成为创新行为实现的特定空间。因此,创新行为可以表现在技术、体制或知识等不同层面。

"创新"一词早在《南史·后妃传上·宋世祖殷淑仪》中就曾提到,意为创立或创造新的东西。《韦氏词典》对"创新"下的定义为引入新概念、新东西和革新。也就是说,"革故鼎新"(前所未有)与"引入"(并非前所未有)都属于创新。

国际上,奥地利经济学家约瑟夫·熊彼特(Joseph Alois Schumpeter)是创新理论的奠基人。他最早在1911年出版的德文版《经济发展理论》一书中,就论述了关于经济增长并非均衡变化的思想。此书在1934年被译成英文时,使用了"创新"(innovation)一词。1928年,熊彼特在首篇英文版论文《资本主义的非稳定性》(*Instabiliy of Capitalism*)中首次提出了创新是一个过程的概念,并于1939年出版的《商业周期》(*Business Cycles*)一书中比较全面地提出了创新理论。按照熊彼特的观点,所谓"创新",就是建立一种新的生产函数。也就是说,把一种从来没有过的关于生产要素和生产条件的"新组合"引入生产体系。在熊彼特看来,作为资本主义"灵魂"的"企业家"的职能就是实现"创新",引入"新组合"。所谓"经济发展",也是针对整个资本主义社会不断地实现这种"新组合"而言的。熊彼特所说的"创新""新组合"或"经济发展",包括以下五种情况:引进新产品;引用新技术,即新的生产方法;开辟新市场;控制原材料的新供应来源;实现企业的新组织。自20世纪60年代起,管理学家们开始将创新引入管理领域。现代管理大师彼得·德鲁克(Peter F. Drucker)在《动荡年代的管理》一书中发展了创新理论。他认为,创新的含义是有系统地抛弃昨天,有系统地寻求创新机会,在市场薄弱的地方寻找机会,在新知识萌芽时期寻找机会,在市场的需求和短缺中寻找机会。创新是赋予资源以新的创造财富能力的行为。任何使现有资源的财富创造潜力发生改变的行为,都可以称为创新。他还在《创新与创业精神》一书中提到,创新是企业家的特定工具,他们利用创新改变事实，作为开创其他不同企业或服务项目的机遇。

创新体现在社会和生活的各个方面，创新是人们能动性的首创活动，是一种新价值的实现或者是新思想、新概念在实际生活中的运用，也可以是形成新思想、新观念和新理论的过程，是一种精神境界。创新作为一种活动，既是一种过程，又是一种境界，具有以下几个特征。

1. 首创性

首创性即"第一次"，是历史上从未有过的，是"无中生有"或者是"有中生新"。新的变动、新的组合、新的改进等，都是创新。创新可以是完全新，也可以是部分新，只要是对旧事物的突破，有所超越、有所改进、与别人的有所不同就是创新。

2. 时效性

创新作为一种活动，在思想、理论、技术形成或产品投放市场后，经过一定时间又会被更新的事物替代，这种替代使得创新具有时效性。正因为创新具有时效性，所以在开展探索性教学或者进行科学研究时，就必须探索其所处的阶段，并对发展前景进行预测。

3. 成果性

成果性是指创新必须以新的成果体现，不管是物质的还是精神的，是实物还是制度，都需要一个载体，将这种创新性展现出来。在创新的过程中可能会失败，失败不是创新，只是创新的一个阶段或者环节，并且是不可避免的。成果性最终以某种载体的形式表现出来。

4. 价值性

价值性体现在创新成果产生的社会效益和经济效益，其价值标准是社会性的，以不损害社会利益为前提。与之相反，那些损害社会利益的活动，即使是首创，也绝不是创新。

5. 综合性

从创新活动的过程看，创新是许多人共同努力的结果，即多人投入的产出活动，它既需要技术人员的理论知识和技术，又需要生产者和管理者的联合、协作，才能达到预期的目标。因此，创新活动是一项综合性的活动。

（二）创新的类型

1. 产品创新

产品创新就是研究、开发和生产出更好的可以满足顾客需求的产品，使其性能更好，外观更美，使用更便捷、更安全，总费用更低，更符合环境保护的要求。因为产品是满足社会需要、参与竞争、直接体现企业价值的东西，所以这是创新的主要任务。

2. 技术创新

技术创新是指采用新的生产方法或新的原料生产产品，以达到保证质量、降低成本、保护环境或使生产过程更加安全和省力。技术创新可在四个层面上实现。

（1）工艺路线的革新，是生产方式思路的改变。例如，用精密铸造、精密锻造粉末冶金代替金属切削生产复杂的机械零件，可大大缩短生产周期，降低成本。

（2）材料替代和重组。例如，美国农产品过剩，农场主负债累累，政府补贴农业财政负担沉重。堪萨斯州、卡罗来纳州的农民与大学合作，从环保角度出发，以农产品为原料生产工业产品，比如用玉米生产一次性水杯、餐具和包装盒；从玉米中提取燃烧用的乙醇；从大豆中提取润滑油替代石油产品等，受到市场欢迎，政府决定给予减税和强制推行等政策支持。

（3）工艺装备的革新。例如，用电脑绣花机代替手工绣花；用数控机床代替手动操作机床等。

（4）操作方法的革新。用更省力、更高效的操作方法代替传统的、不适应现代技术进步的操作方法。

3. 结构创新

结构创新是通过采用独特的方式组织公司的资产（包括硬件、人力或无形资产）来创造价值。它可能涉及从人才管理系统到重新进行固定设备配置等方面。例如，建立激励机制，鼓励员工朝某个特定目标努力，实现资产标准化以降低运营成本和复杂性，甚至创建企业大学以提供持续的高端培训。

4. 流程创新

流程创新涉及公司主要产品或服务的各项生产活动和运营。这类创新需要彻底改变以往的业务经营方式，使公司具备独特的能力，可以高效运转，迅速适应新环境，并获得领先市场的利润率。流程创新常常是一个企业核心竞争力的重要组成部分。

5. 品牌创新

品牌创新有助于顾客和用户识别、记住你的产品，并在面对你和竞争对手的产品或替代品时选择你的产品。好的品牌创新能够提炼一种"承诺"，吸引买主并传递一种与众不同的身份感。

二、创业的概念与类型

（一）创业的概念

创业的原意是"创立基业"或者"建功立业"。《辞海》中对创业的解释是"开创基业"。"创业"一词最早出现于《孟子·梁惠王下》，"君子创业垂统，为可继也"，将创建功业与一脉相承、流传后世联系起来。创业一词由"创"和"业"组成。"创"一般指创建、创新、创立、创造、创意。而"业"一般是指学业、业务、工作、专业、就业、转业、事业、财产、家业等。由此可以看出，创业有丰富的内涵，不单单是创办企业。

对于创业，不同的学者从不同的角度出发有着不同的解释。有人认为，创业是创业者对自己拥有的资源或通过努力对能够拥有的资源进行优化整合，从而创造出更大经济或社会价值的过程。还有人认为，是一种需要创业者组织运营组织管理，运用服务、技术、器物，进行思考、推理和判断的行为。全球创业研究和创业教育的开拓者杰夫里·蒂蒙斯（Jeffry A. Timmons）认为："创业是一种思考、推理和行为方式，这种行为方式是机会驱动、注重方法和与领导相平衡。创业导致价值的产生、增加、实现和更新，不只是为所有者，也为所有参与者和利益相关者。"当代管理大师彼得·德鲁克认为："任何敢于面对决策的人，都可能通过学习成为一个创业者并具有创业精神。创业是一种行为，而不是个人的性格特征。"创业是一种可以组织，并且是需要组织的系统性工作。

借鉴以上各种定义，并结合现实创业实践内容，在这里，我们将开创新事业、扩大现有生产规模或改变现有经营模式都归结为创业。

（二）创业的类型

创业类型的划分有许多方式，比较常见的是按照创业的动机、创业的起点、创业项目类型、创业方向或风险，以及创新内容进行划分[①]。

1. 按创业动机分

按创业动机划分，创业可分为机会型创业与就业型创业。机会型创业是指创业的出发点并非谋生，而是为了抓住、利用市场机遇；就业型创业是指创业者为了谋生而自觉或被迫地走上创业之路。

2. 按创业起点分

按创业起点划分，创业可以分为创建新企业和企业内创业。创建新企业是指创业者个人或团队从无到有地创建出全新的企业组织。这个创业过程充满挑战和刺激，个人的想象力、创造力可得到最大限度的发挥，但风险和难度也很大，创业者往往缺乏足够的资源、经验和支持。企业内创业是指在现有企业内的有目的的创新过程。

3. 按创业项目类型分

按创业项目类型划分，创业可分为传统技能型创业、高新技术型创业和知识服务型创业。传统技能型创业是指使用传统技术、工艺的创业项目；高新技术型创业是指知识密集度高，带有前沿性、研究开发性质的新技术、新产品项目；知识服务型创业是指为人们提供知识、信息的项目。

4. 按创业方向或风险分

按创业方向或风险划分，创业可分为依附型创业、尾随型创业、独创型创业和对抗型创业。依附型创业是指依附于大企业或产业链而生存，为大企业提供配套服务，或者使用特许经营权；尾随型创业指模仿他人创业，"学着别人做"；独创型创业是指提供的产品或服务能够填补市场空白；对抗型创业是指进入其他企业已形成垄断地位的某个市场，与之对抗较量。

5. 按创新内容分

按创新内容划分，创业可分为基于产品创新的创业、基于营销模式创新的创业和基于组织管理体系创新的创业。基于产品创新的创业是指

---

① 万生新，姬建锋．大学生创新创业教育[M]．西安：陕西人民出版社，2019：9．

基于技术创新或工艺创新等产生了新的消费群体,从而导致创业行为的发生;基于营销模式创新的创业是指采取有别于其他厂商的市场营销模式,因而有可能给消费者带来更高的满足度;基于组织管理体系创新的创业是指采取有别于其他厂商的企业组织管理体系,因而能够更高效地实现产品的商业化和产业化。

三、创新与创业的关系

创新与创业是两个不同的概念,两者有一定区别,也存在本质上的契合、内涵上的相互包容和实践上的互动发展。

(一)创新与创业的区别

1. 概念不同

从定义上来看,创业是创造新的商业,而创新是在市场中应用一种发明;创业可能涉及创新,或者也并不涉及,创新可能涉及创业,或者也并不涉及。创新泛指"创新成果被商业化的价值实现过程",而创业则特指"创建企业的过程"。前者完全可以在已有的企业组织框架内实现,不一定涉及企业组织制度的建设;而后者则必然要涉及企业组织制度的建设。

从内涵上来讲,创新主要是从经济与技术相结合的角度探讨技术创新在经济发展过程中的作用;创业是一个新的非生命市场参与者的创造过程(新商业的诞生)。创业强调的是,如"企业从何而来""人们为什么创建新的商业""商业是如何被创造的"等;而创新是对生产函数包括生产力、科学技术、生产资料、生产工具及劳动力和生产关系的建立等。

2. 研究侧重点不同

创新作为创业的手段和基础,它是思想的表达以及过程,为社会增添新的东西,偏重于理论的分析。创业偏重于实践的过程,即个体建立一份自己的事业,追求自己想要的成功。

(二)创新与创业的联系

1. 主体的一致性

(1)实施主体的一致性。创业者在进行创业时,重要的创业资本是核心技术、创业知识运作资金、创业团队、创新能力等，其中创新能力是最重要的。创业者在创业过程中需要具备创新意识和创新精神，需要独特和新颖的创新思维，产生富有创意的独特想法，寻求的新的解决问题思路和方法，不断克服企业发展中的瓶颈和难题，最终才能够取得创业的成功。

（2）价值主体的一致性。创新的价值在于创业，创业蕴含着价值创新。创新的价值在于将潜在的知识、技术和商机转化为产品与服务，能够创造财富，实现企业再创业，通过将创新成果商品化和产业化，实现社会财富的增值；创业能够取得成功，必然存在着价值创新。创业是一种能够让自我发展不断创新的过程，创新其实就是我们常说的"企业家精神"的本质。

2. 时序的一致性

从创新的时效性看，企业创新特别是在科技成果推向市场的过程中一般总是从产品创新、技术创新开始的。因为一种新的市场需求总是表现为产品需求，所以在创新初期企业的创新活动主要是产品创新。一旦产品被市场接受，企业将把注意力集中在过程创新上，其目的就是降低生产成本，改进生产工艺，提高生产率。当产品创新和过程创新进行到一定程度时，企业的创新注意力会逐渐转移到市场营销创新上，目的是提高产品的市场占有率。在这些创新重点的不同时序上，还会伴随着必要的管理创新和组织创新。可见，利用科技成果进行创业在时序上是一个连续的过程。

第二节 创新创业教育概述

一、创新创业教育相关概念

（一）创新教育与创业教育

1. 创新教育

我国的创新教育的概念产生于 20 世纪末期。对于创新教育的定义，相关研究学者依据各自的认知和理解，各有侧重给予不同的诠释。对于创新教育是以培养创新人才为目标，培养人的创新意识、创新思想、创新技能、创新素质的一种教育活动的认识，是大多数学者的共识。例如，学者阎立钦认为创新教育是以培养学生创新精神和创新能力为基本价值取向的教育；学者周兴国认为，创新教育是在教育活动过程中以学生为主体构建具有创造性、实践性的学生主体活动形式，以培养学生的创新意识为目的，激发学生主动性，促进学生主动参与、主动实践、主动思考、主动探索、主动创造，并有意识地激发出潜存于个体身上无意识的或潜意识的创新潜能，使创新思想在实践活动中得以实现，从而实现社会创新。国际上关于创新教育的定义主要分为广义和狭义两大类：狭义的定义认为，创新教育是以具有创新意识、精神、思维、人格及创造能力的创新人才的培养为目的的教育活动；广义的定义则指所有以培养人的创新素质、提高人的创新能力为主要目的，不同于传统的接受、填鸭及守成式教育形式，能使人们进行创新而开展的新型教育活动。对创新教育的内涵的理解，既要看到其发展过程、既成特点和规律，又要用长远的眼光把握其发展方向。笔者认为从广义上讲，创新教育是培养受教育者创新素质、创新能力、创新人格，用他们的创新思路来推动社会进步实现自我价值的一切教育活动。因此，对于高等教育而言就是要通过创新教育使受教育者能够把创新素质、创新能力、创新人格有机融合，培养适应时代变化、符合时代要求的创新型人才。

2. 创业教育

创业教育（Enterprise Education）一直以来都是国内外研究热点，由于对创业教育的理解和侧重不同，因而创业教育的定义没有统一的标准。在国外 Enterprise Education 与 Entre-preneurship Education 都有"创业教育"的含义，虽然两者经常互换通用，但所蕴含的理念各有侧重。Entre-preneurship Education 是 1947 年 2 月哈佛大学商学院提出的概念，突出创业机会的把握，是以培养企业家为目的，面向少数商业化精英的专业教育，突出的是商业性创业。Enterprise Education 是 1989 年 11 月联合国教科文组织提出的，突出理念上的转变，是培养事业心与创造技能的教育，其目的突破了创办和经营企业或组织的局限，更重视全体学生的创业素质的培养，以及全体学生就业创业胜任能力的提高。1989 年，胡晓风、姚文忠、金成林在其联合发表的《创业教育简论》一文中，结合陶行知的教育思想对创业教育进行了论述，介绍了创业教育应"以培养合理的人生为宗旨""是整个生活的教育"以及三原则："科技、教育、经济三结合""德育为本，创业为用""学问与职业一贯"[①]。从其理念可以看出，其具有"广义创业教育"色彩，但是文章对创业教育的概念没有给出明确的界定。后续学者在这方面做出了积极的探索，学者彭钢在其著作《创业教育学》中指出："创业教育是指以开发和提高青少年的创业基本素质为目的，培养具有开创个性的社会主义建设者和接班人的教育"[②]。

目前，大多数学者比较认同联合国教科文组织在1991年东京会议上，对创业教育定义的分类和阐述，即创业教育有广义和狭义之分。从广义上理解，创业教育是培养具有开创性个性的人的教育，培养受教育者事业心、首创性、进取心、冒险精神、探索精神等心理品质以及创业过程中独立的工作能力和技能的教育；狭义的创业教育的概念是与增收培训则紧密结合在一起的。从对创业教育的脉络梳理可以看出创业教育的三个转变，一是功利性向非功利性转化——由培养企业家专注盈利转向人的全面发展；二是技能型向素质型转化——不再单一地关注创业技能的提升而是转向能力、人格、素养的全面培养；三是培养创业者向创业型人才转化——受教育者不再局限于创造就业机会来实现自身和社会价值，而是将开拓精神和创业能力应用于任何可以推动社会进步，实现个人梦想的机会。笔者认为广义的创业教育概念更加符合时代特征和需要，认为创业教育是培养人的开创性个性，积极的创业心理素质，提高人的知识探索和综合实践能力的教育活动。

（二）创新创业教育

在实践中，创新教育与创业教育的共性远远大于其个性，从广义而言是高度一致的。作为一种新的教育理念，从知行统一的角度与学生作为行为主体的观点，创新教育与创业教育应该是统一的，故应当作为一个统一的范畴进行分析和研究，即创新创业教育。

中南大学学生创新创业指导中心主任杨芳在《创新创业教育方法》

---

① 胡晓风.创业教育简论[J].四川师范大学学报（社会科学版），1989（4）：8.
② 彭钢.创业教育学[M].南京：江苏教育出版社，1995：71.

一文中认为，大学生创新创业教育是以创造性和创新性为基本内涵，以课程教学与实践活动相结合为主要载体，以开发、提高受教育者综合素质为目标，培养其未来从事创新创业实践活动所必备的意识、人格、知识、思维、能力等的素质教育。这是对素质教育的新指认，而且是具体的、真实的、有针对性的、可操作实施的。从广义上讲，大学生创新创业教育是关于创造新的伟大事业的一种教育实践活动。从狭义上讲，它是关于创造新的职业工作岗位的一种教学实践活动，是当代大学生走上主动就业、灵活就业、自主创业之路的教育改革活动。

曹胜利、雷家骑在《中国大学生创新创业教育发展报告》中指出：创新创业教育与传统教育相比，根本区别是突出了学生创新创业能力的培养，体现了社会经济发展对人才知识、素质、能力结构的根本性要求。它把成才的选择权交给学生，将成为高校深化教育教学改革的重要教育理念。在这个理念中，创新是灵魂，创业是载体，创新创业是一种实践行为。

（三）创新创业教育内在联系

2010年，"创新创业教育"这一概念被正式启用后，创新教育、创业教育、创新创业教育三者的关系自然成为学术界关注的话题。三者有何区别和联系，是不是创新创业教育＝创新教育＋创业教育？当然不是。从字面上看"创新创业教育"是一个叠加词，包含了"创新""创业""教育"，其在形式上的表现是"创业"后缀于"创新"，实质是内在规定了创新的应用是创业，是重在应用的创新，促进创新成果的市场化、商业化转化；"创新"前缀于"创业"，其实质是全面统领了创业的方向，是以创新为基础的创业，是机会型、高增长的创业，提高了创业的层次和水平。

对于创新教育来说，这一教育实践更突出创新的落脚点和着力点。在培养受教育者创新素质的同时，更注重创新素质的现实转化，重在通过创新驱动推动"大众创业、万众创新"的时代引擎。对创业教育来说，创新创业教育在培养受教育者创业素质的同时，更注重通过创新提高创业的质量和效率，不仅让创新促进创业，还培养受教育应用创新进行岗位创业、公益创业的素质和能力。但是，创新创业教育与创新教育、创业教育又不是完全对立的教育理念，创新创业教育是两者的紧密结合，而不是两者的机械相加。

创新创业教育是在"广义的创新"和"广义的创业"两个概念的基础上形成的综合概念，可以说创新与创业是"双生关系"，成功的创业离不开创新，创业过程中往往伴随着成功的创新。教育部正式启用"创新创业教育"一词是对创新教育与创业教育双生性共识的确认。"创新教育""创业教育"的科学内涵包含于"创新创业教育"之中，从广义上来看，"创新教育""创业教育"与"创新创业教育"统一于国家实施创新驱动发展战略、推进高等教育综合改革，而且创新引领创业，创业带动就业，从而主动适应经济发展新常态，使创新教育、创业教育的理念、方法、体系、模式等要素与创新创业教育有机融合。

总体而言，创新创业教育与联合国教科文组织在东京会议报告中提出的"广义的创业教育"概念相似。特别要指出的是，从国际层面上讲，创业教育与创新创业教育在培养受教育者创造性地发现问题、研究问题、解决问题，实现人生价值和推动社会进步上高度一致，都将其作为研究的出发点和落脚点。如果将"创新创业教育"与"创业教育"做严格概念区分，确实存在细微的区别，但共性要远远大于差异性，两者间的差别是"同中之异"，为此可将两个概念相互通用。

二、创新创业教育内容与特征

（一）创新创业教育内容

创新创业教育的内容极其丰富，涵盖面广，主要包括创新创业意识、能力、心理品质、综合知识等方面的培养。教育内容涉及创新教育、创业教育、心理教育和专业教育等。在教育的开展方式上也多种多样，主要涉及课内教学、校内实践和校外拓展等。其开展的内容包括提供各方面的创新创业咨询以及信息服务和多种形式的技术支持，并要求开展创新创业培训课程、实训活动，为学生提供创新创业场所、基地等，还要为大学生设立创新创业扶持资金、专项基金和各种科研平台等。

1. 创新创业意识

只有具有了创新创业的意识，才可以说有了创新创业行动的思想基础，这是前提条件。创新创业意识是指相信自己的个人素质和能力能够提高到或已经达到创业所需水平，愿意开展创新创业行为，继而为此寻找商机、开始创新创业活动的准备。如果将其外延扩大，也可以理解成"开拓意识"，也就是通俗意义上所说的"闯劲"。结合我国实际大部分地区创新创业文化和氛围不强，在创新创业教育的初期，培养全体学生的开拓意识，对提升国家和社会对创新创业的认可和国家的开拓进取精神具有重要的意义。

2. 创新创业能力

创新创业能力是创新创业型人才所应具备的核心素质，指在已有情境下，为圆满解决创新创业过程中的问题而综合使用的各种策略和手段。创新创业教育内容中包括以下几种主要能力：创新能力、学习能力、人际交往能力、经营管理能力、自我发展能力等与创新创业直接或间接相关的多种能力的综合。

3. 创新创业心理品质

健康的心理品质是创新创业成功的主要条件。创新创业心理品质是指在创业实践活动中对人的心理和行为起调节作用的个性意识特征，也就是我们通常所说的情感与意志，主要包括与创新创业有关人格等方面的心理素质以及情感过程与意志过程；也包括在教育过程中培养学生的创新创业心理品质，培养学生的合作精神和团队意识、坚强的意志和对挫折的忍耐力、稳定而积极的情绪等。

4. 创新创业综合知识

创新创业教育是一项系统工程，以综合知识为主要学习内容，才能形成一个完整的教育体系。在培养大学生创新创业意识、能力和具备其心理品质的同时，使大学生具备一定有关创新创业的社会综合知识，这是开展创新创业教育的必然要求。创新创业知识是指与创新创业方面相关的专业知识、技术知识、经营知识、管理知识等综合知识。比如，创新创业过程中所涉及的基本政策法规、税收制度、市场环境等内容的分析以及经济核算方法、企业经营管理特点、商务谈判技巧、公共关系运作等要素的手段、方式、途径等多方面内容。

(二) 创新创业教育特征

作为一种全新的教育理念和教育模式，创新创业教育有着无可比拟的优越性。把握其特性，有助于我们全面理解创新创业教育的意义。具体来讲有如下特征。

1. 先进性

创新创业教育是一种全新的理念，它的提出和发展史还不长，在世界范围来看也还没有一个现成的完整的模式可供参考，在实践中没有一个统一的样板可以运用，需要我们不断探索。创新创业教育所瞄准的是未来教育的趋势和需要。因其先进性，创新创业教育的实施对社会环境也提出了更高的要求，所以创新创业教育紧扣了时代脉搏，发展了创新型国家理论，体现了时代精神，是一种先进的、科学的、全新的教育理念和教育模式。

2. 实践性

如何用最简捷的办法让学生知晓创新创业的流程、知识、技巧以及通常遇到的一些问题，做到准确把握、有的放矢，在教育教学实践中就应将传统的讲授模式转变为注重学生实践的模式。因此，在人才培养的过程中，应组织一些有经验的老师，借鉴外地先进教育教学工作经验，更多地为学生搭建实践性平台，全面推广实践教学，在实践过程中掌握创新创业的本领，着重强调受教育者社会行动能力的培养，在实践中学到书本上没有的，但实际会涉及的社会生存法则和处事方法，从而更好地适应和融入社会。加强社会实践活动是创新创业教育的一个重要环节，通过社会实践，使受教育者能正确地面对社会现实，并根据社会需要提高相关职业能力和自身素质。

3. 灵活性

相比其他教育模式而言，创新创业教育没有固定的模式，可以通过各种方法、途径来进行，非常灵活。创新创业教育是以市场为导向，以能力培养为目标的教育。新颖的体例、鲜活的内容、恰当的实训、创业的思考等都可以灵活运用。教育活动中素材的选择和应用会随着环境不同而变化，在实践中为适应不同层次的需要所产生的价值也会不同，所以满足不同学生的学习需要，以锻炼、培养、提高学生各方面的能力来灵活设计教育教学的各个环节和多样的教学手段，因地制宜、因时制宜，采用切实可行的、行之有效的、机动灵活的方式方法,不能一概而论。

4. 系统性

每一个高校毕业生的背后都寄托着一个家庭的殷切希望,关系着数百万家庭的幸福与和谐,也寄托着社会各界乃至整个国家的希望与期盼。教育部有关文件也特别强调,要把创新创业教育纳入专业教育和素质教育体系,制定教学计划和学分体系,积极构建多层次、立体化的教育教学体系。因此,可以看出创新创业教育的系统是复杂而庞大的,主要体现在:它的教育过程是通过各种可利用的教育方式来培养的,不仅有理论,还有实践,而且要不断在探索中前进;它的内容涉及经济、社会、文化各个层面甚至是交叉;它的实施不仅需要高校的教育,还需要社会各界的支持与理解。

三、创新创业教育的功能

创新创业教育是一个完整的系统,具备完善的功能。通过归纳概括笔者认为它有三个方面的功能:服务社会功能、深化教育改革功能和促进大学生全面发展功能。

(一)服务社会功能

创新创业教育是一种社会实践活动,对服务国家加快转变经济发展方式,建设创新型国家起着非常重要的作用。一个国家的创新创业教育水平越高,社会效益和经济效果也就越好;社会的创新创业型人才发展越快,人们的物质文化生活水平也就越高,从而能够极大地推动社会的进步与发展。目前,创新创业是经济增长的一个非常重要的促进因素。创新创业教育还有利于化解就业难题,消除社会不稳定因素,建设和谐社会。现在,我国经济正处于稳定增长状态下,发展创新创业教育对推进社会稳定、建设人力资源强国显得尤为重要。发挥好创新创业教育职能,使受教育的学生将来成为社会财富的创造者,成为社会发展的有力推动者。

(二)深化教育改革功能

通过把创新创业教育教学纳入学校改革发展规划,纳入教育教学评估指标，从根本上对传统教育理念进行深层次改革，确立与之相适应的新的人才培养模式，制订专门计划，明确职能部门，改革现有的专业教育和课程体系，对提高人才培养质量，保证高等教育的持续、健康发展起着重要作用。大学生创新创业教育通过树立科学发展观，实现教学内容、教学方法与评价方式的创新，突破传统教育理念的局限性，推进教育方法的启发性与参与性，充分发挥课堂的体验性和开创性，不断实现教育功能的跨越式发展，培养出具有开拓精神、创新精神和国际竞争力的创新创业型人才。由此，高等教育应适应市场经济对人才培养规格的要求，适应国家发展战略对知识型、创新型创业人才培养的需要，适应世界高等教育的新趋势，促进教育体制改革与发展。

（三）促进大学生全面发展功能

创新创业教育强调全面开发人的潜能，培养学生的创造性思维，培养学生的能力以及技术、社交和管理技能，通过树立正确的世界观、人生观、价值观从而确定自己的职业生涯，获得人生的成功。创新创业教育始终坚持以人为本，坚持面向全体，弘扬人的主体性和自由个性，引导学生正确处理与他人、集体、社会的关系，为学生提供了一个可以自由翱翔和自我设计的空间，通过完善自身的技能，提高自己的创造力，为未来的发展打下良好的基础，通过努力成功创业，可以升华自己的人格，实现自己的理想，证明自己的价值。所以，在创新创业教育教学和实践环境中，既能培养健全人格，又能拓展知识和能力，从而有益于拓展大学生素质，促进人的全面发展。

第三节 创新创业教育理论

一、需求层次理论

需求是个体感到某种缺乏或不平衡状态而力求获得满足的心理倾向，是个体活动积极性的源泉。人作为生物实体和社会成员，一是要生存，二是要发展。人不仅要生存，而且还要追求生活的质量和意义，追求人生价值，追求爱与归属，希望得到尊重和认可。同时，又不断面临挑战，往往对现实生活的条件、社会地位和经济收入感到不满，产生改善生活、改变现实的愿望，这种愿望在一定条件作用下，就会转化为强大的内部力量，推动个体去行动。人的需求是多种多样的，那些强度较弱、不能为人清晰意识到的需求，只是一种未分化的、模糊的意向。意向对人的行为没有推动作用。只有当需求强度达到一定程度并被人清晰意识到时才能成为愿望，愿望在某种诱因作用下可被激活转化为动机，驱使个体趋向或接近目标。基于此，开展创新创业教育是为大学生创业提供帮助。许多大学生都具有创业意向，却苦于站不高、看不远，方向不明、目标不清，又缺乏指导，致使创业意向不能转化为创业动机，或与创业机会失之交臂。高校创新创业教育实际上就是使大学生的创业意向转化为创业动机与创业行为的"催化剂"。

　　需求层次理论是马斯洛（Abraham H. Maslow）在《人类动机理论》一书中提出的，即认为人的需求由低级到高级分别为生理的需要、安全的需要、归属与爱的需要、尊重的需要、自我实现的需要。生理的需要是人们最原始、最基本的生存需要，如对食物、水分、空气、睡眠的需要等；安全的需要表现为人们要求稳定、安全、受到保护、有秩序、能免除恐惧和焦虑等；归属与爱的需要是一个人在家庭、学校、社会中的归属以及要求与他人建立感情的联系或关系，如结交朋友、追求爱情、参加一个团体并在其中获得某种地位等；尊重的需要包括自尊和受到别人的尊重，这种需要的满足能使人增添信心和勇气，使个体在生活中变得更有能力，更富有创造性；自我实现的需要是指人们追求实现自己的能力或潜能，并使之完善化。马斯洛认为，这五种需要都是人的最基本的需要。这些需要是天生的、与生俱来的，它们构成了不同的等级或水平，成为激励和指引个体行为的力量。此外，五种需求从低到高，按层次逐级递升，但次序不是完全固定的，可以变化。一般来说，某一层次的需要相对满足了，就会向高一层次发展。五种需要可以分为两级，其中生理上的需要、安全上的需要和感情上的需要都属于低一级的需要，而尊重的需要和自我实现的需要则是高级需要，而且一个人对尊重和自我实现的需要是无止境的。同一时期，一个人可能有几种需要，但每一时期总有一种需要占支配地位，对行为起决定作用。任何一种需要都不会因为更高层次需要的发展而消失，高层次的需要发展后，低层次的需要仍然存在，只是对行为影响的程度大大减小。

创业能力有助于人们更好地适应未来生活，以满足人的基本需要，尤其是自我实现的需要，使人的自身价值得到最高体现。运用马斯洛的需求层次理论来分析大学毕业生的需要，我们可以知道，他们的需要包括了五个层次的需要。他们渴望毕业以后能够拥有良好的经济条件，使自己不用为基本的吃、穿、用而发愁；他们渴望安全、稳定、有秩序、能免除恐惧和焦虑的生活和工作；他们渴望与人交往和交流，希望拥有良好的人际关系；他们渴望通过自己的努力克服困难，将自身才能展示出来，以得到别人的认可和尊重；他们渴望实现自身的价值，通过自己的努力，使自己事业有成，以最大限度地将自身的潜能挖掘出来。而创业在创造物质财富，满足人对物质生活需要的同时，能有效地满足人的精神生活的需要，实现人生价值。因此，可以说高校开展创新创业教育，加强创新创业教育管理，以开发学生的创业素质，提高创业技能是非常必要的。创新创业教育就是要引导学生通过学习和实践，提高素质，增长才干，发挥潜能，为社会创造更多的就业岗位，实现人生的社会价值。

二、全面发展理论

基于马克思主义关于"人的全面发展学说"，来审视我们中国特色社会主义教育的目的，可见，全面发展教育理论是我国教育改革的主要指导方针。主要从以下两个方面来理解人的全面发展理论：一是人的脑力劳动与体力劳动相结合，实现通常所说的德育、智育、体育、美育和劳动技术教育全面发展；二是一个完整个人所具有的才能和品质都能得到充分发展。社会对人才的需求是多种多样的，多样化的全面发展的人才才能满足社会各项建设事业的发展。结合个性化教育理论，由于人与人之间都有一定的差异性，因而在教育过程中，针对处于同一发展阶段的受教主体，既要考虑全面发展的共性与相似性，又要结合各自的个性差异。

传统教育观的最大弊病是忽视了学生个体的发展。施教者将学生视为没有思想、情感和辨析力的"两脚书橱"和"知识容器"，教师只是根据自己的想法和偏好来传输各种知识，这必然影响学生潜能的发掘和全面发展的实现，同时会严重遏制学生创新能力的提高。而全面发展教育理论则要求学校及教师着眼于学生的发展，遵循学生的身心发展规律，通过各种教学方式为学生的全面发展提供条件、创造环境，使其在学习和掌握各类知识的同时，实现自我养成，并通过有效的社会实践和训练，使学到的知识逐渐内化为其自身相对稳定的思维方式和行为习惯，充分理解和运用知识，并最终促使其实现个体全面发展，成为能够适应未来社会发展的会生存、善学习、勇于创新的复合型人才。因此，从这个角度看，个性教育理论不仅是全面发展教育理论的题中之义，还是一种更高层次的全面教育表现形式，两者并不排斥，而是相互结合，形成个人、个性的全面发展。只有这样，才能促使学生在发展个性才能的同时，实现整体素质的提高。

不同的教育理念和模式既能产生培养创造精神的力量，也可能压抑创造精神的培养。对于创新创业教育而言，它强调的是在受教者可持续发展的基础上，实现其个性差异的全面发展，不仅使其在德、智、体诸方面得到较全面的发展，还要结合其个性特点，使他们获得相对于自身而言最好的发展。具体来看，在培养和保持受教者的创新精神和创造力量时，还要考虑其在真实的工作生活中的需要；在进行知识文化传递的同时，不用现成的观念模式去压抑其个性化想法；在鼓励其发挥天赋、兴趣和能力时，不助长其盲目的个人主义；密切关注每个施教者的独特性，不忽略创造和创业意识的培养。

高等院校的创新创业教育就是开发和提高大学生创业基本素质、培养具有创新精神和创业能力的高素质社会主义现代化建设者的教育，其实质就是要培养学生创业意识，具备创业能力，掌握创业基本技能。从知识经济时代对人才素质的要求出发，从我国高等教育必须适应市场经济的需求、必须符合高等教育国际化发展趋势的要求出发，高等院校实施创新创业教育必须以党和国家的教育方针为指导，以促进学生全面发展和整体素质的提高为目的，以创新的精神、创新的理念、创新的思维、创新的方法，对教育观念、手段、方式乃至人才培养模式进行全面的改革和创新，大力培养学生的创新精神、创业意识、创业能力和创业技能，努力提升大学生的综合创业素质，使他们有可能在今后各种不同类型的行业和岗位上开创出一番事业。

三、个性教育理论

尊重和发展个性成为20世纪80年代以来世界教育改革浪潮中的主流，几乎所有国家都将其作为教育现代化的标志和方向，个性化教育已成为当今世界范围内的教育思潮。

主体性教育理论强调教育主体的主观能动性，而个性化教育理论则强调教育主体的差异化和个性化。每个人都会由于遗传特征、性格倾向、所处环境、所受教育、成长过程及自身努力程度等因素的影响，存在个体差异；个性化教育承认受教者，即学生个体在智力、思维、心理、情感、生理和社会背景等各个方面所存在的这种差异性，并依据这些个别差异和受教者的身心发展规律，在教育的各个层次中体现其良好鲜明的个性，有针对性地制定教学方案。开展个性化教育，使教育模式和方法适应受教者的个体特性，从而促进个体良好个性的发展，同时有益于其他各项能力的挖掘，如想象力、创造力和思维能力，使其全面发展。

个性教育理论要求施教者善于寻找和尊重每个学生优良的独特个性和素质，使之得到创造性的自由发展，并能抑制和克服学生的不良个性品质，同时打破统一僵化的教学模式，重视因材施教，实现教育的个性化、特色化、区别化和多样化，鼓励学生充分发挥个性，有效开发其个性潜能和创造性，充分发挥其天赋、兴趣、爱好和特长，从而为社会做出更大贡献，并且最大限度地实现个人价值。

个性的发展同主体性、自主性一样，是产生创造性的基础。教育的根本价值在于为社会培养出有个性和创造性的人才。单调统一、缺乏特色的教育模式会抑制创新欲望的产生，无法提高创新能力，甚至会产生刻板、没有创造力的行为模式。传统的应试教育，忽视学生的天赋和个体差异，将文化知识传授放在首位，以升学为唯一目标，而不注重学生的个性发展，甚至扼杀学生的特质、兴趣和特长，违背了学生个性发展的规律，同时违背了社会发展的需要。社会的飞速发展和现代科技的日益进步对个人才能提出了更高的要求。只有充分培养学生的个性化才能，才能满足社会生产、生活等各个领域的人才需求。

创新创业教育对独特个性的尊重尤为重视，因而只有以个性教育理论为依据和基础,从学生的个性发展出发来设计教育内容、模式、方法和制度,培养学生的独立人格、充分发掘学生个体的聪明才智和个性才能,才有可能发挥其原本优势,使学生能更自觉、更充分、更主动地提升自身的整体素质,防止教育的窄化、僵化、浅化和庸俗化,培养出更多社会发展所需人才,以适应未来社会的竞争。

四、学习型组织理论

学习型组织这一概念最早由"系统动力学"的创始人福瑞斯特(J.W.Forrester)于1965年提出,但是直到1990年,彼得·圣吉(Peter M.Senge)出版了《第五项修炼——学习型组织的艺术与实务》一书,这个理论才引起人们的广泛关注。他认为,学习型组织是指通过培养弥漫于整个组织的学习气氛,充分发挥员工的创造性思维能力而建立起来的一种有机的、高度柔性的、扁平的、符合人性的、能持续发展的组织。这种组织具有持续学习的能力,具有高于个人绩效总和的综合绩效。

圣吉提出的"五项修炼"是学习型组织的代表理论。他认为,当前企业组织越来越复杂,任何企业组织要想在社会中立足和发展,就要运用组织中每一个人的学习能力。这是可能的,因为人人都是学习者,而且有热爱学习的天性。他指出创建学习型组织是一项庞大的系统工程,具体需要从以下五个方面努力,这就是他的著名的五项修炼。[①]

(一)自我超越

所谓自我超越,是指自己超过自己,突破个人能力极限的自我实现或技巧的精熟。由于人有天生的自我保护意识,容易我行我素,因此对于任何一个企业和个人来说,树立自我超越意识,是发展进步的关键环节。要实现自我超越,主要抓住四个方面:提高境界、系统思考、勇于创新和敢于挑战极限。"自我超越"是个人成长的学习修炼,只有企业里各个层次的人都追求自我超越,才能建立真正的学习型组织。

---

① 邓如涛. 新常态下高校创新创业教育研究[M]. 成都:电子科技大学出版社,2017:35.

(二）改善心智模式

心智模式就是人们常说的心理素质和思维方式，它是关于自己、别人、组织以及世界每个层面的形象、假设的故事。它根深蒂固于人们心中，影响着人们如何认识周围世界，以及如何采取行动。改善心智模式，就是要改造旧心性，创造新心性，让人们树立"培养态度和看法"的意识，用于影响思想和互动精神。在这个过程中，人们必须学会观察自己和有效地表达自己的想法。通过该项修炼，能够提高人们指导行动和决策的能力，并且能有效地去除组织的弊病。

(三）建立共同愿景

共同愿景即组织中的共同理想和愿望，是指共同目标、价值观和使命感，简言之就是"我们想要创造什么"。共同愿景为学习提供了焦点与能量。要形成共同愿景，确立企业共同的价值观是核心，只有这样才能使全体员工朝着一个方向努力。愿景又分为三个层次：组织大愿景、团队小愿景和个人愿景。只有把这三个层次的愿景结合起来，才能增强组织的凝聚力、向心力和战斗力，更好地建设学习型组织。

(四）团队学习

团队学习是组织互动的修炼。在现代组织中，学习的基本单位是团体而不是个人，团体在组织中是最关键的、最佳的学习单位，团队学习主要采用以下形式：深度会谈、克服障碍和从更高层次上取得共识。通过这些方法可以激发群体智慧，帮助改善心智，实现团体的集体智慧高于个人智慧之和的效果，使团体拥有整体搭配的行动能力。

(五）系统思考

系统思考是五项修炼中最重要的一项修炼。系统思考就是要站在全局的、历史的、发展的高度，按照科学发展观的要求，用全面、协调、可持续和统筹兼顾的方法，对问题进行全面准确的分析和把握。系统思考要求人们运用系统的观点看待组织的发展，它引导人们从看局部到纵观整体，从看事件的表面到洞察其变化背后的结构，以及从静态分析到认识各种因素的互动影响，进而寻找一种动态平衡。系统思考是"看见整体"的一项修炼，它"可以帮助我们了解为什么传统的、常规的解决方案往往是没有功效的，还可以帮助我们找到系统中的高杠杆作用点"。这五个阶段构成一个整体，在创建学习型组织的过程中缺一不可。

学习型组织的真谛在于一方面学习是为了保证企业的生存，使企业组织具备不断改进的能力，提高企业组织的竞争力；另一方面学习更是为了实现个人与工作的真正融合，使人们在工作中活出生命的意义。学习型组织理论要求组织中的每一个成员不仅要终身学习，不断补充新知识，还要开放自我，与人沟通，最终达到从个体学习、组织学习到学习型组织的目标。学习型组织的缔造不是发展的最终目的，而是通过创建学习型组织的种种努力，引导出一种不断创新、不断进步的新观念，从而使企业永葆竞争优势。

当前，我国高等学校中创新创业教育严重缺乏，不仅不能有效地培养学生的创业能力，部分高校的教育甚至是在扼杀学生的创业意识、创业能力，降低他们对事业追求的决心和信心。其中，一个重要的原因就在于学校缺乏学习的能力，不能适应时代发展的要求。因此，从学习型组织理论的角度出发，为了使高校"苟日新，日日新，又日新"，就需要把高校建设为一个学习型组织，即学习型学校，促使其不断地学习，以适应社会变革的要求。

第三章　大学生自我认知

第一节　自我认知的一般认识

一、自我认知的认识

（一）自我认知的概念

自我认知是对自己的洞察和理解，包括自我观察和自我评价。自我观察是指对自己的感知、思维和意向等方面的觉察；自我评价是指对自己的想法、期望、行为及人格特征的判断与评估，这是自我调节的重要条件。如果一个人不能正确地认识自我，看不到自我的有点，觉得处处不如别人，就会产生自卑心理，丧失信心，做事畏缩不前……相反，如果一个人过高地估计自己，也会骄傲自大、盲目乐观，导致工作的失误。因此，恰当地认识自我，实事求是地评价自己，是自我调节和人格完善的重要前提。

自我认知要求主动地、有组织地对自我进行认知，自我认知的目的是经过社会生活的实践与体验，使自我适应社会环境。美国心理学家威廉·詹姆斯（William James）把自我认知分为三个要素：物质的自我，即自我的身体、生理、仪表等要素组成的血肉之躯；社会的自我，即自己在社会生活中的名誉、地位、人际关系、处境等，也是自我在群体中的价值和作用，别人对自我的大致评价等；精神的自我，即对自己智慧、道德标准、心理素质、个性的认识，如自我的能力、性格、气质如何等。这三种划分方法，在社会实践及心理分析时有一定的可取之处，它们对自我认知确有不同的影响，但人的行为最终由统一的自我来完成。

（二）自我认知的重要性

1. 自我认知是大学生认识个人与社会关系的重要基础

在心理学的领域内，自我了解是一个非常重要的课题，充分的、客观的自我了解是心理健康的基础。如果一个人看不到自己的价值，只看到自己的不足，觉得什么都不如别人，处处低人一等，就会丧失信心，产生厌恶自己并否定自己的自卑感，羞于与他人相处，缺乏进行人际交往的勇气；一个人只看到自己比别人好，别人都比不上自己，就会产生盲目的乐观情绪，自我欣赏，自以为是，以自我为中心，导致交往中自高自大、盛气凌人，或不屑与人交往；对自己的评价与他人对自己的客观评价过于悬殊，就会使自己与他人之间的关系失去平衡，产生矛盾，不利于与他人的正常交往。大学生进行自我了解是认识个人与社会关系的重要基础。自我探索是一种积极、主动的愿望，有利于增强自信、挖掘潜能、提升自我；自我探索过程是一个不断学习的过程，自我探索重视个性发展，赞同张扬个性，同时强调个人需求与组织需求、社会需求的匹配。

2. 自我认知是大学生立志成才、奋发有为的动力

青年人处于多思多梦的年华，总在不断设计自己的未来，展望美好的前程，而认识自我、把握自己的优势和弱点，则是大学生择业的基础。人是具有自觉能动性和创造性的主体，人对自我的认识越深刻，就越能发挥这种能动性和创造性。实践证明，有了对自我的科学认识和把握，才能合理设计自己的职业发展道路，才能最大限度地发挥人的潜能，成为有所作为、有所贡献的人。认识自我是一个长期而复杂的过程，需要根据条件的变化不断进行再认识，这样才能以一个强者的姿态，在竞争激烈的就业市场中脱颖而出。

3. 自我认知是澄清职业价值观的先决条件

当今的青年大学生在职业价值观上常常陷入误区：不但要求月薪高、

职位高、生活好，还讲究住房、奖金等物质享受。另外，一部分学生迷恋著名企业，认为到著名企业更能发挥自己的聪明才智，会更有前途。其实，大企业里人才济济，竞争十分激烈，而一般小企业，对人才的需求如饥似渴。如此一来，盲目追求符合自己个人意愿的工作，无视意愿和社会现实之间可能存在的矛盾冲突，不仅难以尽现个人的价值，而且其社会价值也难以实现，这样的职业生涯无法给人带来满足感、愉悦感和成就感。当然，在进行职业生涯设计时，我们着重探讨的不是应该确立什么样的价值观，或者如何去确立正确的价值观，而是对自己的价值观进行澄清，根据自己的条件，结合整个职业环境，考虑清楚自己到底追求什么，自己又能胜任什么，最后做出自己的选择。

4. 自我认知是认清个人能力优势，挖掘自身兴趣的试金石

大学生在毕业前应做好对自身条件的客观分析。一是可以对自己中学、大学的学习生活做一个总体回顾，然后对自己做出自我分析与评价；二是可以让自己的师长、朋友对自己提出一些合理的建议；三是进行一些人才量表化的自我测试。通过以上几种方式的分析与测试，使大学生对自己的性格、爱好、弱点、职业倾向等数据有所了解。诺贝尔物理学奖获得者丁肇中说过："兴趣比天才重要。"因为人们对某种职业感兴趣，就会对该职业表现出肯定的态度，在工作中调动人们的积极性，开拓进取，努力工作，有助于事业的成功。反之，强迫自己做不愿意做的工作，对精力、才能都是一种浪费。因此，学生在设计自己的职业生涯时，不仅需要知道自己的专业技能所能从事的相关工作，还需要知道自己对哪类工作感兴趣。只有将专业技能和兴趣结合起来，才有可能取得职业生涯的成功。

5. 自我认知是明确自身性格气质类型的关键

自我认知就是对自己进行全面分析，也就是"知己"的过程，实质上就是解决"我是谁"的问题。除了上述明确自己的能力优势、自身兴趣外，大学生还应该明白自己的性格气质类型。

20世纪30年代，生理学家巴甫洛夫（Ivan Petrovich Pavlov）发现高级神经活动有两个基本过程，即兴奋和抑制，在强度、平衡性和灵活性方面，不同的人有不同的特点。他根据这三方面的特点变化，将高级神经活动分为四种基本类型，即胆汁质、多血质、黏液质和抑郁质。但应

当指出,并不是所有的人都可按照这四种传统的气质类型来划分,只有少数人是这四种气质类型的典型代表,多数人是介于各类型之间的中间类型。因此,我们应该学会控制和掌握自己的气质,按社会的要求来塑造自己的性格,这是大学生自我修养的重要方面。大学生应该有意识地保持和培养气质的积极方面,克服消极方面。例如,胆汁质的大学生应该努力培养自己的自制能力,多血质的大学生应努力培养自己扎扎实实的工作作风和克服困难的精神,黏液质的大学生应努力克服动作迟缓拖拉的毛病,抑郁质的大学生应努力克服多疑、缺乏自信等性格弱点。

二、自我认知的内容与方法

(一)自我认知的内容

1. 自我观察

自我观察是心理学的研究方法之一,也称自我内省法,由结构心理学派创始人威廉·冯特(Wilhelm Wundt)首创。他认为自我观察是对自我所感所知、所思所想、情感、意向等内部经验感受的观察和分析,并将结果报告出来。它是研究人的心理活动的基本的、简单易行的方法,但具有很大的局限性。

2. 自我图式

自我图式是对自我的认知概括,它来源于过去的经验,组织并指导个人社会经验中与自我相关的信息之加工,是一种人们对其自身拥有的一切信息与属性的认知结构。

3. 自我概念

自我概念是一个人对自身存在的体验。其包括一个人通过经验、反省和他人的反馈,逐步加深对自身的了解。自我概念是一个有机的认知结构,由态度、情感、信仰和价值观等组成,贯穿整个经验和行动,并把个体表现出来的各种特定习惯、能力、思想、观点等组织起来。

4. 自我评价

自我评价是主体对自己思想、愿望、行为和个性特点的判断和评价,是自我意识的一种形式。

（二）自我认知的方法

1. 通过与别人的比较认识自我

一个人对自己价值的认识，是通过与他人的能力和条件的比较而获得的。在与他人比较的过程中，应注意比较的参照系和立足点。其一，跟别人比较要有标准，而且标准应该是相对标准而不是绝对标准，应该是可变的标准而不是恒定的标准。例如，一个人的容貌和出身是不可更改的，若以此为标准同别人比较是没有意义的。其二，比较的对象应该是与自己条件类似的人。此外，大学生要努力拓宽视野、增加生活阅历、积极参加社会实践和社交活动，这样有助于我们找到正确的参照系来了解自己。

2. 通过自我比较认识自我

与过去的自己相比，看自己是进步了、成熟了，还是退步了、又犯错误了；与理想中的自我相比，自己还有哪些差距等。前者可以发现自己的成绩与进步，提高自尊和自信；后者可以明确努力的方向，进一步完善自我，但是要注意理想中的自我应切合实际。

3. 通过分析他人对自己的评价认识自我

从他人的态度和情感中认识自己，是明确自我的另一种途径。一个人对自己的认识难免有偏差，因此有必要根据他人的评价、他人对自己表现出的言行态度来认识自己。他人的评价就像一面镜子，正如古语云："以人为鉴，可以明得失。"需要注意的是，正如镜子不一定能反映事物的本来面目一样，别人对你的评价，由于受多种因素的影响，不一定是完全正确的，因此我们不能把别人的评价和态度作为唯一的衡量标准，还要充分结合其他相关信息进行综合分析。

4. 通过反思认识自我

了解自己最重要的是时时刻刻不忘自我反思，随时审视自己的言谈举止与内在思维，这是一种个体直接认识自己的方法。我们既是心理活动的主体，又是心理活动的对象，通过反思我们可以了解自己的智力、情绪、意志、能力、气质、性格和身体条件等特点，反思也是自我意识形成的重要途径之一。在认识自己的过程中，我们一定要客观、全面、辩证地看待自己，形成正确的自我意识，真正地了解自己，并以此来选择适合自己的职业发展道路。

5. 通过自己的活动表现和成果认识自我

自我各个方面的特征都表现和反映在具体行为中，大学生可以通过学习文学、艺术、体育、社会工作、人际交往等各方面的能力和成果加深自我认识，获得关于自己能力、意志、兴趣等多方面的信息，进而对自己加以评价，但注意不要把成绩和成就作为评价自我价值的唯一尺度。

6. 通过专家咨询或测评认识自我

大学生可以通过专家咨询来认识自己。专家可以运用他们的专业知识、经验和科学的咨询技术给学生提供帮助。在咨询过程中，可以获得大量的信息资料和对问题的重新认识，更重要的是，通过专家咨询可以帮助大学生进一步认识自己。

一些测评软件也能帮助大学生了解自我。在兴趣方面主要有斯特朗（E.K.Strong）职业兴趣量表；在气质方面主要有张拓基、陈会昌编制的气质量表；在能力方面主要有法国心理学家比奈（Binet Alfred）和其助手西蒙（Theodore Simon）编制的比奈-西蒙智力量表、韦克斯勒（David Wechsler）的成人智力量表、威廉斯创造力倾向测试量表；在特殊职业能力倾向方面主要有文书能力倾向测验、机械能力倾向测验、美术能力倾向测验、音乐能力倾向测验、科学与工程能力倾向测验、医学能力倾向测验等。

第二节 兴趣认知与性格认知

一、兴趣认知

（一）认识兴趣

在自我介绍或求职简历的描述中都会提到兴趣，我们一般会写：喜欢读书、摄影、跑步、游泳等。每个人都有自己喜欢做的事情，我们通常称其为自己的兴趣。

准确地说，兴趣是指一个人积极认识某种事物或从事某项活动的心理倾向。比如，有些乐迷一听到音乐就会跟着哼唱，想要去学习唱歌，对音乐类的活动特别迷恋，这就是对音乐感兴趣。也有一些京剧票友，喜欢谈京剧、看京剧，一遇到京剧就来劲，这就是对京剧有兴趣。人的兴趣多种多样、各具特色。在实践活动中，兴趣能使人们明确工作目标，积极主动，从而能自觉克服各种艰难困苦，获取工作的最大成就，同时能在活动过程中不断体验成功的愉悦。

兴趣是基于精神需求或者物质需求而对某个事物或某项活动充满热情，想要积极探索这个事物或者从事这项活动。兴趣会激发个人的欲望，主动性较强。兴趣与人们的认识和情感相关联，它的产生一定是基于对事物和活动认识的基础之上，与此同时也产生了一定的情感。认识越深刻，情感越丰富，兴趣则越浓厚。每个人都会对其感兴趣的事物或活动给予优先关注和积极探索，并表现出心驰神往的状态。兴趣不只停留在对事物表面的关心，往往是由于获得某一方面的知识或者参与这种活动而使人在情绪上得到满足所产生的一种反应。例如，有的人对摄影很入迷，认为摄影既可以陶冶情操，又能记录生活，而且拍得越多，技术越成熟，作品越好，就会投入越多的情感，还会引申到学习后期制作，以呈现更加完美的摄影作品，于是这样就会将其发展为一种特长。兴趣是特长的前提，特长是兴趣的发展和行动，特长不仅是对事物优先注意和向往的心情，而且表现在某种实际行动中。兴趣是受社会性制约的，不同年龄、不同环境、不同阶级、不同职业、不同文化层次的人，兴趣都不一样。

1. 兴趣的分类

根据个人的关注度和倾向性不同，兴趣可以分为有趣、乐趣、志趣三个层级。比如，戏曲爱好者就仅仅停留在感兴趣的层面，喜欢听、喜欢唱；而票友就会发展到乐趣层面，开始去学习、研究；若发展成为戏剧家就达到了志趣层面。有趣停留在兴趣发展的低级阶段，是由感觉、触觉、视觉、嗅觉、味觉等的刺激而引发的短暂的新鲜感，维持法时间较短；乐趣是在有趣的基础上，从中发掘并找到持续的快乐，沉迷并乐在其中；志趣是在乐趣之上，将个人的理想和奋斗目标融合在一起，志趣持续性长，是人们朝着更好方向发展的动力。大学生要将职业兴趣和志趣相结合，才能在工作中找到自己的价值，这样的工作才值得我们为之奋斗。

根据所涵盖范围的不同，兴趣可以分为专业兴趣、生活兴趣、职业兴趣三种。专业兴趣是对一门学科、一门技能或一个专门的事情的兴趣，多数指大学所学专业的兴趣，也包括自我钻研的第二专业。通常所说的健身、摄影、书法等兴趣爱好即为生活兴趣，是提高生活品质，让生命多元化发展的助推器。专业兴趣和生活兴趣可以是一致的。职业兴趣则是对某个工作或者职业的兴趣。职业兴趣与专业兴趣重合得越多，工作的满意度就越高，职业发展则会越顺利。职业兴趣和生活兴趣重合得越多，生活的幸福度越会提高。

兴趣具有广泛性、指向性、稳定性、效能性、层次性。广泛性指兴趣的范围的大小，每个人的兴趣不同，其兴趣的广泛程度也各异。兴趣广泛的人往往知识面更广。指向性是指兴趣指向的具体内容和对象，有的是物质的，有的是精神的。稳定性指兴趣在某一对象上可以保持较长时间，具有较好的稳固持久性。兴趣根据对活动产生作用的大小不同，产生的效果也不同，这是兴趣的效能性。兴趣的雅俗程度不同，有的人兴趣品位比较高，有的人兴趣品位比较低，兴趣和爱好品位的高低会直接影响和表现一个人个性特征的优劣，所以兴趣具有层次性。

2. 兴趣从何而来

心理学家林崇德说过："天才的秘密在于强烈的兴趣与爱好。"兴趣起源于人类寻求快乐的本能，它是一种无形的动力，当我们对某件事情或某项活动有兴趣时，就会很投入，而且印象深刻。它是促使我们在某一领域追求成功的驱动力。"趣味盎然""妙趣横生""兴趣是最好的老师"，这些成语和俗语告诉我们，凡是有兴趣的事情，就不会让人感到枯燥乏味，而是使人废寝忘食、锲而不舍，直到成功。那么兴趣从何而来？

（1）直接兴趣。有一部分的兴趣是天生的，是我们生来就比较擅长或者感兴趣的，比如有些人从小就喜欢唱歌、绘画，我们把这一部分兴趣称为直接兴趣。直接兴趣主要受遗传、年龄、环境、时代、科技等的影响。

古往今来发现兴趣的方法有很多，在我国最受欢迎、沿用最广的要数"抓周"。抓周是中国的传统风俗，指新生儿周岁时，大人将各种具有象征意义的物件摆放在小孩面前，任其抓取。抓周也或多或少地反映出人们对于兴趣的探索。在中国，抓周在很长一段时间内从客观上引导了家庭教育对于孩子兴趣的培养,对孩子进行启蒙教育,可以从小培养孩子的职业规划意识。兴趣还受遗传和家庭环境的影响,父母的兴趣会直接影响孩子的兴趣。在职业兴趣方面,中国自古就有子承父业的说法,职业兴趣直接受遗传的影响。即便在现在,兴趣受遗传的影响也极大,比如体操全能王杨威的儿子杨阳洋小小年纪就对体操有浓厚的兴趣,参加体操比赛表现不俗,极大地展现了在体操方面的天赋。所以,兴趣在很大程度上受遗传和家庭环境、氛围的影响。从环境来讲,当周围的同学、同事持续谈论或者关注一个事物的时候,我们也会受到影响不由自主地关注这个事物,长期的被动关注也会引起人们对事物的好奇,进而变被动为主动,在主动接触的过程中激发个人对事物的兴趣。

在不同年龄段感兴趣的事物也不同。婴幼儿时期,我们会对色彩斑斓的玩具感兴趣;当我们开始上学,可能就会对奇幻的科学现象感兴趣;年龄渐长,我们开始专门学习一门学科,并对某专业领域的东西感兴趣。随着年龄的增长和知识的积累,我们的兴趣重心在转移。兴趣还受时代和科技的影响,不同的时代背景下,我们所处环境的不同,接触东西的不同,会激发不同的兴趣。就时代来讲,不同的时代,不同的物质和文化条件,也会对人的兴趣的变化产生很大的影响。不管人的兴趣是什么,都是以需要为前提,人们需要什么也就会对什么产生兴趣。由于人们的需要包括生理需要和社会需要或物质需要和精神需要,因此人的兴趣也同样表现在这两个方面。人的生理需要或物质需要一般来说是暂时的,容易满足,如人对某种食物、衣服感兴趣,吃饱了、穿上了也就满足了;而人的社会需要或精神需要却是持久的、稳定的、不断增长的,如人际交往、对文学和艺术的兴趣、对社会生活的参与都是长期的、终生的,并且不断追求。兴趣是在需要的基础上产生的,也是在需要的基础上发展的,如学生需要知识,他的知识越多,他的兴趣就越广泛、越浓厚。

(2)间接兴趣。有些兴趣不是我们直接擅长或者喜欢的,而是通过实现既定目标或者限于某项规则要求在持续的接触、不断地提升中培养的,我们称之为间接兴趣。间接兴趣主要受价值观、阶段目标、规章制度等影响。

间接兴趣,是人们对活动的结果及其重要意义有着明确认识之后所产生的兴趣。这种兴趣是由于认识到学习的意义和价值而引起的求学状态,既有理智色彩,与个人的志向密切相关,又有持久的定向作用,且不会偶遇挫折便轻易悔改。间接兴趣是对活动的结果或意义感兴趣,因而要培养人们间接稳定的兴趣,就应该让人们明确活动的目的与意义。比如说,军人叠被子、整理内务看似对提高军队的作战能力影响不是很大,但实际上军队需要培养军人的"养成教育",即令行禁止,作为合格的军人,必须对命令下意识地、无条件地服从。整理内务就变成了他们的间接兴趣,现实中常常有参过军的人即使退伍也依旧保持着军队中整理内务、叠"豆腐块"的习惯,这就是我们受规章制度的影响而养成的兴趣爱好。直接兴趣是我们本能的体现,是事物本身的属性。而我们应当追求更多的间接兴趣,即使需要反复甚至枯燥的练习才能形成习惯。当我们利用掌握的技能去获得成功的快感,感受制度和目标的魅力,能继续培养新的兴趣,那么这就能使直接兴趣和间接兴趣发生迁移,兴趣才真正被建立了起来。

(二)兴趣对职业的影响

当人们的兴趣对象指向职业活动时,就形成了人的职业兴趣。职业兴趣主要是回答"我喜欢什么"的问题。职业兴趣对人的职业活动有着重要的影响,一份符合自己兴趣的工作常常能够给自己带来愉悦感、满足感。在选择职业时,人们总会将自己是否对此有兴趣作为考虑因素之一。从感到有兴趣开始,到逐渐形成更加稳定、持久的乐趣,进而与自己的奋斗目标相结合,形成有着明确方向感和意志性的志趣,这是人兴趣发展的过程。

从事自己感兴趣的职业活动时,可以激发出强烈的探索和创造热情,可以在良好的体能、智能、情绪状态之下从事有意义的职业活动,并全身心投入。此外,从事自己感兴趣的职业活动可以使人比较容易适应变化的职业环境,使人在追求职业目标时表现出坚定持久的意志力。由此可见,职业兴趣是个人在进行职业选择时必须考虑的重要因素之一。

具体来说,兴趣对人们的职业活动的影响主要表现在以下三个方面。

1. 兴趣是职业选择的重要依据

兴趣是最好的老师,这句至理名言无论是对学习、工作,还是对择业来说都有一定的指导作用。正像人们在日常生活中喜欢参加自己感兴趣的活动一样，一定兴趣类型的人更倾向于寻求与此有关的职业，特别是在外界环境限制较小时，人们更倾向于选择自己感兴趣的职业。因此，对个人的兴趣类型有了正确的评估后，就能帮助人们进行正确的职业选择。

2. 兴趣可以提高工作的效率

兴趣可以通过工作动机促进个人能力的发挥，兴趣和能力的合理结合能大大提高工作效率。研究表明：如果一个人从事自己感兴趣的职业，就会发挥他全部才能的 80%～90%，而且长时间保持高效率而不感疲惫；而对所从事自己不感兴趣的工作，只能发挥其全部才能的 20%～30%。正如诺贝尔奖获得者丁肇中所说："任何科学研究，最重要的是要看对自己所从事的工作有没有兴趣。换句话说，也就是有没有事业心，这不能有丝毫的强迫。比如，搞物理实验，因为我有兴趣，我可以两天两夜，甚至三天三夜待在实验室里，守在仪器旁，我迫切地需要我所要探索的东西。"

3. 兴趣是保证职业成功的重要因素之一

兴趣影响个人的工作满意度和稳定性。一般来说，从事自己不感兴趣的职业很难让人感到满意，容易导致工作不稳定。古往今来的一些成功人士，他们的职业选择大都是建立在兴趣的基础之上，如我国著名的戏剧家曹禺在中学时就热衷于看文明戏和京剧，最后成为我国著名的戏剧家；世界女子乒乓球冠军邓亚萍也是从小就爱上了乒乓球，最后成为世界乒坛的风云人物。这样的事例很多，都说明了兴趣可以引导人们攀登到事业的顶峰。

（三）提升与培养兴趣

1. 参加科技竞赛，在专业的领域里发掘兴趣

在学习过程中，大家不难发现这样的情况：我们学习打乒乓球，刚开始大家一般会表现出较高的热情，但到了枯燥的练习阶段时，我们往往会不耐烦，注意力不集中，甚至会觉得对乒乓球也不是那么感兴趣。而参加乒乓球训练的学生，经历过比赛的洗礼，则不会感到无趣，相反，学起来动力更足，对提高自己的球技更加积极主动。

明确行为的目的才能培养学生的间接兴趣。我们平时往往只重视学

生的直接兴趣而忽略了学生的间接兴趣，导致学生的兴趣并没有真正被建立起来，比如学生喜欢用计算机而不喜欢上计算机课程。

科技竞赛的目标可以使大学生培养间接兴趣。学校应组织科技创新的活动和竞赛，大学生参与科技竞赛既可以丰富课余生活，又可以将被动的课堂学习转化为主动的自我学习，对培养个人兴趣有着积极的引导作用。同时，科技竞赛的成果又可以给大学生带来荣誉，目标驱使的主动学习，可以促进兴趣的培养。

2. 实习实践，拓宽认识，激发培养更多兴趣

积极体验、开阔视野、增强认识是培养兴趣的基础。认识是兴趣产生的基础，培养兴趣要先对事物本身有基本的认识，认识积累到一定程度而产生兴趣。例如，培养绘画的兴趣，在学习画画之前，要先对画画有一个激发兴趣的认识过程，原来用笔可以描绘出如此生动的画面，然后了解笔也是分不同种类的，有铅笔、碳素笔、油画笔等，即使铅笔也分软硬度。了解得越深入，积累的知识越多，越能激发人们探索的欲望，进而形成兴趣。而接触面少、知识匮乏的人，兴趣面也会窄。认识是培养兴趣最直接的方式，新鲜的事物或内容在感官上会产生一种新异的刺激。这种刺激反应表现强烈但比较短暂。我们接触认识新事物时，往往表现出极大的兴趣，这种兴趣也较容易被激发，但在不断深入和持续推进中，兴趣就大不如前，甚至随着难度的增加，便会失去兴趣。直接兴趣是对活动本身感兴趣，因而要培养这种直接兴趣，应使活动本身丰富而有趣。例如，有趣的游戏活动能引起幼儿参与群体活动、体验社会角色的兴趣；新颖的教学内容和教学方法，能激起学生学习知识的兴趣；生动的课外实践活动，能培养学生学习实践操作、动手动脑、发明创造的兴趣；开展劳动竞赛、体育比赛、文体活动，能激发学生对劳动、学习、体育、文体活动的热情与兴趣。

3. 提升认知，培养良好的兴趣品质

每个人身处的环境、接受的教育及自身的条件不同，所以每个人的兴趣都带有个性特征，要根据个人条件进行兴趣爱好的自我培养。例如，有些人的兴趣广泛而不集中，就应加强中心兴趣的培养；有些人的兴趣单一而不广泛，就应加强兴趣广泛性的培养；有些人的兴趣短暂易变，就应加强兴趣稳定性的培养；有些人的兴趣消极被动，就应加强兴趣效

能性的培养;有些人的兴趣在网络游戏上,容易沉迷,就需要加强兴趣引导,培养其良好的兴趣品质。

二、性格认知

(一)认识性格

1. 性格定义

生命是由个人意识开始的,每个人产生不同的思想,进而影响各自的行为,逐渐形成一种行为模式,最终成为一种习惯,而习惯被塑造成每个人的性格。这就是"性格决定命运"的原因。

由此可见,性格是指一个人经常性的行为特征以及因适应环境而产生的惯性行为倾向,是表现在个人对现实态度和行为方式中较为稳定而有核心意义的心理特征,包括显性的行为特征和隐性的心理倾向,是一个人心理面貌本质属性的独特结合,是人与人相互区别的主要方面。性格具有独特、稳定的个性特征,因而它能反映出一个人的品德和世界观,我们也可以从一个人的性格来判断他的社会价值。因此,了解大学生的性格特征,改革大学教育,达到塑造大学生完美人格的目的,对推动社会发展具有重要意义。

2. 性格范畴

心理学认为,性格由气质、个性、能力三方面组成。

(1)气质。气质是与脾气有关的性格组成部分,是依赖于生理素质或与身体特点相联系的人格特征,也可以称之为"天性",是一个人在正常、轻松的状态下收集信息,形成决定时采取的无意识的、天生的真实反应。由此可见,气质是先天形成的,每个人都倾向于通过天性中最舒适、最擅长的方式进行思考和行动,但是并不意味着不能使用不擅长的方式,即气质也会随着学习和成长逐渐改变。

(2)个性。个性是指个体在适应环境过程中所形成的独特行为和特质形式,是一个人所具有的各项比较重要的和相对持久的心理特征的总和,也可以称之为"人格"。"个性"一词来源于希腊文 Persona,原意是戏剧演员所戴的特殊面具,表现了剧中人的角色和身份,这说明个性既有表现于外、给人印象的特点,又有蕴藏于内、外部未露的东西。从现代意义上说，个性是在教育、文化背景、家庭、宗教信仰等环境因素作用下，个人对信息收集和决定的形成采取的有意识的主观的一贯反应，包括显性的行为特征和隐性的心理特征。个性作为一种稳定且异于常人的特质，使人的行为具有一定的倾向性，因此个性可以说明一个人的全体和整合，既可以表现过去和现在的特性，也可以预示将来的行为。

（3）能力。能力是指能胜任某种工作或完成某项任务的主观条件。这种条件主要由先天因素决定，如经过遗传获得的基本素质；也可以是经过学习和实践得来的，如解决某个专业领域的问题或处理某种实际问题的能力。综合来说，不论能力来自先天还是后天，都指的是当时已经具备而不需要进一步训练的主观条件。

3.性格的结构特征

（1）完整性。这些内容彼此联系、相互依存，构成一个在机能上相互适应、相互影响、相辅相成的完整的有机系统，从而对性格的推测有了现实可能性。

（2）复杂性。性格构成是复杂的，因为客观现实中存在种种矛盾，反映到性格内部则构成了各种态度或各种性格特性之间的矛盾，这些矛盾会通过人的行为表现于外，形成行为方式的矛盾。

（3）稳定性。一般情况下，人们对现实的态度及其核心价值是稳定的，而这些因素会影响人的性格，因此性格具有一定的稳定性。

（4）可塑性。一个人要想很好地适应社会与环境，保持自己对外界的最佳适应状态，就必须进行必要的挑战，维持适当的适应性。如果性格中某些部分不适应特定环境，就需要进行调整，这种性格调整的灵活性就是性格的可塑性，它是塑造健全的、完善的性格的基础。

（二）性格与匹配职业

1.经济型性格与匹配职业

经济型性格的人注重实效，其生活目的是追求利润和获得财富。大部分人追求财富的目标是为了过上好生活，也有部分人是为了精神上的快乐。这类人适宜从事工匠、农民、技师、鱼类和野生动物专家、车工、电工、钳工、矿工、报务员、火车司机、机械制图员、电器师、机器修理工、长途汽车司机、秘书、翻译、代销商及公司董事等方面的工作。

2. 理论型性格与匹配职业

理论型性格的人具有探究世界的兴趣，能客观冷静地观察事物，善于集中精力，尊重事物的合理性，以追求知识和真理为人生目标。这类人喜欢系统的有条理的工作任务，具有实际、自控、友善的特点，不过他们往往缺乏领导能力，适宜从事科学研究实验、记账员、银行出纳、成本估算员、核对员、打字员、办公室职员、图书档案管理员、系统员、计算机操作员、法庭速记员等方面的工作。

3. 艺术型性格与匹配职业

艺术型性格的人对现实生活不太关注，富想象力，追求美感，以感受事物的美为人生的价值。他们喜欢通过艺术作品来达到自我表现的目的，爱想象，感情丰富，不顺从，有创造性，能反省。艺术性的人缺乏办事能力，适宜从事室内装饰专家、摄影家、作家、音乐教师、演员、记者、作曲家、诗人、编剧、雕刻家、漫画家等方面的工作。

4. 权力型性格与匹配职业

权力型性格的人倾向于权利意识和权力享受，支配性强，追求仕途地位和社会地位。他们喜欢担任领导角色，具有支配、劝说和言语技能，这类人往往缺乏科学研究能力，适宜从事推销员、商品批发员、进货员、辅导员、福利机构工作者、公司经理、广告宣传员、律师、政治家等方面的工作。

5. 社会型性格与匹配职业

社会型性格的人能关心他人，献身社会，助人为乐，以为人服务、献身社会为最高的精神境界。他们喜欢社会交往，常出席社交场所，关心社会问题，愿为别人服务，对教育活动感兴趣。这类人往往缺乏动手能力。社会型性格的人适宜从事导游、福利机构工作者、社会学者、咨询人员、学校教师、精神卫生工作者、公共保健护士、医生、警察、消防员、救生员等方面的工作。

职场中很多人边工作边抱怨现在的工作不是自己喜欢的，从而怀疑自己选错了职业入错了行。面对这样的情况时，要先进行一个自我审视评估、性格测评，了解自己的职业气质、能力，分析自己的优劣势，结合自己的教育背景、工作经验，在职业咨询师的咨询指导下进行职业生涯的发展规划。或知道自己要做什么，能做什么，结合自己的价值观和理念，进行一个职业目标的设定及策划，并进行反馈评估，不断调整、完善自己的职业生涯规划。

（三）自我性格的探索

1. 当代大学生的性格特点

（1）自主性。从儿童到成人的整个发展变化过程中，伴随着生理的成熟、语言的发展、抽象逻辑思维能力和控制自己行为能力的不断增强，人的性格也不断改变。然而，青年期既不同于儿童期，又不同于性格成熟的成人期，青年期逐渐摆脱儿童期对外部世界的肤浅认识，而将自己的注意力集中到发现自我上来。青年大学生开始自我观察、分析、思考、解决所面临的矛盾和冲突，喜欢用自己的眼光去看周围的世界，并做出自己的阐释，开始意识到自我的价值，承担起一定的社会责任，行为开始具有自主性、自觉性和能动性。

（2）过渡性。在现代社会，大学生正值青年中后期，面临着职业准备、婚姻选择、社会角色定位、人际关系拓展等各种问题。由于大学生从时空上脱离了对家庭的依附，身心和周围环境等因素的变化给其性格变化带来了很大影响，他们经常会提出这样的问题："我到底是什么样的人？""我在别人眼中的形象如何？"他们不得不重新建立自己的形象，因此大学时期是性格形成的过渡期。

（3）实践性。学校不是脱离社会的孤岛，学校与社会是相互渗透的。大学生可以利用这一阶段接触各种思想观念、价值体系、人生态度，在社会实践中体验内心的矛盾冲突和生活世界中的价值冲突，在实践中对自我性格进行适当调整。

2. 大学生常见的性格问题

性格的形成受很多因素的影响，但主要还是通过后天环境影响和教育熏陶逐渐形成。由于我国学校教育长期侧重于知识和技能的训练，在一定程度上使得学生性格存在缺陷。大学生在性格方面常见的问题有以下五类。[1]

---

[1] 陈彩彦，兰冬蓉. 大学生职业生涯规划[M]. 北京：航空工业出版社，2018：81.

（1）情绪过激反应。理想的心理状态应该是情感表现乐观而稳定，既不为琐事耿耿于怀，也不冲动莽撞。现实生活中，因为和老师、家长怄气而轻率选择逃课、离家出走的学生屡见不鲜，这是因为他们在成长过程中忽略了对良好情绪反应能力的培养。

（2）行为偏执。一般来说，正常的行为应该是主动积极和富有建设性的，但很多大学生一遇到不顺心的事，就采取过激行为，如敏感多疑、自我评价过高，常常感情用事，攻击性强，好与人争论，常常为一些不甚清楚的细节问题与人争得面红耳赤。

（3）责任感淡漠。一些学生以个体自我价值的实现作为其社会行为的核心，过于注重个人需要和利益的满足，较少考虑社会需求和公共利益，经常有些不文明的行为；更多地注重物质追求，把物质或者金钱作为衡量个人价值的第一标准，主张个人奉献与向社会索取公平交换，缺乏应有的奉献精神；急功近利，敬业精神不强，缺乏远大理想。

（4）意志品质薄弱。表现为相当一部分学生没有行为目的，没有判断能力，意志消沉，生活极其懒散，面对生活、学习上的压力，退缩、逃避，动力不足；害怕与人交往，与同学相处时态度消极、冷漠；总是生活在抑郁中，难以适应新环境。

（5）缺乏自我意识，自信心不足，依赖性强。很多大学生太在意别人的态度和评价，对自己缺乏信心，觉得活得很累；事事依赖老师、家长，甚至对电子游戏、网络等产生依赖，其生活的大部分乐趣来自现实之外的虚幻世界而不能自拔。

3. 培养与塑造良好的性格

（1）培养乐观的性格。生活如同一面镜子：你对它笑，它就对你笑；你对它哭，它也以哭脸示人。一个人快乐与否，不在于他处于何种境地，而在于他是否有一颗乐观的心。对于同一轮明月，柳永说："杨柳岸，晓风残月。此去经年，应是良辰好景虚设。"而苏轼却说："但愿人长久，千里共婵娟。"同一轮明月，在不同心态的人的眼里是不同的，人生也是如此。一个人如果积极、乐观地面对人生，那就成功了一半。既然乐观的性格如此重要，我们可以从以下几个方面培养大学生乐观的性格：要心怀必胜、积极的想法；学会微笑，把"不可能"从你的字典里去掉保持；积极心态，抑制消极心态。

（2）培养宽容的性格。古希腊神话中有一位大英雄叫赫拉克勒斯，一天，他走在坎坷不平的山路上，发现脚边有个袋子似的东西很碍脚，于是踩了那东西一脚，谁知那东西不但没有被踩破，反而膨胀起来，不断扩大着。赫拉克勒斯恼羞成怒，拿起一条碗口粗的木棒砸它，那东西竟然长大到把路都堵死了。此时，山中走出一位圣人，对赫拉克勒斯说："朋友，快别动它，忘了它，离它远去吧！它叫仇恨袋，你不犯它，它便小如当初，你侵犯它，它就会膨胀起来，挡住你的路，与你敌对到底！"

在茫茫人世间，难免会与他人产生误会、摩擦，我们要多一分宽容，尽量避免摩擦。宽容是一种艺术，宽容别人不是懦弱，更不是无奈的举措。在短暂的生命中学会宽容别人，能使生活平添许多快乐，使人生更有意义。学会宽容并没有想象中那么难，它体现在生活的很多细微之处，如得饶人处且饶人、爱我们的敌人、善于自制、求同存异等。

（3）培养谦逊的性格。任何一门学问都是无穷无尽的海洋，谁也不能认为自己已经达到了最高境界而止步不前、趾高气扬。如果是那样的话，则必将很快被同行赶上，被后人超过。曾经有人问牛顿：你获得成功的秘诀是什么？牛顿回答说："假如我有一点微小的成就的话，没有其他秘诀，唯有勤奋而已。"他又说："我之所以比别人望得更远些，是因为站在巨人的肩膀上。"晚年的牛顿总结自己：在我自己看来，我不过就像一个在海滨玩耍的小孩，为不时发现比寻常更为光滑的一块卵石或比寻常更为美丽的一个贝壳而沾沾自喜。而对于我面前浩瀚的真理的海洋，我却全然没有注意。自古以来，劳动人民就有谦虚的美德，有许多方面的格言警句启迪后人，如"满招损，谦受益""谦虚使人进步，骄傲使人落后""百尺竿头，更进一步"等，为此，培养大学生谦逊的性格至关重要。

（4）培养果断的性格。果断指一个人能适时地做出深思熟虑的决定，并且彻底执行这一决定，在行动上没有不必要的疑虑。果断的个性可以使大学生在形势突然变化的情况下，能够很快地分析形势，当机立断，使其迅速适应变化了的情况。可见，果断的个性对大学生很重要。可以通过以下几方面培养大学生果断的性格：把握时机，学会决断；善于独立思考，不要被别人的意见左右；当机遇出现时，千万不要犹豫，因为机会稍纵即逝；有勇气为自己的行为负责。

第三节 能力认知与价值观认知

一、能力认知

（一）认识能力

能力是完成一件事情或者执行一项任务所需的心理特征，是达成一个目的所具备的条件和水平。能力是顺利完成活动所必需的主观条件，直接影响活动效率。能力总是和人完成一定的事件联系在一起，离开了具体事件既不能表现人的能力，也不能发现人的能力。能力包括知识、技能、才干，这三者可以通过学习、练习、实践不断提升。三者之间的关系可以用"能力三核"的模型表示（图3-1）。

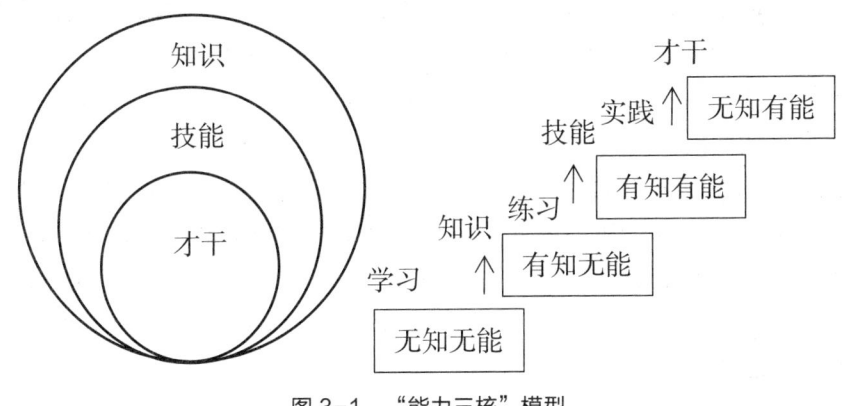

图3-1 "能力三核"模型

1. 知识

知识需要经过有意识的、专门的学习和记忆而获取和掌握，常常与我们的专业学习或工作内容相关，一般用名词来形容，如计算机、土力学、结构力学。学习知识，从"无知无能"到"有知无能"，是通过学习某一专业知识的内容，进而获取该专业的知识。一般将广度和深度作为知识的评价标准。专业知识技能需要经过有意识的、专门的培训才能掌握，但它并非只能通过正式的专业教育、学校教育才能获得，还可以通过课外培训、专业会议、讲座、研讨会、自学、在职培训等方式获得。因此，如果我们想从事本专业之外的工作而又不能够重新读一个专业的话,仍然有许多途径可以帮助我们获得相关的专业知识技能。

2. 技能

我们所能做的事,也称为通用技能,即我们会做的事。技能可以在生活的方方面面,特别是工作之外得到发展,可以在工作内外、工作之间通用。它是用人单位最看重的部分,一般用动词来表示,比如写作、表达、讲授、组织。固化技能,从"有知无能"到"有知有能",学习某一项技能后,可以通过转化将其应用在相关领域。我们能操作和完成的技术可以通过练习来提升,熟练程度是其评价标准。在职业规划中,当需要勾画出个人的核心技能时,可迁移技能是需要被最先和最详细叙述的,因为它是你最能持续运用和依靠的技能。事实上,专业知识技能的运用都是在可迁移技能基础之上的。

3. 才干

才干有强烈的个人特色,没有评价标准,是个人所具有的特征和品质,可用来帮助一个人更好地适应环境,是个人最有价值的"资产",是影响职业生涯成功与否的关键,一般用形容词或副词来表示,如耐心的、清楚的、负责的。内化才干,从"有知有能"到"无知有能",掌握此项技能后,通过反复巩固练习将技能内化才干。通过实践,我们无意识使用的技能、品质和特质即为才干。自我管理技能可以从非工作生活领域迁移到工作领域,它有助于我们推销自己和自己的才能,是成功所需要具备的品质。很多时候人们被解雇或离职,往往是因为缺乏自我管理技能而不是缺乏专业知识技能。

(二)鉴别能力的方式

"能力"这个词常常会被大家误解,根源在于大家将其理解得过于复杂与深奥。对于任何人来讲,都不存在"无能"的说法。从出生开始,我们就具备基本的生存能力,再到学习成长中,我们开始逐渐掌握知识并培养学习的能力以及优良的品质。可是,很多时候我们都会具备一些未被发现的能力。例如,一位同学在相貌、学习、文体等方面都表现一般,但是喜欢与人沟通,组织协调能力强,特别是在班级的各项集体活动中能体现出来,无论是前期的筹备、协调,还是活动中的气氛活跃方面,只要有他参与,同学们都会积极配合。其实,我们或多或少都会有一些未被发现的能力。因此，需要通过一些方法来鉴别、探索我们的能力，这样可以更加清晰地了解自我，更好地确定未来的发展方向。通常我们通过以下方法来鉴别自己的能力。

1. 自我肯定

这种方式最直接、最简便。比如说，我参加过羽毛球比赛，并且取得了冠军；我的雅思考了 7 分，我的英语水平很高；我假期在某公司做过销售员，销售额达到了 5 万元。这都是自己实际取得的成绩和在工作中可以衡量的业绩，通过这些数据我们能看到自己在某一方面的技能。

我们在大学学习的是什么专业？专业课有哪些？除了专业课，还选修了哪些课程？参加过哪些培训？最近在看什么书？篮球的规则是什么？这些都是我们能够肯定的自身所具备的知识方面的能力。我自己都会做什么？我参加过哪些社会实践？我最突出的工作能力有哪些？哪些能力使我们能够胜任这项工作？这些都是我们所具备的技能方面的能力。

2. 别人的赞许

我们常常会听到来自他人的赞许，比如"他唱歌唱得真好""他创新意识特别强，每次活动都能出好多点子"，这些称赞直接表明了他人对你的能力与成绩的认可与赞扬。在老师眼里，你是一个什么样的学生？你的同学平常都怎样评价你？你给别人留下最深刻的印象会是什么？你觉得自己身上最明显的特点是什么？

我们可以通过与他人的相处来发现自己未能意识到的技能。比如，你从未上台进行过演讲，学院组织相关的演讲类比赛，你不认为自己有很强的语言表达能力或者舞台经验。但是，在宿舍讨论中，同学们却一致觉得你可以参赛且对你有信心。同时，同宿舍的同学还用几个案例来告诉你，你具备很好的表达能力、展示能力。而这个过程就是你通过他人来探索自我技能的过程。

3. 通过 STAR 法来发现自己的成就

在技能探索时，可以回忆一下自己曾经遇到过什么样的难题，自己是怎样解决的，成功了还是失败了？通过这些问题的回忆与总结，能够清晰地发现自己到底拥有什么样的技能，这就是 STAR 法，主要从以下四个方面思考：

你曾经面临什么问题？（Situation）

你承担了什么任务、责任？（Tasks）

你采取了什么行动来解决问题？（Action）

你的行动取得了什么样的有益结果？（Result）

比如，一个同学认为自己最值得自豪的事情就是在大学毕业时成功举办了毕业晚会。用 STAR 法来分析：

S：筹备晚会前期，大家想法很多，想在晚会上表达的也很多，但是晚会时长有限，节目内容需要精心筛选。

T：组织一场令大家都难忘的毕业晚会。

A：先收集毕业生对毕业晚会的想法，根据收集到的内容以及节目的类型划分出几个主题，将相似的节目进行整合，合理安排演员阵容，动员节目中参与度较低、表演效果欠佳的同学创编新节目或者转到后勤组，协助开展后期的工作。逐一审核节目，与节目负责人商量人员安排及节目内容改进等工作。

R：几乎所有毕业生都发挥了自己的特长，每一位同学都在前期用心沟通，找到晚会对应的工作岗位，明确个人工作内容，相互配合。经过前期的筛选，节目内容精致，时间把控严格。这是一场令人难忘的毕业晚会。

从 STAR 法的表述中可以发现该同学成功举办晚会的很大原因是及时沟通、分工明确、整合资源等，这些就是这位同学的技能。

4. 书写成就故事

这是非常有效的一种能力探索的方法：书写自己取得的成就，就是将自己做过的、自认为比较成功或者感觉不错的事情写下来。事情不一定是有关学习或者工作的，也可以是娱乐活动或家庭生活中所发生的事情。成就故事不一定是惊天动地的大事，或许只是一次很小的成就，如组织了一次班级的集体出游、完成了一幅十字绣、在他人需要的时候给予帮助、跟心仪的女生表白成功等，只要故事符合以下两条标准，就可以被视为"成就故事"：一是你享受做这件事的乐趣；二是你为完成它所带来的结果感到自豪。

写下生活中令你有成就感的具体事件后，对其进行分析，看看你在其中使用了哪些能力（尤其是技能）。多撰写自己的成就故事，并对成就故事进行分析讨论，看看在这些故事中是否有重复出现的技能，这就是你喜爱施展并擅长的技能。

（三）能力素质测评

1.能力素质测评概述

能力素质测评是以提高实际业绩为目标，以现实事件为问题原型，以行为分层模式为判断依据，通过测评个人的各项能力素质指标，进而预测个人绩效的方法。简单地说，它可以预测一个人在一般的、常见的情境下和在一个持续的、特定的时期内的行为方式和思维方式。

能力素质测评是国际上流行的人才选拔工具之一。能力素质测评主要聚焦于"能力表现"。能力素质模型强调在关键情境中个人的行为选择。在每个人的过往经历中，都会碰到几次关系到某个具体事件成败得失的时刻，在此紧要关头做出的行为选择代表了他/她所能采取的最高行为水平（在充分激发个人动力的情况下，看个人的能力发挥）。

2.能力素质测评的方法

（1）心理测量。一般来说，能力素质测评主要是对个体心理现象的测量，包括能力、兴趣、性格、气质及价值观等。能力素质测评注重心理测量，这是由心理素质在个体发展事业成功过程中的关键性作用所决定的。1905年，心理学家比奈和其助手西蒙应法国教育部的要求编制了世界上第一份智力测评量表——比奈-西蒙智力量表。1915年，美国心理学家特尔曼（Terman）在《比奈-西蒙智力测验的斯坦福修正方案》中将智力测评应用于素质测试之中。他曾对800名成人男性进行测评，发现其中成就最大的20%与成就最小的20%两组人之间，最明显的差异是他们在心理素质上的差异。成就最大组在进取心、意志力、兴趣和坚持性方面明显高于成就最小组。

（2）抽样测量。能力素质测评的对象是素质及绩效，而素质及其绩效不是在某一孤立时空内抽象存在着的，而是表现或弥漫于个体活动的全部时空中。从理论上讲，能力素质测评实施时，涉猎的范围越广，搜集的相关信息越充分、越全面，测评结果就越有效、越具体客观。

但在实际操作中，任何一项测评的主持者，在有限时间内不可能掌握被测评者素质的全部表征信息，只能本着"部分能够反映总体"的原理，依据公开与开放的原则、可靠性与正确性原则、目的性原则、全面与重点相统一原则和可行性原则，对测评要素进行抽样，保证样本足够多及具有足够的代表性，即可从样本的测量结果来推断全部待测评内容的特征。

（3）相对测量。从主观愿望来说，任何测评都力求尽量反映被测者素质的实际状况。但再严格的素质测评都不可避免存在误差，这是由测评的主观性决定的。毕竟素质测评是人对人的测评。一方面，测评方案的设计及测评活动的实施都是凭借施测人的个人经验进行的，而不同的施测人对测评目标的理解、测评工具的使用及测评结果的解释，都难免带有个人色彩，不可能完全一致。另一方面，作为测评对象，其素质是抽象模糊的，其构成是极其复杂的，且测评工具有一定的局限性。苏东坡有言："人难知也，江海不足以喻其深，山谷不足以配其险，浮云不足以比其变。"因此，测评既有精确的一面，又有模糊的一面。

德国科学家海森堡（Werner Karl Heisenberg）于1927年提出了物理学中的测不准原理，其实，在能力素质测评中也存在测不准关系，即测评结果既反映被测者素质的基本状态，又与被测者真实素质有一定程度的偏离。测准是相对的，测不准是绝对的。随着人类认识自身能力的提高及测评技术的发展，素质测评将逐步摆脱测不准的状况，逼近更准确状态。

（4）间接测量。因为人的能力素质是个体实施社会行为的基本条件和潜在能力。素质的特点之一是抽象性，是隐蔽在个体身上的客观存在，是一种内在抽象的东西，是看不见、摸不着乃至说不清的东西。但素质并不神秘，是可以通过人的行为表现出来的，而且一定要表现出来的。我们虽然不能对素质进行直接的测量，但是可以通过表现的行为特征进行间接的推测和判断。

二、价值观认知

（一）认识价值观

1.价值观的定义

价值观是指一个人对周围的客观事物（包括人、事、物）的意义、重要性的总评价和总看法。价值观和价值观体系是决定人的行为的心理基础。价值观是人们对社会存在的反映，是社会成员用来评价行为、事物以及从各种可能的目标中选择自己满意的目标的准则。价值观通过人们的行为取向及对事物的评价、态度反映出来,是世界观的核心,是驱使人们行为的内部动力。其支配和调节一切社会行为,涉及社会生活的各个领域。人们所处的自然环境和社会环境,包括人的社会地位和物质生活条件,决定着人们的价值观念。处于相同的自然环境和社会环境的人,会产生基本相同的价值观念。每一社会都有一些共同认可的普遍的价值标准,从而发现普遍一致的或大部分一致的行为定式,或称之为社会行为模式。

价值观念是后天形成的,是通过社会化培养起来的。家庭、学校、所处工作环境等对个人价值观的形成着起关的键作用,其他社会环境也有重要的影响。个人价值观有一个形成过程,是随着知识的增长和生活经验的积累而逐步确立起来的。个人的价值观一旦确立,便具有相对的稳定性,不易改变。但就社会和群体而言,由于人员的变动和环境的变化,社会或群体的价值观也是不断变化的。传统价值观会不断受到新价值观的挑战,这种价值冲突的结果,总的趋势是前者逐步让位于后者。价值观的变化是社会改革的前提,又是社会改革的必然结果。

2. 价值观的内涵

由于个人的身心条件、年龄、阅历、教育状况、家庭影响、兴趣爱好等方面的不同,人们对各种职业有着不同的主观评价。从社会来讲,由于社会分工的发展和生产力水平的相对落后,各种职业在劳动内容、劳动难度和强度、劳动条件和待遇、所有制形式和稳定性等诸多问题上都存在着差别,再加上传统的思想观念的影响,各类职业在人们心目中的声望地位便也有好坏高低之见,这些评价都形成了人们的职业价值观,并影响着人们对就业方向和具体职业岗位的选择。

价值观是一种内心尺度,它凌驾于整个人性之上,支配着人的行为、态度、信念等。这里考察的职业价值观,不是看人们如何看待"职业价值"的本质,而是注重探讨人们在职业选择和职业生活中,在众多的价值取向里,优先考虑哪种价值。

3. 价值观的特征

首先,价值观是因人而异的。由于每个人先天条件和后天环境不同,人生经历也不尽相同,价值观的形成会受到不同因素的影响,因此每个人都有自己的价值观和价值观体系。在同样的客观条件下,具有不同价值观和价值观体系的人，其动机模式不同，产生的行为也不同。

其次，价值观是相对稳定的。价值观是人们思想认识的深层基础，它形成了人们的世界观和人生观，是随着人们认知能力的发展，在环境、教育的影响下，逐步培养而成的。人们的价值观一旦形成，便是相对稳定的，具有持久性。

最后，价值观在特定的环境下又是可以改变的。由于环境的改变、经验的积累、知识的增长，人们的价值观有可能发生变化。

（二）职业价值观与大学生职业价值观

1. 职业价值观

人生目标和人生态度在职业选择方面的具体表现称为职业价值观，是人们对职业态度以及职业目标的追求和向往。职业价值观会影响职业者的决策和对工作的满意度。职业价值观体现在人的理想、信念、世界观上，是具有明确目的性、自觉性和坚定性的职业选择的态度和行为，对一个人的职业目标和择业动机起着决定性的作用。

每种职业都有其特性，不同的人对职业意义的认识有不同的评价和取向。每个人因其年龄、成长环境、教育状况、兴趣爱好的不同，对职业有着千差万别的主观评价。从社会角度来看，社会分工的发展和生产力水平的落后使得不同职业在劳动的内容、难度、强度、环境和待遇上本就存在差别。再加上我国传统思想观念的影响，不同职业在人们心目中的声望地位有着好坏高低之分。对于职业的评价形成了人们的职业价值观，并影响着人们的就业选择。职业价值观决定人们的职业期望，影响着人们对职业方向和职业目标的选择，决定着人们就业后的工作态度和劳动绩效水平，从而决定了人们的职业发展情况。哪个职业好？哪个岗位适合自己？工作的目的是什么？这些问题都是职业价值观的具体表现。

2. 大学生的职业价值观

对于大学生而言，正确的职业价值观直接影响其就业目标、就业行动、就业手段和就业观念。正确的职业价值观能够引导大学生不断完善自己的个人能力并不断培养自己的个人才干，适应时代的发展和职场的需求。

①职业理想：帮助大学生建立良好的职业价值观可以使大学生拥有正确的职业理想和合理的职业期望。大学生根据自己的实际情况，如个人追求、个人能力素质、岗位需求、未来发展等设定职业理想，明确职业目标并制定科学的、具体的实施方案。

②职业价值取向：正确的职业价值观可以提高大学生自我认知和职业认知能力，树立正确的职业价值目标。职业价值取向涉及职业的社会地位、地域倾向、行业选择、价值目标、工作条件选择等方面。正确的职业价值取向应强调自我价值和社会价值的协调与统一。

③职业选择：正确的职业价值观可以增强大学生自主择业和竞争择业的意识，提高大学生的求职能力与社会适应能力。大学生的职业目标源于岗位需求，同时结合自身的兴趣、专业、能力素质等选择职业方向。

④职业评价：正确的职业价值观有助于大学生建立对自己和职业的正确认识和客观评价，把自己的兴趣、能力同企业的需求结合起来，形成稳定的职业态度和良好的择业动机，推动职业生涯的发展。

只有引导大学生形成适应社会发展的职业价值观才能使他们朝着正确的发展方向实现其个人的职业理想，达到自我发展和职业发展的相互促进。

（三）价值观影响决策

马斯洛需求层次理论是行为科学理论之一，由美国心理学家亚伯拉罕·马斯洛于1943年在《人类激励理论》论文中提出。书中将人类的需求像阶梯一样从低到高分为五种，分别是生理需求、安全需求、归属需求、尊重需求和自我实现需求。一般而言，低层次的需求得到相对满足之后，就会向高一层次发展，在每一个时期总有一种需求占支配地位，决定行为的产生。马斯洛认为，人都潜藏着五种不同层次的需求，但在不同时期所表现出来的各种需求的迫切程度并不相同。

马斯洛需求层次理论反映在学生生涯和职业生涯中时，安全感更多的是体现在经济维度上，职业规划中一定要考虑经济收入的问题，这样才能满足人的衣食住行等基本生理需求。大学生在进行职业生涯规划时，应该将能够满足自己的经济消费、生理需求作为基本标准。当这两项得到满足时，归属需求会驱使我们更加关注友情、亲情等和谐的人际关系，归属层级得到满足，人会感到满意、幸福。大学生在刚步入社会时，情感很容易受到伤害，心灵很脆弱。因此，在大学期间要积极融入集体，有了情感的支撑，做事也会更加得心应手。人都是希望被别人重视的，即有尊重需求，大学生初入职场需要有一段时间的适应期，再加上欠缺职场经验，很容易不被重视，这就需要大学生在校期间提高自己的学业水平和能力。再次向大学生澄清，尊重需求在实际的职场中是很难被完全满足的，但是一旦被满足就会产生可推动力，令人有持久的干劲。自我实现是马斯洛需要层次论的最高境界，所以大学生在进行职业生涯规划时，除了要考虑经济、情感、归属、尊重外，还需要考虑的是在此基础之上的价值观，从价值维度出发，不忘初心，充分发挥自己的能力，从事自己喜欢、擅长、有意义的职业，最终成为自己所期望的人，如图3-2所示。

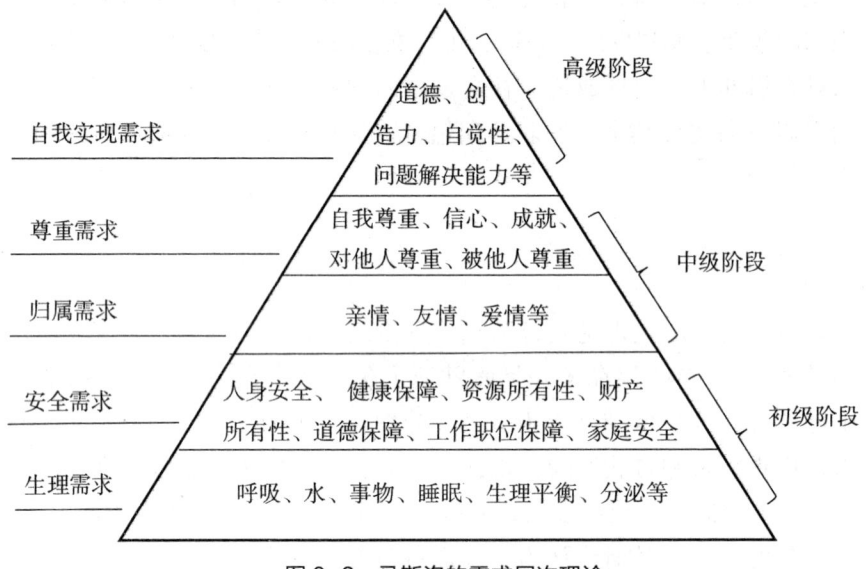

图3-2 马斯洛的需求层次理论

根据马斯洛的需求层次理论，在不同的阶段，有不同的目标职业发展的过程是目标实现、自我需要得到满足的过程。自我实现是需求的最高阶段，其中包括价值观、创造力、责任感、引领性，所以价值观在人们的生涯发展中起到极其重要的作用，超过了兴趣和能力对我们的影响。

1. 价值观影响职业抉择

价值观在职业抉择过程中起着决定性的作用。我们在职业抉择的过程中会受到很多因素的干扰,大城市的诱惑、薪资待遇的差别、父母的期待与愿望等,很容易让我们迷失自己的方向。只有澄清自己的价值观,才能在职业抉择的过程中坚守自己的理想。

2. 价值观影响未来的生活方向

价值观不同,对人生的未来规划也不一样。其实,每个人的选择都没有对错,只是每个人认可的生活方式不同而已。就像生活中,有的人侧重于事业,而有的人则认为把家庭经营好比什么都重要,价值观的不同决定了我们对事业和家庭投入度的不同。有效的生涯决策与个人对自己的价值观的辨析程度有关,我们对自己的价值观越清晰,生涯规划的过程就越容易。所以,我们要不断审视和澄清自己的价值观,经常自问:"我最想要什么样的生活,我的人生最不能放弃的是什么,我内心深处最在乎的是什么,什么是值得我一生去追求的?"只有这样,生涯路上我们才可能更快乐地做自己。

第四章 大学生职业意识与创新创业意识

第一节 大学生职业意识概述

一、大学生职业意识概念界定

(一) 意识与职业意识的概念

彭聃龄在其《普通心理学》中指出:"人的意识是由认知、情绪、情感等构成的一种丰富而稳定的内在世界,是人们能动地认识世界和改造世界的内部资源。"同时,"人的活动具有明确的目的,能够预先计划达到目的的方法和手段"[①]。由于人有意识,因而人类就和单纯适应自然界的动物有了本质的区别。人们凭借对事物的本质和规律的认识,不仅能够了解客观事物的现状,还通晓过去和预见未来,并且在实现目的的过程中具有一定的坚持性。人的意识还表现在能够觉察到外部事物的存在和自己的内部心理活动,能够把"自我"与"非我""主体"与"客体"区别开来。也就是说,人不仅能够意识到客观存在,还具有自我意识。正是这种自我意识,使人们能够对自己的所作所为进行自我分析、自我

---

① 彭聃龄.普通心理学(修订版)[M].北京:北京师范大学出版社,2004:174.

评价、自我调节和自我控制。自我意识是人类心理的重要特点，是个体在一定发展阶段中出现的，对个体的发展有重要意义。

职业意识是人在职业问题上的心理活动，是自我意识在职业选择领域的表现，是在职业定向与选择过程中对自己现状的认识和对未来职业的期待和愿望，在很大程度上影响大学生的择业态度和择业方式。职业意识有其广义与狭义之分。广义的职业意识是一个随着求职的到来而逐步形成的心理过程，并伴随人的成长而逐渐发展；狭义的职业意识是指目前所学专业与对应的具体职业在完全实现的情况下，对该职业内在要求在观念上的反映。无论广义的职业意识或者狭义的职业意识，其生成与确立都受诸多因素的影响。本书所述的职业意识主要是指广义上的职业意识。

（二）当代大学生职业意识的内涵

大学生正确合理的职业意识是实现大学生可持续发展、与社会和谐共荣的基础，同时是大学生作为个体实现其人生价值的保障，尤其是能为其保持可持续发展态势的能力提供动力。

首先，我国现代化建设目标追求的是人的自由全面发展，而大学生职业意识一方面是指作为物种的人的发展，也就是人类对物质世界的互动在观念上的反映，另一方面是为其自身发展而孕育的内在动力。因此，在全球化背景下的终身教育意识，即学会学习、学会生存、学会合作，也为大学生职业意识的发展指明了方向。大学阶段是其整个人生可持续发展的有机组成部分，是一个人整个生命历程的重要部分，在这个意义上说，大学生职业意识不局限于受教育阶段或人生某一阶段的终结，而是着眼于人的终身发展、终身教育意识的树立与实践，其本质特征在于为追求人的发展最大化提供内在动力。

其次，大学生的职业意识为实现充分就业保驾护航。从这个角度讲，大学生的充分就业并不等于完全就业，它注重的是大学生推进其现实需求、生存需要与长远需求的一致性，而不是外在为追求"就业"而"就业"采取的种种投机行为与动机，它要求大学生最大限度地发挥潜能，并在观念上进行准备。例如，更新传统意识、职业生涯设计意识、居安思危及风险意识等。

最后，大学生正确合理职业意识的形成会延伸到以后的职业生涯乃至其整个生命历程，是一个连续不间断的过程。这就意味着大学生今天所建立的职业意识是其日后发展的基础和条件，而不是以损害后继发展为代价，以透支体力、脑力和人际关系资源为条件的。

二、大学生职业意识结构要素

职业意识由职业价值观、职业定位、职业理想、职业风险意识和职业调适意识五个要素构成。

（一）职业价值观

价值观是社会成员用来评价行为、事物以及从各种可能的目标中选择自己合意目标的准则。价值观通过人们的行为取向、对事物的评价与态度反映出来，是世界观的核心，是驱使人们行为的内部动力，支配和调节一切社会行为，涉及社会生活的各个领域。价值观在所从事职业上的体现就是职业价值观，也叫工作价值观，是人们对待职业的一种信念和态度，或是人们在职业生活中表现出的一种价值取向。人们在选择职业时，个人的选择标准以及对具体职业的评价集中反映了他们的职业价值观。职业价值观是大学生价值观念中极为活跃的部分，具有社会性、历史性、时代性和不稳定性等特征。

随着我国社会各方面的改革，当代大学生的职业价值观也在悄然发生着变化。

1. 职业价值主体由社会本位向个人本位转变，呈现个性化倾向

随着我国大学生就业制度的改革，大学生意识到自我作为利益主体的重要性。在职业选择时有着更加明确的自主性和选择性，越来越突出强调并追求自我价值的实现。

2. 职业价值评价标准趋向现实和具体化

职业价值评价是指大学生根据自己的价值观对社会中各种职业的社会地位、经济报酬等因素进行综合认识和价值评价。在市场经济条件下，大学生职业价值评价标准由以往抽象的理想主义变为务实主义。职业价值观逐渐转向以追求经济收入最大化为特征的"经济价值型"和以追求自我价值实现为特征的"自我价值型"，希望物质与精神并重，实惠与理

想兼得。

3.职业价值目标由理想向现实转变，带有短期化、功利化倾向

职业价值目标是职业价值主体所设想的自身实践活动的结果，是职业价值观最集中地反映。当代大学生在目标追求上，已从单纯追求职业的社会地位和声望向实际利益转化。择业时，常常缺乏全局、长远的战略思考和人生定位，重视短期效益，带有较强的利己性和功利性色彩。

4.职业价值实现的途径、手段多样化

越来越多的大学生崇尚个性、自信、自省，既注重社会发展趋势，又注重个体人生感受，这种价值观念的崇尚和实现，使他们在实现价值的途径上更相信自己的选择。在职业选择上，改变以往"干一行，爱一行"的价值观念，而是根据自己的发展，"爱一行，干一行"。因此，如果职业不符合自己的愿望，则敢于放弃，重新选择，行业上的"跳槽"和人才外流增加的现象就说明了这一点。

目前，大学毕业生获取就业需求信息、实现就业的方法主要通过学校就业指导部门了解有关信息，参加学校组织的招聘洽谈会签订就业协议；参加社会上的人才交流活动落实就业去向；借助家长、亲朋好友、老师的推荐和自荐，主动到单位去寻找工作岗位；利用现代传媒技术，在就业信息网站上进行网上择业；采取先学习深造而后就业的策略，主动放弃眼前就业等。宽泛的就业渠道和多样化的就业途径，为大学生就业提供了充分的选择空间。

（二）职业定位

大学生职业定位是毕业生对在择业中将自己置于一种什么样的社会位置的考虑，是大学生价值观在职业选择中的具体体现和运用，是对自身价值的定位，主要体现在对地域、职业以及择业标准的考虑。准确的职业定位对于个人的职业发展有着非常重要的意义，不同的职业定位意味着不同的职业选择，也在一定程度上决定着自己的人生走向。

一般来说，大学生职业定位要遵从择己所爱、择己所长和择市所需的原则。职业定位要明白自己喜欢哪种职业，或者对哪种职业比较感兴趣。只有从事自己喜爱的、感兴趣的工作，工作本身才能给你一种满足

感,你的职业生涯才会变得妙趣横生。因此,择己所爱是大学生做好未来职业定位的首要原则。另外,在人才市场的就业竞争中,大学生必须善于从与竞争者的比较中来认清自己的所长和所短,也就是竞争的优势和劣势。然后在此基础上按照"择己所长、扬长避短"的原则进行具体的职业定位。任何职业的兴起、发展、衰落及消亡均由社会需要的变化引起。因此,大学生在进行职业定位时,不仅要了解当前的社会职业需求状况,还要善于预测职业随社会需要而变化的未来走向,以及不同地域各行业的竞争程度等,以便能使自己的职业定位富有一定的远见。否则,一味专注于眼前热门的职业,或者经济发达的大城市,都可能导致长远的选择失误。

(三)职业理想

理想是指人们在实践中形成的具有实现可能的,对自己、社会未来发展的设想和追求。第一,理想是指向未来的,是人们对未来的美好设想,并决心为之实现而努力。第二,理想虽然高于现实,但又产生于现实,所以理想与现实之间又是紧密相连的。离开了现实,理想即成为无源之水,无本之木。第三,理想要反映人们一定的利益,与人们的利益相联系。利益推动人们生活的前进,一旦离开人对自身利益的追求,一切发展就无从谈起,所有理想就失去了产生与存在的基础。第四,理想是对现实的超前反映,但这种反映不是随心所欲、凭空设想,而是带有某种科学性,因而理想总是与事物发展的规律相联系。第五,理想是在实践活动中形成的,因而理想又总与人们的实践活动相联系,而不能把它束之高阁。

职业理想是指人们对未来工作的部门、工作的种类及在工作上达到何种成就的向往和追求。职业理想是人们理想中最重要的内容之一。职业理想反映了人们的追求和上进心,也揭示了人们的生活理想,并为生活理想的实践提供方向和动力。由此可见,职业理想是当今大学生实现个人理想全部内容的基础,是他们为远大社会理想奋斗的开端。合理的职业理想能够引导大学生找到个体和社会的契合点,使个体职业与社会需要和谐统一,消除择业中的盲目性。不合理的职业理想则会引起毕业生自身和社会需求的不平衡,导致毕业生的不合理流动,增加择业困难和社会负担。目前，大学毕业生的职业理想在很大程度上受到利益取向的制约，对职业的报酬、福利、社会声望、经济待遇和实际利益的考虑多于对事业和个人发展的考虑。

（四）职业风险意识

"风险"是指选择对目标产生正面或负面影响的不确定性。根据马林的研究，职业风险主要有职业生存风险、职业从众和跟风风险、职业岗位风险、跳槽风险和结构性失业风险五种类型。[①]

1. 职业生存风险

每一个人都有对职业选择的权利和对美好未来憧憬的自由，但这一切都要以生存为基础。在当前的就业形势下，务实的大学生应先谋生存，后图发展。但由于我国教育长久以来延续"精英教育"的模式，大学生当中也普遍地存在"精英就业"的观念，毕业之后一定要到大城市、沿海或较为发达的地区工作。一定要找热门、高薪、受人尊敬、体面的工作。这些不切实际的就业观念会导致生存危机。很多作为独生子女的大学生一直以来习惯了父母对自己事无巨细地包办，造成了大学生过强的依赖性，大学生就不会有出于生存的考虑，更不会从内心深处发出一种找到一个工作以维持生存的紧迫感。

2. 职业从众和跟风风险

从众就业的人会比较容易受他人影响而选择职业。自己没有考虑过将来要做什么，别人找什么样的工作，自己也找什么样的工作，什么工作热门就找什么工作。跟风从众的人总是以别人的行为为自己的方向，希望自己也能复制他人"成功"的道路。所以，在选择职业时往往"唯热"是选、"唯薪"是图，甚至扬"短"避"长"。这类大学生群体忘记了自己内心深处真正需要的东西，随波逐流。尽管考了许多证书，报了许多培训班，投了好多简历，结果草草签约之后进入工作阶段才发现并不是自己想干的工作，最后又得重新来过。

3. 职业岗位风险

职业岗位风险指工作中发生的与工作相关的人身伤害、精神压力、责任追究、发展机会等方面的可能性。有些职业紧张、辛苦，另一些职

[①] 马林. 大学生教育与职业风险分析[J]. 教育与职业, 2006 (35): 2.

业轻松；有些职业有很大的压力，但发展机会多，另一些职业没什么压力，但发展机会也少；有些职业很常规，不需要掌握新的技术，另一些职业则具有挑战性，需要不断学习新知识和新技术；等等。

4. 跳槽风险

人的一生会遇到许多新的机会和挑战，当你面临每一次选择和决定时，尽管事先可以做好各种准备，但仍带有风险性。由于大学生对社会需求了解不够、对自我估计过高和对工作想象过于单纯，再加上高校的就业指导服务对学生接触社会的引导不够，以及民企、私企在待遇、规范度、稳定性等方面的不足，进而导致部分大学生选择跳槽的方式来获得更好的待遇、发展等，而跳槽也为职业发展提供了新的机会，但跳槽也存在诸多风险，如对新公司发展前景的不确定性、实际工作内容与招聘完全不一致、适应不了新工作环境、薪资缩水等都是跳槽时要承受的主要风险。

5. 结构性失业风险

结构性失业是指由于经济结构发生变化而引起的失业，其特点是职位空缺和失业同时并存。高校专业设置与需求错位，大学毕业生对职业选择、区域选择、薪酬标准理性预期脱离客观实际以及消费者偏好的变化等因素都会导致结构性失业风险。

（五）职业调适意识

大学生在择业过程中并不总是一帆风顺，即使暂时就业了，今后也可能有变动，在这个过程中，毕业生如果遇到自己解决不了的问题时，他们的态度和做法将如何？当大学生在就业中遇到自己解决不了的问题时，会尽力想办法与之周旋，也会在工作当中不断调整自己的定位以及对工作的期望值，并有可能做出妥协。周旋的同时会把目光转向家人和朋友，希望他们能为自己撑起一片晴空。这是一种比较务实的态度，这种现象说明当今的大学生对将来在职场遇到的困难是有一定的心理准备的，而且经过一段时间自主择业的摸爬滚打，大部分毕业生的心态也会随之改变。

在职业意识的五个结构要素中，职业价值观是个人对职业的社会意义或重要性进行评价和选择的标准，对个人的思想和行为具有导向和调节作用，它是完全超现实的，是职业意识中最核心、最上层的部分；职业理想反映了人们的追求和上进心，也揭示了人们的生活理想，并为生活理想的实践提供方向和动力。人们会将符合自己价值观又具有实现可能的对自己未来职业的设想和追求当成自己的职业理想。因此，职业理想指向未来，是人们对未来职业生涯的美好设计。职业理想高于现实，又产生于现实。职业理想指向未来，职业定位则指向现在。职业理想和现在的实际境况有着一定的距离，需要努力和追求；职业定位则是个体对自己现实价值的衡量和定位，是个体在择业过程中将自己置于一种什么样的社会位置的考虑，主要体现在对地域、职业以及择业标准的考虑。它是符合自己职业价值观的，迈向自己职业理想的起步阶段；任何职业都是有风险的，尽管所有人都希望尽快达成自己的职业理想，但其中必定会出现一些自己解决不了的问题，这些问题就是"职业风险"。完整的职业意识观必须具备职业风险意识；当个体在其职业生涯中遇到各种问题时，个体就会相应地采取行动调适，这就是职业调适。职业调适可以有各种方式，有可能是跳槽，也可能是调整自己的职业定位，对工作的期望值，并做出妥协。

三、大学生职业意识缺乏的表现

（一）功利性

大学生职业意识的功利性主要表现在以下三点：首先，注重物质利益。现在许多大学生受经济利益驱使，人生价值观发生了倾斜，其职业意识也发生了严重扭曲，尤其体现在择业上。他们认为，工作仅仅是挣钱的方式。他们在择业时会过分选择经济条件好、生活环境舒适、工资收入高的发达地区，而较少考虑中西部欠发达地区。其次，以自我为中心。许多大学生在择业时不考虑国家和社会的利益，要求把个人兴趣爱好放在首位。他们把是否能在未来的职业生涯中发挥专长、实现自我、发展自我作为择业的唯一要求，不愿到不利自身发展的地方去。最后，靠不正当的社会关系择业心态。由于大学生所需的公平竞争机制尚未形成，一些人把择业希望寄托在社会关系上。

在如今商品经济的大潮中，大学生职业意识中存在一定的功利性色彩本是无可厚非更是无可避免的。然而，如果这种功利性过强，超出了个人的思想、道德水准的制约，而且与社会整体功利相悖，就必然会导致自我设计与社会需求的脱节，对自己和社会的发展都会产生一系列负面的影响。

（二）随意性

择业随意是典型的职业意识缺乏的表现，具有这种特性的人只重视职业的经济性而完全忽略了职业的社会性。职业对人而言，已越来越成为一种重要的生活方式，而不再是单纯意义上的谋生手段。择业的随意性往往对个人发展有很大影响，一旦选择错误，将会影响人的一生。具有随意性职业意识的人因为对自己能力、兴趣、气质、性格等特点认识不足，在择业时也就无从做到人职匹配，最终影响其一生的发展。

（三）从众性

从众性是当代大学生职业意识缺乏的另一个表现。当今大学生在求职择业时普遍存在从众心理，或表现在一定的积极意义上的从众，或更多地表现在消极意义上的从众。

积极意义的从众表现在大学生普遍了解社会需求，能对自己做出科学合理定位，并注重自己的素质能力拓展；消极意义的从众表现在大学生在一些不正之风的影响下，容易形成不求进取、消沉、阻碍其发展的从众心理。这种从众使个人在行动、信念上改变原有观点，放弃个人意见，不加分析地跟随某种时尚的社会风气或思潮。

部分大学生的择业意向面向城镇和发达地区，始终抱有"都市情结"，看到别人找什么工作，或者干哪一行挣钱多便盲目跟随潮流，在没有弄清自己的能力和目标的情况下便选择热门职业。单位性质上的从众心理导致许多大学毕业生就业难的局面加剧。

导致大学生择业从众心理的主要原因是团体压力，如团体的信息压力和规范压力等，经验似乎告诉人们这样一个道理：多数人都赞同的意见往往是正确的。因此，是否同意多数人的意见就成了人们评价自己的判断和行为是否正确的依据。此外，寻求安全感也是从众心理产生的重要原因。当一个人在从众心理的驱使下，做出与周围的人相一致的行为时，他就会觉得自己不是孤单的，有人和自己"就伴"，因而便获得了一种安全感。其实，这种从众行为忽略了人与人之间的差异以及自己的兴趣与特长。另外，从众心理还来源于对归属感的渴求。一个人的行为如果与周围的人相一致，那么他便容易为这个群体所接受，也就自然而然地融入了这个群体，这样他便可以获得一种归属感，而消除孤独感。

（四）依赖性

依赖心理主要表现为缺乏信心，放弃了对自己大脑的支配权。在就业过程中，大学生的依赖心理表现在缺乏主动参与意识，独立性不强，信心和勇气不足，在社会为其提供的就业机会面前心存依赖，不主动参与就业市场的竞争，不敢向用人单位展示和推销自我，依靠自身的努力去赢得竞争、赢得用人单位青睐，而是一味地依赖亲戚、朋友、社会关系给自己找门路，或依靠家长代替自己去奔波。有的毕业生自以为有某些优越的条件，依赖自己成绩很优秀或是优秀毕业生等，坐等学校落实单位。或者自暴自弃，认为自己既没关系，又不是出类拔萃的好学生，索性就听天由命。前者将希望寄托在别人身上，想不通过努力找到满意的工作，后者则完全放弃了竞争，将自己的命运交给不确定的偶然性。

在他人的帮助下，毕业生有可能也会找到一份好工作，但是从长远来说，依赖心理对毕业生的社会适应是非常不利的。因为依赖的习惯会使人逐渐丧失自信、失去自我，不相信通过自己的努力会达成自己想要的目标。在当今竞争激烈的社会，自信心、自我效能感对一个人的成功越来越重要。择业是大学毕业生走向社会的开端，踏上人生征途的初始。大学毕业生不通过自己的努力找工作，就失去了一个深入了解社会的机会。而且，在求职过程中与多家单位接触有利于锻炼自己的交往能力，扩大选择范围，找到更适合自己的工作，通过与用人单位的多次接触也能够给他们留下深刻印象，为以后的工作打下良好基础。如果对自己的命运持无所谓的态度，将命运的选择权交给别人，则会在人生的征途中处于被动地位。

要克服依赖心理，毕业生就要充分认识到依赖心理的危害，注重培养独立意识。这就要不断提高自己的动手能力，不要什么事情都指望别人，遇到问题要做出属于自己的选择和判断，加强自主性和创造性。学会独立思考问题。要在生活中树立行动的勇气，自己能做的事一定要自己做，自己没做过的事要锻炼做，通过行动上不断累积的成功来强化自己动手的习惯。毕业生择业要消除等、靠、要的思想，尤其是在双向选择的就业模式下，更应发挥积极性，主动参与竞争，勇敢面对挑战。即使有"关系"也不能完全依赖，毕竟未来的路还要自己走下去，就算能暂时谋求一份"好工作"，如果自己不能胜任，也难有作为。

四、影响大学生职业意识的因素

（一）个体因素

1. 个性心理特征

个性心理特征指一个人身上经常地、稳定地表现出来的心理特点，主要包括气质和性格。不同个性心理特征的人通常会有不同的职业意识。

（1）气质。气质是一个人在心理活动的速度、强度、稳定性和灵活性等方面表现出来的个性心理特征，是人的内心世界和性格的外化。气质具有明显的天赋性，是个性结构中最稳定的成分，形象、气质是现代企业择业标准的重要条件，气质特征既影响一个人的择业活动，也影响一个人的职业成就。当然，在一般的职业活动中，由于个人气质特征的互补性，允许不同气质特征的人同时存在，而且实践证明具有不同气质特征的人，从事同一职业活动也能取得出色的成绩。然而对于气质类型不同的从业者来讲，其职业的适应性与职业成就却大不相同。

（2）性格。性格是个性心理特征的核心，它是个人在长期生活实践和环境因素作用下形成的比较稳定的心理特征。人的性格与职业的适应性有着密切的联系，各种职业都需要有相应性格的人来工作，而某种性格的人又比较适宜从事某些职业。与职业相关的性格是职业性格，职业性格可分为变化型、重复型等九种类型。当今社会职业种类繁多，但大部分职业分别与九种职业类型特点相似，而每个人往往同时具有几种职业性格的特征。

美国著名的职业生涯指导专家霍兰德（Holland）认为，个人人格与工作环境之间的适配和对应是职业满意度、职业稳定性与职业成就的基础。因此，在择业之前，分析自己的性格、气质就显得尤为重要。一个人的性格和气质对所从事的工作有一定的影响，如果能从事与自己的性格、气质相符的工作，就更容易出成绩。不同的个性适合于不同的工作，不同的工作需要不同个性的人。一个人的个性会影响职业的适宜度，某些个性的人更适合某一行业发展。当他从事的职业与其个性相吻合时，就可能发挥出能力，容易做出成就，反之可能导致其原有才能的浪费，或者必须付出更大的努力才能成功。

2. 价值取向

价值取向是人生一切选择的基础。从大学生跨入校门时的专业确立，到修完学业，面临职业的选择，都能体现价值取向的深刻影响。在大学生具体的就业过程中，是继续深造报考研究生，还是直接投入社会选择就业，这些选择与大学生职业价值取向有着直接的关系。就业市场是双向选择，根据经济学原理，它受市场供求规律、价格规律、竞争规律的支配与制约，由于我国就业市场还处于初级阶段，一些非市场因素有时还左右市场这支"看不见的手"，再加之机遇问题，个人实力与社会认可并不完全成正比，相互攀比最终害的很可能是自己。还有一些毕业生没有自己的主张，跟随潮流去竞争所谓的热门行业、热门职业等，导致就业定位不当，以至于达不到自己的要求后随意改变就业观，并且在一段时间内受其情绪干扰。

（二）教育程度因素

随着受教育程度的加深，个人才能的提高，人格的健全，将使人获得更加全面的发展。不同的教育水平、不同的专业科别、不同的教育思想，将会引导受教育者形成不同的思维方式与意识形态，从而使大学毕业生们以不同的态度对待社会、对待职业。

如今，用人单位对应聘者的学历要求越来越高。这与近年来我国普及义务教育、扩大高等教育的社会背景是分不开的。近几年，在每年的大中专毕业生就业招聘会上，都会出现这样的招牌"本单位不招研究生以下学历""非研究生学历谢绝惠顾"。不少新闻媒体也报道，用人单位人才高消费现象严重。

事实上，受过一定的文化知识教育和职业技术培训，会使人在择业上占有不少优势。所受教育层次越高,其专业性就业的机会比一般的就业机会就越多。比如,计算机专业的毕业生,在计算机相关职业领域的就业比一般只会电脑操作的人就业机会多,而且薪水也高。同时,在目前等级管理制度还起作用的情况下,教育还起到提高人的社会地位的作用。较高的学历或较多的教育经历,是取得地位较高职业的一个条件。另外,在就职后的纵向发展如职称评定、加薪提职、升迁上,具有较高文化程度的人也有更多的机会和更大的优势。

教育程度是影响择业的重要因素,一般说来,大企业、名企业注重选择毕业于名牌大学、学习有名气的专业、学历层次较高的大学毕业生。但中小企业、乡镇企业、私营企业则更注重既受过正规教育对学历要求不高、又具有发展潜力且能吃苦耐劳的人,而相比较而言,教育程度高的人有更多的择业机会,他们也会更倾向于用跳槽的方式来解决对目前工作不满意的问题。

(三)社会环境因素

1. 社会变革和产业结构调整的影响

随着我国社会主义市场经济的不断发展,社会变革而引起的产业结构调整和文化转型相互交织,尤其是政府机构大幅精简。加之我国产业结构正进行着战略调整,传统工业数量扩张发展阶段已结束,追求质量和效益时代的到来,对毕业生需求的结构和素质要求发生了变化。

2. 社会评价因素

大学生职业意识的生成,无疑要受到社会舆论的影响,尤其是对"能人"的高度抽象和目前流行的"就业率"的宣传和评价,对大学生职业化过程带来负面影响,诸如对"人力资本"及"社会资本"宣传的"度"掌握不够等,在一定程度上会对大学生现代就业意识的生成产生误导。对于大学生来说,以追求"能人"为目标,在手段上以"证件"为路径,构建自身的"能人资本",迎合"评价",以获取收益。对于用人单位来说,在招聘毕业生的过程中,单依靠毕业证或学位证作为衡量毕业生质量的权重因素显得不够严谨,因为所有的毕业生都拥有该证件。对于高校来说,以追求"就业率"来提升自身的社会声望,导致以"就业工作是学校生存和发展的生命线"这一观点演绎其就业指导决策,这在理论及实践上都是极其不利的。

大学生职业意识的生成受制于就业率的"评价"与学校在就业率上"单向度"的追求，致使作为弱势群体的大学生只能在退让中寻求"文凭"和各种证件作为支撑点，其现代健康职业意识处于被逐渐弱化中[①]。

3. 社会文化心理因素

社会往往通过传播媒介、舆论等对各种社会职业表现出不同的态度倾向，这便形成了职业社会地位的差异。一般来说，在条件允许的情况下，职业选择者大都愿意趋向社会地位高的职业，满足自尊心的需要。因而，由社会文化心理而形成的职业社会地位便成为影响大学生职业意识的一个重要因素。

由于传播媒介、舆论、习惯和风尚等体现的对职业社会地位的驱动不是静态的，从历史角度看是个动态过程。由此而逐步渗透于大学生就业决策的动机中，其影响的产生是个累积过程，变迁也需要一个过程。因而，随着社会的发展，新职业意识的产生不能彻底排除由社会文化心理造成的原有职业社会地位序列的影响，传统的职业意识还将继续在大学生现代职业意识确立中发挥一定的影响力，然后逐步被与社会发展相协调的、重新组合的职业社会地位的序列取代。但不管怎样变迁、组合，社会文化心理因素对大学生职业意识的影响作用始终存在，区别仅在影响力的大小。

（四）家庭环境因素

家庭影响也是确立职业方向不可忽视的重要因素。一个人从出生开始就受到家庭环境的影响。家庭成员所从事职业的范例作用、家庭成员对职业的看法等都会在一定程度上影响人的价值观和行为模式。

1. 家庭生活的长期熏染

家庭是影响现代大学生职业意识最原始、最初级的场所。到了大学，虽然大学生一般生活在远离家庭的开放环境中，而且随着自我意识的觉醒、视野的开阔以及知识的增多，大学生越来越重视社会对个体社会化的影响作用。但是，家庭环境在大学生现代就业意识确立中的作用仍然不可低估。家长往往根据自己的职业现状以及对职业的社会地位、经济

---

① 张伟. 当代大学生职业意识的缺失与培养[D]. 武汉：华中师范大学，2008.

地位、发展前途的思考影响子女的选择。这种影响在大多数情况下不是强迫，而是通过家庭生活的长期熏染，逐步向子女渗透。

2. 家庭经济状况的影响

家庭经济状况影响着大学生现代就业意识的生成。2006年2月上旬，中央电视台报道了《武小锋北大学子卖糖葫芦》，引起社会的广泛关注。武小锋曾是辽宁省普兰店区2000年理科的第一名，考入北京大学医学部，于2005年毕业。毕业后，他求职屡败，因回家做糖葫芦而引起社会的关注。出现这一现象的关键在于就业主体是否与现代就业市场步履一致，这一问题与其成长经历有着必然的联系。武小锋的家庭比较贫困，其学业的完成由普市的两家公司承担了全部费用。当他考上北大时，同乡人说："那是我们方圆几百里的骄傲啊，考上北大那还了得，毕业后还不得上国务院工作啊！"贫穷造就了武小锋坚韧的性格，也让他深感自卑。武小锋高中时的班主任赵雄证实，高中时代的武小锋学习异常努力，成绩在全年级也是数一数二。"但他太内向，也不善于与人交流，这大概和他自卑的心理有关"。赵老师认为，试图改变贫困的命运是武小锋刻苦学习的原动力。只是武小锋太偏重学习，"在为人处世上很是欠缺"。

以上虽是个案，但在一定程度上反映了目前大学生成就学业与事业的关系问题。武小锋在学业上很有"缘"，但是贫困及其家庭的经济状况使他"内向""不善于与人交流""在为人处世上很是欠缺"，致就业途中的"业缘"受阻。从一个侧面反映出家庭经济状况对大学生职业意识生成的影响。

第二节　大学生创新创业意识概述

一、创新创业意识的基本概述

（一）创新创业意识的内涵

创新创业意识是指人类站在现有认识范围之内对即将发生的形式的判断和思考，产生的从事创新创业实践活动的动机。它也是创新创业者对已有的信息、资源资料进行整合，推理判断而成的创新创业设想，是实现创新创业活动的重要组成部分。在进行创新创业实践活动中，创新创业意识是促使人们着手实践创新、创业的原动力，通过意识动机的作用产生对创新创业的渴求。在动机的驱使下，大学生将会主动寻求创新创业的机会，一旦机会成熟，那么大学生就可以实践自己的创新创业计划。而创新创业计划的成果也会对大学生产生反作用力，成功的创新创业会使大学生增加信心和动力，提高对创新创业活动的积极性。

创新创业意识，从词语的组成上看，分为创新创业、意识两大部分，而从理解词语的核心上看，意识是这个组合词语的核心。意识，从马克思主义哲学的视角看，其是客观世界在人脑的主观反映，其本质是人的大脑对于眼睛所见、耳朵所听、大脑所想的综合反映，而形成的认识集合。

从意识的基本内容上看，其由知识、情感、意志三个方面构成，知识是人类对客观事物的现象和规律的认识，是人类社会实践经验的概括和总结；情感是主观特征下的人面对事物或事件所产生和发展的情绪表达，具有非理性；而意志是人们处理客观事物，基于以往经验所表现出来的心理品质展现。而创新创业意识则是站在创新创业实践的角度，来看待人类是如何拥有这样的意识，帮助人们提高自身的创新创业能力，获得创新创业实践的成功。

1. 创新创业意识是创新创业实践者寻求提升的内在需求

创新创业实践者在寻求自身能力和知识不断革新和创造的过程中，其内心的内在需要也在不断提升，对于外界知识和事物也处于不断吸收其精华和营养的过程中，从而剔除自身的糟粕部分，获取自身内在能力的提升，通过个体不断发现新事物，探索新领域，寻求新方法，为创新创业意识的产生创造可能，为创新创业实践的成功提供内生动力。

2. 创新创业意识是创新创业实践者在实践过程的心理状况

创新创业者在实践过程中，面对未知领域与陌生环境，自身会存恐惧与焦灼，对于新领域与新方法，其内心感到焦虑不安，而创新创业意识正是在这种心理变化过程中，起着镇定的作用。创新创业者做好了心理建设，不再畏惧所要面对的一切，从容不迫，安定自若。

3. 创新创业意识是促进创新创业实践成功的内在驱动力

创新创业意识不仅仅是创新创业实践的充分条件,更是创新创业实践的必要条件,创新创业实践需要创新创业意识为其提供指导,创新创业意识孕育于创新创业实践之中,又高于创新创业实践活动之上。创新创业实践者只有充分认识和理解创新创业意识的重要性和紧迫性,才能够将创新创业实践的成功提升到一个新的高度。创新创业意识是创新创业实践的领航员和指导员,如何选择创新创业的实践领域与范畴,怎样更好地抓住核心与关键开展创新创业实践都需要由创新创业意识进行指导。

(二) 创新创业意识的特征

根据创新创业意识内涵的界定,其来源于创新创业的实践之中,有着与其他意识存在的特殊性,从概念的理解上看,有以下几种特征。

1. 创造性

创新创业意识究其根本在于调动创新创业者充分发挥自身的主观能动性,为创新创业实践提供动能。创新创业实践就是人区别于动物本能活动的表现形式,具有创造性特征,具备认识世界、改造世界的创造能动性内涵。这种能动性,我们称之为自觉能动性,是人之所以区别于动物的特点。神舟上天、嫦娥登月、蛟龙探海、航母远航等一系列国防科技的创新创业,正是创新创业意识创造性的充分体现。

2. 创新性

创新创业意识是对传统事务、传统观念的突破,摆脱传统观念和旧制度的束缚,树立新的理念和思想的意识形态。创新是不断解放思想,实事求是,与时俱进。实践没有止境,创新就没有止境。创新创业的实践逐渐升华为意识领域,其创新创业具备自主独立、灵活多变、改革创新等特点,通过创新创业者的内在思维和心理思考,创新创业意识得以形成,但与此同时其意识受到多元价值观和行为的影响和制约。

3. 实践性

创新创业意识来源于实践,其具有实践的操作性,创新创业者正是根据自身的创新创业思想意向、能力水平,结合其所处的实际创新创业环境和拥有的社会资源关系进行创新创业实践,而这一切来源于实践,又高于实践，正是在这种情况下，创新创业理想蓝图在不断萌芽、膨胀，成为创新创业意识培育的开端。

二、创新创业意识的形成过程

创新创业意识的培育是一个不断积累、不断提高、渐进内化的过程。创新创业意识的培育需经历萌芽、发展、壮大。

（一）创新创业意识的萌芽

从人对事物的认识规律来看，创新创业意识的培育不是一蹴而就的，而是一个漫长的进化过程，其与社会发展的历史进程有着本质的不同。人类社会的演进是社会存在与社会意识相互影响、相互制约的过程。社会存在的产生与发展，不断地推动着社会生产力的发展，从而迫切需要社会意识的不断完善和丰富，相反，社会意识的演进进一步加速社会存在的进步。在循环往复中，社会意识与社会存在促使社会由低级向高级、由简单向复杂进化。而创新创业意识与社会意识一样，来源于社会存在发展到一定阶段的产物，其并不是与生俱来的，而是对社会存在的真实能动性反映，更是社会生产力和创造力提升的结果，而追其本源则是人的本质的全面发展和自主性，如同马克思、恩格斯在《德意志意识形态》中所说："一切人类生存的第一个前提就是为生活。"

创新创业动机是诱发和维持创新创业实践活动的前提，是创新创业实践活动的内生驱动力，是创新创业实践主体内在心理构建因素的基础，多元变化的创新创业动机具有不稳定性，受到来自创新创业主体和客体、内部因素和外部因素的多重影响。创新创业动机是极其关键的非智力驱动力，是实现创新创业实践活动开展的前提。人类社会只有在特定的驱动力支持下，才会对外部事物产生好奇，对其进行关注，投入情感，形成依赖。首先，创新创业动机具备萌动性，诱发创新创业伊始。正如幼儿咿呀学语与模仿学习动物发声开始，创新创业动机就在起作用。某种动机的萌芽作用需在一定的条件下才能发挥效用，一旦条件消逝，其动机转瞬即逝，只能变成意念、取向，不具备萌动性。其次，创新创业动机具备方向性，促使创新创业发展。创新创业实践活动朝着好的方向发展，达到预期目标，离不开创新创业动机的指引与导向。再次，创新创业动机具备积极性，助推创新创业成功。创新创业的实践进程中离不开强大的心理素质和精神品质作为支撑和保障，创新创业动机积极地推动着创新创业实践朝着成功的方向前进。最后，创新创业动机具备强化性，巩固创新创业成果。人的创新创业实践的成功进一步激发和强化创新创业意识的强大，从而促进创新创业实践的再成功，首次创新创业实践将进一步强化创新创业动机的强度，促使创新创业实践者越战越勇，持续巩固创新创业动机。

随着创新创业本质的日益丰富，其内在动力不断提升，当创新创业的本质需要上升为创新创业动机时，就形成了人的心理动力，创新创业动机具有相对稳定性、持续性的特征。创新创业动机的形成来自马克思主义人的主体性和人性论的本质属性，源于人的本质。而创新创业动机对创新创业行为产生促进、推动作用，进一步促进创新创业活动的开展，创新创业动机的出现充分展现了人的主观能动性的发挥和人全面发展的需要，推动着创新创业活动萌芽，标志着创业实践活动即将开始。

（二）创新创业意识的发展

随着创新创业实践活动的逐步开展，创新创业动机扩大，创新创业兴趣油然而生，助推创新创业实践活动展开。兴趣是最好的老师，人类对于新鲜事物或罕见事物有浓厚的好奇心与探索欲，这就是人性的本质兴趣。而在创新创业中，大致可以分为两个层次：一是突发灵感层次，在某个特定的时刻或者阶段，受到来自外界某个因素的刺激，创新创业兴趣被强烈激发，灵光突现；二是兴奋激动层次，在第一个层次的激发下，突发灵感得以持续，主观能动性被充分调动，伴随着实践性的创新创业，创新创业兴趣得以维持。创新创业兴趣是人类探索世界、认识外界事物、摸索自然规律过程中自身内心思想、思维高度运转，集中思考的心理状态和心理特征，是创新创业意识的重要组成部分，起着至关重要的作用。在创新创业实践过程中，激发创业实践者的创新创业兴趣，拓宽视野，开阔眼界，并对创新创业兴趣加以引导和规范，助推创新创业实践的成功，反之，创新创业兴趣缺乏，创新创业实践者封闭固守，对外界事物不加以关注和研究，其创新创业意识如何培育，其创新创业实践如何开展，其自身如何全面发展，其存在的价值又何在。追其根本在于培育其创新创业意识,有了创新创业兴趣,才会有求知欲和好奇心,才能在自身的发展过程中进行革新,获得创新创业实践的成功。

随着创新创业兴趣的升华,创新创业情感也伴随其左右,助推创新创业实践的开展。托尔斯泰(Alexei Nikolayevich Tolstoy)在《托尔斯泰艺术论》中曾说过:我们的创作没有激情是不行的。鲁迅说:创作需要感情,至少总得发热。罗丹(Auguste Rodin)说:艺术就是感情。创新创业实践在充分发挥人的主观能动性的同时,不断刺激着人的情感世界,使创新创业者始终保持着昂扬向上的激情、改革创新的勇气、拼搏向前的豪情,正是在这样的情感因素驱动下,人的创新创业情感不断升温,创新创业的兴趣不断被激发,青年大学生更是斗志昂扬,大学生的创新创业情感犹如潮水般汹涌而来,其创新创业兴趣被极大地激发。正是由于大学生拥有丰富的创新创业情感,创新创业实践才会一直吸引着无数有志青年。

(三)创新创业意识的升华与壮大

创新创业实践之路漫长而持久,创新创业实践成功时,付出是值得的,收获满满;创新创业实践失败时,踌躇满志,总结经验,越战越勇。正是因为有创新创业意识在创新创业实践进程中的支持,才会有创新创业实践的成功。在创新创业实践进程中,必然会遇到艰难和险阻,就像婴儿蹒跚学步,摔倒、受伤是学会走路的必修课;就像人类学会了用火取暖、做熟食物,就是在一次次尝试中,学会了保留火种;就像人类走向太空,登上月球一样,只有通过一次次失败的实验,才能积累经验,获得最终的成功;这些例子并不复杂,但其中都蕴含着人类在探索创新创业路上遇到的困难与挫折,艰辛与困苦,但却始终保持着不放弃、顽强拼搏的创新创业意志,正是坚强的创新创业意志激励着人类敢于探索新事物,打破自然规律,勇于创新创造。创新创业实践者秉承坚强的创新创业意志,不断奋斗向前,其创新创业理想不断明确,逐渐成为创新创业者人生理想的重要组成部分,创新创业理想引领其实现奋斗目标,创新创业理想逐渐明确,从某种意义上说创新创业意识基本形成,成为创新创业实践活动的精神支柱,而创新创业人生观与价值观的形成,促使创新创业意识的进一步升华与壮大。

三、创新创业意识的马克思主义理论基础

（一）人的全面发展理论树立创新创业意识培育目标

人的全面发展理论作为马克思主义经典理论，深刻地阐述了作为创新创业实践活动的人，如何通过实践不断地提升和完善自我，作为人类社会经济发展的终极价值追求，对培育创新创业意识有着巨大的现实意义，两者相互依存、相互促进、相互发展。人的全面发展理论是培育创新创业意识的理论来源和目的，而培育创新创业意识是促进人的全面发展的前提和关键。

1. 人的能力的全面发展是意识培育的前提

人的能力归根到底是一个综合范畴，其涵盖了人全方位的综合能力。马克思时常用"全面地发展自己的一切能力""发挥他的全部才能和力量""人类全部力量的全面发展"来表述。由此可见，能力的发展是人的全面发展至关重要的组成部分。一般而言，其主要包含劳动生产的能力、社会交际和协调的能力、自我控制和发展的能力、体力智力的能力、现实潜在的能力。能力对于人来说至关重要，是其赖以生存的必备技能。而个人能力的发展，是一个持续增长的过程，会随着人的性别、年龄、教育、环境、地域的不同，产生巨大的差异，人的能力会随着社会生活实践的不断演变而随之全面发展。

在马克思看来，人的全面发展的前提在于人能力的提高与发展。而在创新创业实践过程中，人的综合内在潜能得到了全方位的激发，人的创新创业意识在塑造和孕育，其自身创造的物质潜力、精神潜力、社会价值得到充分释放。而人的能力的全面发展受到来自社会生产力、社会生产关系等环境因素的制约，发展逐渐缓慢，需要创新创业意识的培育，才能得以突破，获得更高层次的发展。

人的综合能力的提升是潜移默化的过程，在创新创业实践中，人自身的潜能和品质得以激发和彰显，受到来自社会关系、文化氛围等外界因素熏陶，人的能力得以发展；培育创新创业意识正是需要以人的能力全面发展为方法和途径，其创新创业意识才能得以丰富。

2. 人的社会关系的全面发展是意识培育的关键

从社会性的视角看，马克思说"人的本质是一切社会关系的总和""社会关系实际上决定着一个人能够发展到什么程度"。人的社会关系的全面发展体现了人的全面发展与社会关系全面发展相辅相成、相互影响、相互制约，人总是处于一定的社会关系之中的，人与自然、人与世界、人与自身的关系都是依托交往，相互交换、传递、沟通物质和精神等方面的资源，不断提高个人社会关系的高度，提高个人社会关系的自由度。正是这样平等的交往，人自身的社会关系才能得到全面发展。

马克思曾明确指出，"社会关系实际上决定着一个人能够发展到什么程度"。在他看来，人的发展离不开社会这张巨大的网，人与人在社会这张网中，相互交流信息、情感、需求，而创新创业实践活动正是社会关系相互交流、相互作用的现实体现，正是人们不断地创造、创新，人的交际范围、深度才能不断拓展，而培育创新创业意识正是让人类不断突破自身局限，打破常规，鼓励人们拓宽活动领域和交往层次，进一步促进人的社会关系的全面发展。

（二）马克思主义实践观贯穿创新创业意识培育的始终

马克思主义实践观是马克思主义理论的基石，其理论的精髓深植于马克思主义理论体系的全方位分析，更是延伸至马克思主义理论现当代的最新成果。马克思主义实践观明确了人类进行实践活动的本质，其实践活动具有现实的物质的形式与特征，均为客观存在的，不以人的意志为转移。

1. 实践中积累的科学知识是意识培育的载体

在探究人类创新创业意识培育载体的过程中，创新创业意识的产生和壮大与人类进化史的演变和更替有着千丝万缕的联系，从猿到人，从基础认知到意识形态，人们一次次突破认知的极限，在历史的进程中劳动实践发挥着举足轻重的作用，关乎着人的生命本质，推动人类社会不断向前发展；劳动实践来源于人类的生命特征，随之伴随着语言的产生，两者相互作用促进人类意识的产生与发展；随之逐渐成熟的感性认知和意识形态，人类的信息体系和知识机制也逐渐形成，在人类认识主体和客体的相互影响与实践活动的相互作用下，互动刺激、重组创造，充分发挥主观能动性，进一步认识、实践、再认识、再实践，系统的科学知识构建在形成、完善；正是这样的循环往复、周而复始，人类的创新创业意识进一步被激发、培育。反之，人类的进化演进，探索实践，不断提高自身的科学素质和知识水平，在此载体之上培育出创新创业意识。

2. 实践中养成的创造思维是意识培育的灵魂

创新创业意识作为推动人类进行创新创业实践活动的精神力量，很大程度上意味着人类在创新创业实践活动中，需要改变思维方式、调动思维主动性、提高思维灵活度，形成独特的展现形式，更是形成创新创业意识培育的灵魂。而人类的思维从原始到人类文明经历了漫长的发展过程，形成了不同的思维，进而产生了不同的影响和效果；人类文明思维的开端，要从哲学思维说起，就如马克思强调的，哲学是时代精神的精华，是文明的活的灵魂。哲学作为一门智慧之学，有其独有的特征，其提问的本质是对无知和固有的规律和知识的质疑，其批判则彰显其科学谨慎的思维态度，就像柏拉图所感叹"哲学源于惊讶"；而其讨论与争辩则开放地面对一切，包容所有的观点，畅所欲言，给人以启迪，拓宽视野；其核心是诠释和发挥，在原有的基础之上提升、创新，使传统与创新相融合；深究其形成要进行高度概括，从而找出问题，进行批判，正是这样的锻造思维，使哲学本身就具备创新创业意识。而人类思维的演变，不仅仅是哲学思维的引领，而是以科学思维为基础的认识世界、改造世界，科学思维和科学规律，是人类存在与发展的基础，不论是传统的思维方法，还是现代的自然科学方法、人文社会科学方法，都是在实践活动中建立起来的。正是因为哲学思维和科学思维相互联系、相互作用，互为前提、互为补充，哲学思维贯穿于科学思维之中，科学思维丰富具体化了哲学思维，都具备创新创业意识，从而不断推进实践基础上的理论创新。

3. 实践中发生的劳动实践是意识培育的途径

以科学知识为载体，以创造性思维为灵魂，以劳动实践为动力，进一步认识世界、改造世界，培育创新创业意识，发挥人的主观能动性。实践活动创造了人类世界，马克思主义哲学认为，人类的实践活动是现存感性世界的基础，人在实践活动中创造了人类的生存环境、人类社会及其历史;实践是人类独有的创新活动,满足于自身的生存需要,满足于人自身创新能力需要。构成实践的要素,即实践的主体、客体、目的、手段和结果都是从实践活动出发,自身带有其他动物所不具备的自觉性、自由性、创新性等特性,在实践活动中认识世界、改造世界。随着人类生活经验不断丰富,劳动生产技术不断提高,创新创业意识就逐渐孕育,人类反复地进行自我生产、自我发展、自我创造、自我提升,形成了自身得以生存的条件和环境,最终形成一个全新的世界;正是通过劳动行为的实践,人类每一个进化阶段都是一次创新创业意识的实践,也只有通过将人类的创新创业意识依托于具体的劳动实践才能进一步推动整个社会的发展与进步,从"工具—机器""科学—技术—生产",科技是第一生产力的特性体现了劳动实践的重要性;而人类的发展,受到了自由与必然的束缚,自由是相对的自由,必然是相对的必然,每一个进化过程都是一次相互的博弈,而只有通过劳动实践活动才能够使人类的创新创业意识得以实现,摆脱旧模式的束缚,实现必然到自由的跨越。

(三)马克思主义人性观影响创新创业意识导向

人是现实中的人,任何人都处于一定的社会关系之中,从事着社会实践活动,而人的行为举止、价值取向的变化与发展,都受制于人的根本性限制与影响,人往哪个方面发展取决于马克思所说的自然属性、社会属性、精神属性相互作用、相互影响的结果,而一个人的基础受制于自然属性,一个人的核心受制于社会属性,一个人的灵魂受制于精神属性,不论你忽略或者抛弃了哪一种,人的人性都将发生改变,走向极端。

大学生创新创业意识的主体和客体都是人,人的本质属性深刻地影响着创新创业意识的培育,而马克思主义人性理论是我们进行创新创业意识培育研究和实践的重要理论根基。如何科学有效地认识和把握人的本质属性,对于培育创新创业意识的培养十分有必要,厘清两者之间的关系至关重要。

1. 培育创新创业意识的必要性根源于人性的制约性

人的自然属性客观存在于人本身,与之相呼应的是人的物质生物性,不以人的主观能动性而改变。如同马克思在《1844年经济学哲学手稿》中提及的"人直接是自然的存在物,一方面具有自然力、生命力,另一方面是受制约存在物"。人的七情六欲、喜怒哀乐、食欲作为人的本质属性,表面上看与动物的自然属性有共通性,但其所蕴含的实质大不相同,究其根本,人所具备的这些自然属性是在受到人的社会属性、精神属性支配下所展现的,具有人性的独特一面,是在掌握其自然规律的前提下进行的。人的自然属性为社会属性、精神属性奠定了良好的物质基础,是人性的必要组成部分。

人的自然属性深刻揭示了人自身最本质的生理性需求和物质性需求,其发展受到来自社会性关系的影响,只有社会发展到一定阶段,其社会属性才得以满足,而其中必然需要实现自身创新创业能力的发展,而能力的发展来源于意识的萌芽。然而,由于人作为独立个体,受到自身主观因素的制约和客观环境因素的影响,逐渐形成不同的社会阶层,从而人的创新创业能力发生差异,影响人的精神属性,进而影响整个社会。解决这些困境最为根本的途径就是培育人的创新创业意识,提高创新创业能力,协调和调整社会关系,发展社会主义生产力,只有这样,才能实现人的自然属性和社会属性与精神属性的协调发展。

2. 培育创新创业意识的规律性根源于人性的普遍性

人与动物之间具有共通的本性,即生命活动的特征,但人与动物的显著差别体现在人的社会属性。人生活在复杂的社会关系之中,进行生产劳动社会实践,与各级组织、团体相互交织,大社会的氛围才得以营造。马克思指出"人的本质不是单个人所固有的抽象物,在其现实性上,它是一切社会关系的总和"。人的社会属性客观存在于人的群体性之中,人生存在纷繁复杂的人际关系之中,各个社会网格化的联系之中,彼此之间相互制约、相互依靠,群居于各种多层次的类群体之中,进行着看似简单实质复杂的类生活。而这类人的群体性又依靠于人的交往性,人与人,人与社会组织的联系,往往都是由为简单的物与物的交换到复杂的资本资源的交易展开,马克思就曾说"人们只有以一定的方式共同活动和相互交换其活动,才能进行生产"[1]。正是存在相互的交往

---

[1] 中共中央马克思恩格斯列宁斯大林著作编译局. 马克思恩格斯全集:第42卷[M]. 人民出版社,1979:24.

性，人类逐渐摸索出了相互合作的社会关系，发挥各自优势，弥补对方的缺陷与不足，进一步提高劳动效率，达到合作共赢的目的，这种人的合作性的产生，得益于人的自然属性和社会属性相互渗透、相互作用的结果。

人性是每个个体的共性部分，其融于每一个人的个性之中，但相互间存在着普遍联系，而每一个人随着自身状况的不断变化，对待事物会产生不同的看法和假设，正如从马克思主义的人性论角度看，人的自然属性、社会属性、精神属性都是人性规律性、普遍性的部分。而培育创新创业意识在一定程度上是人性的提升与完善，也就是丰富和提高人普遍的属性，即马克思主义人性论中的普遍性。人作为培育创新创业意识的客体，在一定的社会关系和相应的生产能力水平中，在外部条件协调作用下，往往会产生相似的反应和做法。从而人的本质属性内部就决定了人的创新创业意识培育的规律性存在于普遍性之中。

第三节　大学生创新创业意识培育总体态势

一、大学生创新创业素质在稳步提高

在政府和社会的倡导和支持下，大众创业、万众创新的社会氛围逐渐高涨，经济势头逐步上扬，全国各大高校纷纷响应政策号召，出台各项措施鼓励和帮助大学生进行创新创业，对各类创新创业人才给予知识和资金支持，建立和设置各类创新创业孵化平台，在广大学生中宣传创新创业，逐渐营造创新创业的校园文化氛围；在高校课程体系中，全面铺开创新创业通识教育，将创新创业基本理论与学生的专业课程相结合，课本理论与具体实践相结合的创新创业课程；并充分利用国家、省市各级创新创业专家库资源，面向学校大学生宣讲创新创业成功经验及成功案例。通过这一系列的措施，大学生自身的创新创业素质在创新创业兴趣、创新创业意志、创新创业意愿、创新创业能力等反映大学生创新创业素质方面有了明显的改观与提升。

大学生创新创业兴趣在逐渐激发，面对来自外界学校课本所没有的知识的诱惑，特别是来自同龄创新创业成功者的成功案例和经验的吸引，

知识水平高、创新能力强、创业思路广的大学生自发地向创新创业者靠拢，相互交流、相互学习，逐渐将埋藏在内心深处的创新创业兴趣激发和释放出来，面对周围新鲜事物和人群，大学生应尝试去接触与了解，慢慢地创造出自己的世界，开始自己的创新创业事业；并在这种创新创业兴趣的促进下逐渐向创新创业意愿出发，经过不断的历练和摸索，创新创业的能力在实践中得到了证实和认可，自身的创新创业意志被强化，随着时间和经历的不断推进，创新创业的整体素质在稳步提高，最终达到创新创业成功的顶峰。

二、各类创新创业实践活动卓有成效

随着经济新常态的不断深入，创新创业工作的不断创新，国家中央、省市各级政府、高校、社会等企事业单位和民间私营企业纷纷将工作的重点投入到创新创业的工作中去，开展和举办各种形式的创新创业实践活动，为大学生创新创业意识培育奠定了扎实的实践基础。

（一）从国家层面看

从国家层面看，国务院原总理李克强亲自参加各类创新创业实践活动，据不完全统计，在2016年上半年，李克强分别到国有企业、创业大街、金融机构、社区、国家部委等进行了6次专题调研，切实推动大众创业、万众创新，更是在国内、国际各种场合发表了数十次推动创新创业的演讲和讲话，他倡导全社会形成"万众创新、人人创新"的新态势。而据新华社不完全计算，由中央层面发出，国务院发布的关于推进创新创业工作的政策性、指导性文件和建议多达22份之多，如2016年3月出台的《国务院办公厅关于发展众创空间推进大众创新创业的指导意见》，同年6月发布的《国务院关于大力推进大众创业万众创新若干政策措施的意见》等相关配套政策措施，推进全社会将政策转化为具体的创新创业实践。

（二）从省市层面看

从省市层面看，各级政府纷纷响应国家号召，研究制定符合自身发展实际的创新创业实践活动，推进创新创业工作的开展。例如，江西省在高校中开展互联网大学生创新创业大赛，并通过江西卫视的一档综艺节目"创客英雄会"，邀请创业达人、天使基金进行创新创业项目展示与创新创业项目路演，通过电视节目向全社会传播创新创业典型，宣传创新创业故事，推动创新创业工作；在安徽省，各级政府针对创新创业人才引进制定了《关于进一步扶持高层次人才创新创业的若干意见》，出台十条创新创业新政策（即创新创业"安十条"），重点从科研自主、政策激励、保障服务等方面对高层次人才在皖创新创业加以扶持。

（三）从高校层面看

从高校层面看，各大院校结合自身实际搭建了各种形式的创新创业孵化平台，推动大学生创新创业，如理工类院校，结合自身专业特色和专业优势，成立了大学生创新创业协调中心，解决大学生创新创业中遇到的专业性问题；文科类院校，开展创新创业典型故事分享会，通过邀请创新创业达人分享他们背后的故事和经历，传播创新创业的校园文化等。

三、大学生创新创业氛围逐步形成

近年来，随着全社会对大学生创新创业的重视，大学生创新创业政策保障体系在不断优化和完善，针对大学生的创新创业扶持力度在不断加大，高校制定了大学生的全方位的创新创业服务制度，从大学生入校到毕业，从通识教育的创新创业理念基础课程到专业相关的创新创业专项课程都在高校试点，以大学生为主要群体的大学生创新创业校园文化氛围在不断酝酿。

现阶段，各大高校纷纷将创新创业作为独立学院设立，并为创新创业学院配备专业的教师队伍，专业化、制度化、普及化地面向大学生教授创新创业课程，并带领大学生走出校园，走向企业，亲身了解和体验创新创业的热情，大众创业、万众创新的社会氛围在向高校蔓延，高校创新创业的文化氛围在不断地聚集、升温。

随着摩拜单车、滴滴快车、猪八戒网等一大批由大学生创新创业实践者创办的平台的成功，通过体验他们的产品和服务，了解他们的创新创业故事，学习他们的创新创业精神，在校的准大学生创新创业者通过学校课堂和实践体现，整个大学生群体都会将自己的兴趣和目光投向创新创业，以创新创业者为榜样，形成全民创新创业的文化氛围。

第四节 大学生职业意识培养路径

一、个体准备

（一）知识准备

知识是人类实践活动和思维成果的结晶，是人类文明得以发展和延续的基础，是人类改造自然和社会的强有力工具。对当代大学生而言，知识的积累是其成才的基础和必要条件。但知识量的多寡已不能代表一个人真正的智能水平，现代职业对求职者的要求是能够根据职业和社会不断发展的具体要求，将已有的知识科学进行重组，形成合理的结构，满足实际需要。因此，建构合理的知识结构，最大限度地发挥知识的整体效能，对于成功就业和成就事业越来越重要。

知识结构是指一个人所拥有的知识体系的构成情况与结合方式，即外在的知识体系经过求知者的输入、储存和加工，在头脑中形成的由智力因素联系起来的多要素、多系列、多层次的知识组合情况，其中包括各种知识的比例、相互间的联系、作用和协调以及由此而形成的具有一定功能的统一整体。不同的知识只有处于一个合理的结构之中，才能使其静有其位，动有其规，各显其能，优势互补。

随着社会主义市场经济体制的建立和不断完善，社会人才观及人才模式也发生了巨大变化，社会对未来人才知识的综合性结构提出了更高的要求，要求大学生不仅能够成为某领域内具有专业知识和技能的专门化职员，还能够突破专业限制，成为掌握多种知识和技能的高素质复合型"通才"。这些要求主要是基于以下几方面的考虑。

首先，从学科本身的发展来讲，出现了跨越自然科学、人文科学、工程科学、社会科学等领域的交叉学科和边缘学科。

其次,从经济发展的角度讲,第三产业比重增大,而第三产业是"人文"含量最高的产业,其产品不像传统的第一、二产业的产品以"物化"的形式流动,而是大量以"文化"的形式出现。比如,人们所说的信息产业,既包含科技信息又包含人文信息,信息含量极高的经济便称为知识经济,这种知识的特点之一便是综合性,特别是文理的综合。从社会面临的重大问题来讲,诸如人口、环境、能源、教育等都不可能依靠单一学科来解决,人们必须能与不同专业的人进行交流与合作。其实,即便是最普通的工作,也会涉及专业业务、组织管理、人际交往、竞争合作等问题。

最后,从改善和促进人的思维结构来讲,文理分割给学生带来了思维方式上的局限性。数理科学更多地运用逻辑,因此数理科学的学习在给人以逻辑的同时,给人以严谨和科学判断的缜密精神。人文学科的学生较多地处于发散状态,而逻辑恰可帮助他们思维更健康、更严密。文理的结合有利于促进大学生的思维在发散与收敛上有更好的组合和富于理性。

社会对大学生知识结构的总体要求是,既能很好地适应社会需要,又能充分体现个人特色;既能满足专业要求,又有良好人文素养;既能发挥群体优势,又能展现个人专长。

(二) 能力准备

从近几年的毕业生就业情况来看,用人单位对大学生一专多能的要求越来越突出。他们对聘任的大学生不仅考核其专业知识和技能,还考核其综合运用知识的能力、对环境的适应能力、对文化的整合能力和实际操作能力等。

1. 实践能力

实践能力,即运用专业知识解决实际问题的能力。用人单位都希望招聘的职员能立即上岗,这样就可以节约培训资金和培训时间。如果应聘者具备极强的实际操作能力,就意味着增加了其获得该职位的概率。然而,从当前情况看,高校毕业生在这方面的能力比较差。实际上,大学生在校期间培养实践能力的机会很多。组织参加与专业相关的社团、参与教师的科研工作、积极参加暑期社会实践活动、担任班干部、寒暑假兼职与专业相关等，这些活动都有利于大学生实践能力的提高。

2. 管理能力

管理能力也叫组织能力或领导能力，是指成功运用管理者的知识和能力影响机构的活动，并达到最佳的工作目标。目前，组织管理水平的高低，已经成为衡量一项工作、一个部门、一个单位工作好坏的重要指标。尽管每个大学生就业后不一定从事管理工作，但每个人在今后的工作中，都会不同程度地用到组织管理能力。然而，许多大学生并不具备这方面的能力。在实际工作中，一些毕业生要么只能充当被动型角色，要么就显得与周围同事格格不入。尽管他们当中的许多人思想、作风、专业技术都很过硬，能够出色地完成本职工作，但往往因管理能力适应不了实际工作的要求而使单位感到失望，也为自己的成长也带来了十分不利的影响。因此，当代大学生不可忽视组织管理能力的培养。

3. 表达能力

表达能力是指运用语言、文字阐明自己观点，抒发思想情感的能力。这种能力是人与人之间交往的基本能力，每一个毕业生在就业后的工作中，如工作计划、年终总结、调查报告、文件起草、拟说明书、推销产品等，无不需要表达能力。但许多大学生在这些方面尚有欠缺。例如，不敢与陌生人讲话，私下"评头论足"头头是道，公众面前讲话脸红心跳、语无伦次。诸如此类的现象告诉我们，培养和提高其表达能力是当代大学生的当务之急。

4. 协作、交往能力

人际关系与协调技巧是团队合作的基石。科技和企业的发展都体现了对集体智慧和力量的依托，更加需要团队协作精神的发挥。用人单位需要的不只是具备技能的员工，更希望他们与同事合作无间，能带动团队士气，实现更远大的目标。因此，用人单位对大学生的协作和社交能力的要求就越来越高。

5. 终身学习能力

终身学习能力不仅表现在学生走进社会以后具备获得新知识的能力，还表现在对文献、资料过硬的查阅和检索能力，对信息的收集、处理能力，对中、外文较强的阅读能力和语言交流能力，敏锐的逻辑思辨能力等。终身学习能力是大学生离开学校走向社会后的基本生存能力，是个人职业能力的重要组成部分。目前，大学生真正具备这些能力者还为数不多，在急剧变革的社会现实中，要么表现出迟钝、被动，要么不知道该如何面对。因此，加强自己终身学习能力的锻炼，也是当代大学生提高自己职业竞争力的重要方面。

（三）身体与心理准备

"身体是革命的本钱"，健康的身体是用人单位对求职者最基本的要求。健康的身体在任何时候都显得尤其重要。当代大学生在校期间应该养成良好的生活习惯，经常参加体育活动，锻炼身体，不要抽烟，更不要沉迷网络游戏。

除了健康的身体以外，大学生在求职时更应该做好充分的心理准备，要有转换角色的心理预期。所谓转变角色，主要指由一个"天之骄子"的大学生，转变为一个现实的社会求职者，抛开浪漫与幻想，认识自己所处的真实地位和"严酷"的社会现实，实事求是地面对就业这样一个现实。要想正确地选择职业，就必须转变角色，不能把学校、家庭、亲友及同学所给予的关心、呵护、尊重当成是社会的最终认可，而要摆正自己的位置，客观、冷静地进入求职状态，认识社会、了解社会，以自身的实力，积极主动地去适应社会需要，在选择社会职业的同时，接受社会的选择，正确地迈出人生这关键的一步。

要能够充分地认识自我，了解自己的气质、性格、兴趣、能力、特长等，这样在找工作的时候才能够做到有的放矢、扬长避短，更容易确立适合自己的目标。另外，还要有敢于竞争的心理准备。当今时代，竞争机制已经渗入社会各个领域和人生的整个过程。但是，大学生自身的竞争意识在过去并没有得到真正的强化，有的大学生面对竞争的挑战显得手足无措。深化改革的今天对大学生强化竞争意识提出了迫切要求，也提供了客观环境。迎接新的挑战，强化竞争意识是大学生在择业前最基本的心理准备。大学生强化择业的竞争意识，一是要在正确自我评价的基础上，充分相信自己的实力，敢于通过竞争去达到理想的目标。二是在心理上从社会进步和深化改革的角度来加深对竞争机制的认识，强化自身的竞争意识，自觉地正视社会现实，转变观念，做好参加竞争的心理准备，强化自身职业意识。

此外，当代大学生还要能正确地面对挫折。人们在求职择业中遇到挫折是正常的，切不可因此而自卑。一个心理健康的人对人生总保持着自信心，如丧失了自信心，就失去了开拓新生活的勇气。顺境中有自信心不足为奇，逆境中更需要自信心的支持。生活中的挫折是造就强者的必由之路，挫折是锻炼意志、增强能力的好机会。遇到挫折后应放下心理包袱，仔细寻找失利的原因，调整好目标，脚踏实地前进，争取新的机会。双向选择的本质意义是一种激励手段，对优胜者是这样，对失败者也是如此。对失败者并不是淘汰和鄙视，相反，可以促使失败者振作起来，彻底摆脱"等、靠、要"的就业心态，加快自己自立自强的转化过程，成为新时代的开拓者。

二、学校策略

（一）强化职业价值观教育，树立正确职业理想

高等学校要提高对毕业生择业工作重要性的认识，大力加强大学生的职业价值观教育，引导大学生把个人理想与社会需要结合起来，把大学生的成才意识纳入社会总体发展需要的轨道上。正确的职业价值理想是把选择职业的出发点定位在社会需求的现实之上，摆正国家和个人的位置。马克思说："在选择职业时所我们应遵循的主要指针，是人类的幸福和我们自身的完善。不能认为这两种利益是敌对的、互相冲突的，一种利益必须消灭另一种利益。人类的天性本身就是这样的：人们只有为同时代人的完美、为他们的幸福而工作，才能使自己也过得完美。"马克思在这里提出了一个重要的思想，即人类的幸福应该是选择职业时的指导思想。只有为了人类幸福而工作的人，才不会受到选择职业的痛苦和折磨。目前，有些大学生在职业选择上之所以产生挫折感、失落感，甚至对前途失去信心，精神上受到痛苦和折磨，就是因为他们在选择职业时没有把"为人类幸福而工作"作为遵循的主要指针，而是以所谓实现"自我价值"作为择业的重要的标准。学校要加强对大学生的职业理想教育、职业道德教育、择业价值取向的引导、正确成才意识和成才道路的引导。通过教育和引导，帮助学生克服盲目的拜金主义、享乐主义和利己主义的不良倾向，正视人才市场竞争中可能遇到的挫折和困难，培养

学生敬业乐业、积极进取、敢于创新的精神。通过教育和引导，使大学生树立科学的世界观、人生观和正确的择业观，使其既有正确的职业理想，又有良好的职业道德；既有正确的成才意识，又有正确的成才途径；既追求个人的自我实现，又要努力为国家、为社会多做贡献。总之，要把引导大学生正确处理国家、集体、个人之间的关系作为对毕业生进行择业教育的重点。这不仅是国家、社会发展的需要，还是大学生正确认识社会、适应社会，保持良好择业心态的需要和基础。

（二）加强学生创业意识，倡导学生自主创业

创业能力是创新和创造能力的体现。当前，我国大学生自身的发展和大学生的就业形势要求我们必须培养大学生的创业能力。创业能力的培养不能一蹴而就，它是一个长期的系统工程。它与创业意识的培养是不能截然分开的，他们是相互渗透、相互促进的。

1.以社团为载体，培养学生创业意识

每个人都有创业意识这种基因，这种基因是隐性的，需要去唤醒。唤醒的方式有很多，如通过开展创业教育讲座，以及各种竞赛、活动等方式，形成了以专业为依托、以项目和社团为组织形式的"创业教育"实践群体，来激发大学生的创业意识。高校可以成立"大学生创业俱乐部""大学生创业指导中心"及"创业社"等社团，以社团为载体充分发挥大学生的主体作用，组织开展创业沙龙、创业技能技巧大赛等活动，发挥学生自我服务、自我教育功能的形式，培养学生创业能力。以全国性的大学生课外学术科技竞赛为龙头，以科技协会为平台，层层推动课外科技学术活动和学生创业活动的广泛开展。让学生在兴趣特长与专业之间找到恰当的结合点，感受创业，培养创业意识。

2.深化职业规划指导，培养创业品质

培养学生职业意识、深化职业规划指导的目的不仅协助个体找到工作，还帮助个体真正了解自己，并结合社会环境等外部因素确定职业发展方向，拟定可行性的职业发展规划，以实现个体人生价值的最大化。许多大学生在从高中生的角色转变过程中感到无所适从，既没有方向，也没有计划，很容易使大学四年虚度。因此，必须加强指导，引导学生树立正确目标。科学规划学业、灵活决策就业，接受主动学习、目标学

习、技能学习的新学习概念，进行自我觉醒、目标设定、生涯策略、生涯评估，制定适合自己的计划，有意识地设计自己的未来，这个未来可能是成功的就业者，也可能是个成功的创业者。同时，可以强化大学生的团队精神与协作意识等创业品质的培养。创业往往不是一个人单枪匹马所能实现或完成的，它需要组建自己的团队。一个精诚团结、各方面能互补的团队，才能保证创业的成功。通过职业规划指导，引导学生正确认识和分析自我，确定正确的人生目标，树立高度的责任感和荣誉感，培养合作意识，将为大学生创业能力的形成产生强有力的推动作用。

3. 整合多方资源，构建合理的知识结构，提高创业能力

大学生可以通过以下途径学习创业知识。

（1）大学课堂、图书馆与社团。创业者通过课堂学习能拥有一门过硬的专业知识，在创业过程中将受益无穷；图书馆通常能找到创业指导方面的报刊和图书，广泛阅读能增加对创业市场的认识；社团活动能锻炼各种综合能力，这是创业者积累经验必不可少的实践过程。

（2）媒体资讯。一是纸质媒体，人才类、经济类媒体是首要选择，如《21世纪人才报》《21世纪经济报道》《IT经理世界》等。二是网络媒体，管理类、人才类、专业创业类网站是必要选择。例如，中国营销传播网、中华英才网、中华创业网等。此外，各地创新服务中心、大学生科技园、留学生创业园、科技信息中心的网站等都可以学到创业知识。

（3）与商界人士广泛交流。学校还应该不定期地邀请校外专家学者为学生开设更多的人文科学、自然科学讲座，邀请社会各界知名人士、校外专家学者来校举办讲座和报告，开阔学生的视野，完善学生的知识结构。

4. 加强创业实践活动环节，培养学生的创业能力

创业教育的落脚点在社会实践。学校要建立多种形式的校内外创业基地，以此为载体组织学生参加创业实践。第一，通过实习环节开展创业实践。专业实习是专业理论应用和职业技能的训练过程，更是创业阶段的实际操作过程，把校内外实习基地办成创业教育示范基地，让学生在这样的场所边学习、边实践、边创业。第二，以市场为导向，以骨干专业为基础，创办面向社会的校办企业和建立为全校师生服务的全面社会化、市场化的后勤服务体。第三，鼓励学生进行自主创业尝试。创业

教育的最终目的是能使学生自主创业，所以创业实践活动的直接形式是学生开展自主创业的尝试。自主创业实验可以在校内进行，也可以在校外或者利用假期或校外实习进行。

三、家庭应对

（一）正确引导，言传身教，树立正确职业价值观

职业价值观是职业意识的核心成分，也是人的价值观的重要组成部分。树立正确的职业价值观不仅对就业意识的培养大有裨益，甚至对整个人生观都有重大意义。任亮2001年2月份的研究就表明，职业价值观不良是当代大学毕业生就业难的根本原因。[①]

家庭是影响现代大学生职业价值观最原始、最初级的场所，建立在家庭基础上的血缘关系是任何力量都无法摧毁的。一方面，由于中国传统教育观念的影响，家长可能会将自己的愿望理想强加到孩子的身上；另一方面，即使比较民主与开放的家庭，家长也会有其特有的价值倾向性，也往往有意无意地通过其长期熏染，逐步向子女渗透其价值观念，从而影响大学生的职业价值观。因此，家长必须能充分认识到这一点，对子女进行正确的引导。还要将正确的职业意识的培养泛化到日常生活中去，在平日的家庭生活中注意自己的言谈举止，以身作则，言传身教，帮助大学生树立正确的职业价值观。

正确的职业价值观从根本上说就是为人民服务的职业观。追求美好的生活、理想的职业和个人的前程很重要，但我们要清楚地认识到美好的生活来自奋斗，个人理想和前途基于国家的前途、人民的事业。因此，在个人择业过程中不仅要考虑自身的需要，还要充分考虑国民经济和社会发展的需要，把择业同民族的振兴、祖国的富强联系起来，并以此为己任。

（二）辅助分析，合理定位，创造真正社会价值

市场经济发展过程中，人与人之间的关系在变化，情感因素正在减

---

① 任亮. 职业价值观不良是大学毕业生就业难的根本原因 [J]. 张家口师专学报，2001，17（1）：5.

弱，集体意识在淡化，竞争意识和个体意识在增强，由于感情的寄托，大学生在择业过程中需要家庭的辅助分析与帮助。

合理的定位对于大学毕业生的择业至关重要。然而部分大学生好高骛远，造成自己眼高手低的困局，或者只注重自己的个人前途而没有为国家奉献的精神。这就需要大学生的家庭来辅助分析，合理定位，掌握正确的择业原则，才会有助于个人找到合适的职业岗位，同时有利于个人的成长和职业理想的实现。

首先，服从社会需要的原则。所谓服从社会需要，是指大学生在选择职业岗位时，应把社会需要作为出发点和归宿，以社会对个人的要求为准绳，去认识和解决择业问题，进而决定自己的职业岗位。其次，发挥素质优势的原则。所谓发挥素质优势，是指大学生在面临职业岗位选择时，综合自己素质情况，侧重某一特长或某一优势来选择职业岗位。这样，不仅体现了人尽其才、才尽其用的原则，还体现了对事业负责、对社会负责的精神。再次，有利于发展成才的原则。成才是大学生的渴望，但有些毕业生在选择职业时，往往受社会时尚、从众心理、利益因素等的干扰，为了某一个条件的满足，而忽视有利于成才的原则，从而影响了个人的发展。最后，争取及时就业的原则。对求职择业期间的大学来说，自身必须把握争取及时就业的原则。一是要调整择业心态，就业期望值要合理，注意克服脱离现实、盲目攀比等心理情绪的干扰，避免由于自身择业观念而导致的有岗不上、有职不任的人为待业。二是要加深对职业流动的认识，改变"一次就业定终身"、对初次就业过度谨慎的观念，避免错失及时就业的机会。三是要采取顽强竞争、不怕挫折的态度，积极主动地探寻就业机会，避免在消极等待中延误就业时间。

第五节　大学生创新创业意识培育基本路径

一、大学生创新意识培育基本路径

影响当代大学生创新意识培育的因素有两个方面，一个是外部的因素，包括社会、学校；另一个是内部的个人因素。可见，大学生创新意识教育是一个复杂的过程。下面将针对这些问题，分别从国家层面、社会层面、学校层面和个人层面，创造性地运用"四位一体"的思路，探索出构建培养创新型人才的路径，从而加强大学生创新意识教育。①

（一）发挥国家在大学生创新意识培育中的保障作用

在复杂的国际关系中，只有创新才能跟上时代的步伐，才能使国家在其中站稳脚跟。充分发挥国家在大学生创新意识中的作用，总结起来需要"四个全面"：全面完善创新制度是保证；全面推进市场经济创新是根本；全面规范高校创新模式是载体；全面树立民族创新意识是核心。

1. 全面完善创新制度

在发挥国家在大学生创新意识培育中的作用时，全面完善创新制度是保证。制度是具体的、多种多样的，但是每一种制度都规范人的行为，都能对人的行为产生作用。从制度方面分析保障大学生创新意识教育，全面完善创新主体权利制度，创新是以主体的存在而活动的，大学生是创新的主体，他们在学习实践中的创新多数以个人和团体的形式出现，需要有一定的权利要求，如在创新的过程中，有权利对创新事物或工程进行修改，保证主体的创新知识产权；降低创新活动成本的制度，创新活动的成本增加，就会抑制创新的发生，每一个创新成果都不是一朝一夕可以完成的，对不同环节出现的不同问题，就要用一定的制度去规范，从而降低创新活动的成本；培育创新文化氛围的制度，一切创新制度都是大学生创新意识教育的保证，培育创新文化的氛围，需要舆论氛围的烘托。在家庭就需要营造有趣的创新氛围，在学校中需要合理地创造这种氛围；再通过国家创新网络制度的建立，提高创新资源的共享度和利用率，形成国家层面的创新系统能力。

2. 全面推进市场经济创新

在发挥国家在大学生创新意识培育中的作用时，全面推进市场经济创新是根本。市场机制是我国资源配置中的主要体制，市场提供可以引导创新的方向和信息，人的生活需要、工作需要都是通过一定程度的创新在市场经济中发生的。创新的需求量与市场经济的走向成正比，市场

---
① 陶仁杰. 当代大学生创新意识培育研究 [D]. 南昌：南昌航空大学，2017.

经济规律是"看不见的手",国家制定的市场经济机制是"看得见的手",而市场经济创新是这两只手的"润滑剂",想要用好市场经济规律和国家市场经济机制的这两只手,就必须全面推进市场经济创新。

3. 全面规范高校创新模式

在发挥国家在大学生创新意识培育中的作用时,全面规范高校创新模式是载体。规范的组织、合理的教学、优秀的队伍和专业的学科是建设高等学校的标准,全面深化各大高校的创新模式是大学生创新意识教育的重要载体。在高校,院系领导是学科带头人,只有院系领导重视创新意识教育,对创新教育有深刻的认知,才会要求并带领大家不断创新。规范高校的创新模式可以采取的措施有很多,如成立专门的创新教育领导小组,院系领导编授创新课程及书籍等。在学科带头人的领导下,学校内部调整教育课程体系,多提供创新创业信息,将创新教育纳入教学计划,针对性指导大学生开展创业活动。目前,高校没有一个规范的创新教育模式,不利于系统地培育当代大学生创新意识,需要由之前的国家直接管理转为间接管理,不断加大教育投入,让各个高校的创新体制符合学校的基本情况,掌握好与国家对高校创新模式的最佳结合,为大学生创新意识教育提供平台。

4. 全面树立民族创新意识

在发挥国家在大学生创新意识培育中的作用时,全面树立民族创新意识是核心。国家的创新能力是依靠国家创新体系,使用各种资源和方式,进行创新活动的能力。国家是民族的政治形式集合,我国是多民族的国家,中华民族是具有创新精神的民族,全民族的创新能力就是国家的创新能力,拥有坚实的国家创新能力才能带动全民族的创新,两者紧密相连。大学生是国家的未来,民族的希望。面对在经济时代中,新技术革命的挑战,我们民族在世界格局中的地位,归根结底就是我们能否大力实施创新教育,培养出高素质的创新型人才。全面树立全民族的创新意识,就是要求全社会,以及每个家庭、每位大学生积极培养创新意识,让创新在全社会蔚然成风。

（二）发挥社会在大学生创新意识培育中的指引作用

1. 营造以创新为主流文化的社会氛围

主流文化是人在原有的文化基础上创新的产物，社会是主流文化的载体，主流文化推动着社会的进步，历史上的制度改革、政治变革、工业革命都是人类创新出的主流思想，牵动着文化的变迁。大学生创新意识的养成，需要扎扎实实地做研究，要不断地质疑和探索。每一个人都是现实社会的建设者，以创新为主流文化的社会氛围就是要求社会上的每一个人都严格遵守社会主义核心价值观，弘扬以改革创新为核心的时代精神，有利于厚植大众创业、万众创新，规范大学生的三观，正确的世界观、人生观、价值观会使大学生淡视创新所带来的功利目标，营造良好的学术氛围，更能激发大学生创新意识和创新能力。

2. 正确引导各类大众传媒对创新思想观念的传播

为了建设创新型国家，我国未来社会对创新型人才的需求越来越多，目前社会经济结构、发展方式都经历着大变革，想要探索出一条康庄大道，大众媒体在传播中起着至关重要的作用。报刊、广播、电视、手机、网络等都是大众传播的方式。大众传播要尽量减少对非主流文化的报道，更多地传播正能量，加强对国家政策、理论知识、科学创新的宣传。作为一个具有五千年悠久文明历史的国家，一方面要大力传播传统文化中的优秀成分，与时俱进，开拓创新；另一方面要筛选外国先进的文化和技术，西为中用。在多元化的氛围下，更容易激发大学生创新意识。

（三）发挥学校在大学生创新意识培育中的主阵地作用

学校是培养创新意识和创新人才的重要摇篮，是大学生学习、搞科研的主要场所。我国自古以来一直都很重视对创新人才的教育。孔子教导学生："知之者不如好之者，好之者不如乐之者"，并要求"学而不思则罔，思而不学则殆"，就是鼓励学生们要对新事物、新知识感兴趣，并且要独立思考。《易经》中"日新之谓盛德"是在告诉我们，不断创新是最难能可贵的品德。基于此，充分发挥学校主阵地的作用是培育大学生创新意识的核心。学校作为培养人才的场所，要给学生选择的自由，让学生在自己擅长的学科上施展才能，从而最大限度地发挥学生们的创新潜能。

1. 加大高校对大学生创新意识教育的重视力度

高校中创新意识的教育要以大学生为主体，面向学生创造出适合学生的培养方式。每一个老师要严格约束自己的教育观、教学观和管理观，不管是言行、学习或是实践都应该鼓励大学生积极参与到其中，发表自己的想法，遇到错误的看法时，教师要积极指导学生在创新中出现的错误，并帮助其改正，从而提高大学生在学习中的自信心和乐趣，明确大学生在高校中接受教育的目标就是具有创新意识和独立的创新能力。素质教育一直是高校培养大学生的核心内容，素质教育可以帮助大学生养成良好的品格。为了适应创新型经济时代对大学生带来的挑战，必须将大学生创新意识同素质教育相结合，形成他们的科学的创新能力。

2. 将创新意识融入高校教育的全过程

实现有效的创新不仅需要研究开发的科学家，还需要大量在工厂车间从事一线生产和管理的人员，学历至上的思想在社会中也越来越严重，虽然国家一直在大力推行素质教育，但大部分地区依然还是重视知识的传授，忽略了个性的发展和创新意识的培养，导致大部分的学生在毕业以后无法适应就业市场的需求。因此，高校要更新教学内容，采取灵活多样的教育过程，把一成不变的教育体系改变为创新的教学计划、创新的教材和创新的学制。首先，教育者要先接受创新教育，充分了解创新教育的一般规律，探索出适合不同学生创新教育的方法；其次，创新的教学计划帮助学生认真掌握创新的理论知识和创新规律，摒弃"满堂灌"的教育模式，丰富教育方式，如可以为学生提供讲课的机会等，课堂内外相结合，如图书馆、博物馆、校史馆等设施都可以成为创新教育的场所，时刻关注学生的参与程度，落实到每一位学生；最后，创新的教材要把从第一页讲到最后一页的无趣授课方法改革为同一知识点结合授课，让学生们找相同点和不同点，多给学生们讨论和发言的机会。

3. 增加多种类创新教育方式

在大学生对多样化的创新教育方式的热烈呼吁下，积极参与创新竞赛，参与社团活动、课外兼职等社会实践活动，充实理论知识并选修感兴趣的课程。高校需要积极响应国家级、省级创新竞赛，并拓展为校级的创新竞赛，比赛可以集中大学生们的创新意识的注意力，并且可以增加自信心；将创新理论授课与创新实践活动相结合，鼓励每一位大学生积极参加，见多识广，拓宽眼界，与具有创新意识的小伙伴们合作会磨砺出更多创意；增加创新方面的选修课，同理论知识相结合；组织学生们听取创新学术报告；提供专门的创新创业指导，合法进行创新培训辅导；广泛宣传创新成果，鼓励大家参与其中，提高大学生的创新能力。

（四）积极发挥自我创新培养在大学生创新意识教育中关键作用

创新的根基是人才。从个人方面说，不能依靠学校、社会的教育，更重要的是要自我培养。这是一种系统的特质，不仅需要有创新理论知识，还要学会选择自己喜欢的，说服别人支持你的想法，善于观察周围环境，发现别人难以发现的细节，养成独特的想法，敢于做一般人难以企及的事情，等等。美国心理学家戴维斯（Davis）在1980年的国际心理学大会上提出的创新人才的非智力人格特质，从态度、性格和审美观对创新型人才进行定位。发掘大学生自身创新意识，一直在路上，关键途径是个人应该有独特见解。

1. 加强自身关于创新意识理论知识的储备

理论来源于实践，同时指导着实践，创新理论知识是前人总结的精华，大学生通过对理论知识的学习，才能在传承中创新。习近平说过："增强自我革新能力，必须用先进的理论武装自己。"大学生在大学期间阅读专业著作、文学著作、伟人传记等有助于夯实理论知识的书籍，用辩证科学的方式阅读书本内容，摄取马克思、恩格斯的创新理论、毛泽东思想、中国特色社会主义理论体系中的创新理论知识特别是习近平创新发展理念的理论知识等。这些都是养成创新型人才的基础知识，大学生应该认真储备。

2. 积极参与创新实践活动，培养创新兴趣

在人类历史上，每一位创新成功者都遵循一个共同的规律：他们都是在自己爱好的领域，做着自己爱好的事业。可见，培养创新兴趣是养成创新意识的良好的素质之一，浓厚的创新兴趣，可以保持积极的学习

态度,自觉克服困难、排除干扰。善于观察新鲜的事物,提出问题,进行讨论研究,面对学校或社会的创新实践活动,要以饱满的心态去参与,培养强大的创新兴趣,强烈的求知欲能够增加创新活动的动力,利于养成思想健康、积极向上的创新意识。

3.挑战高难度的创新任务,坚定创新意志

新能源汽车特斯拉公司CEO埃隆·里夫·马斯克(Elon Reeve Musk)就是一个具有强大创新动力的人,他对创新的"野心"使得大家称他为硅谷"钢铁侠",31岁的他以15亿美元卖掉公司,拿着所有财产去投资航空航天、电动汽车和太阳能三个与前沿科技密切相关的行业,梦想着要用低成本进行技术革新,拯救全人类的伟大事业,所有人都觉得他疯了,拿着自己的人生去创新创造。而如今电动汽车技术在业界已经非常成熟,太阳能城的概念也被投入量产,距离梦想越来越近,这种类似的事件有很多,比如爱迪生发明灯泡、地球探测科学专家黄大年的事迹。我们要鼓励大学生们坚定毅力,敢于挑战别人不敢挑战的领域,敢做第一个吃螃蟹的人,千磨万击还坚劲,任尔东西南北风,在前进道路上,不管遇到什么苦难、什么风险,都要挺得住、吃得苦、不半途而废,才能在创新的道路上走到底。

二、大学生创业意识培育基本路径

(一)深入拓展大学生创业意识培育途径

在对创业产生兴趣并决心创业之前,大学生应先对创业有一个清晰的认知。因刚刚步入社会的大学生资历尚浅,对职业定位与规划相对来说较为模糊,因而对创业缺乏全面了解和主动参与感。从深层次拓展大学生创业意识培育途径,这也是对大学生创业意识进行启蒙的阶段,这一阶段应着重培养大学生的自主意识、创业动机和主动性。

1.充分利用校园媒体,加大创业宣传力度

在大学生创业意识培育上,宣传教育工作不可松懈。大部分大学生对我国创业的相关政策和法律法规不甚了解,由此可见,高校的创业宣传力度仍有待提高。高校可以在校报、校刊杂志、校园广播、校园网等校园媒体广设创业专栏,将创业相关知识、新闻、法律的宣传常态化,同时要及时发布大学生相关创业政策信息、积极宣传创业案例、大力宣传大学生创新创业的先进典型,加大创业舆论宣传的力度与持久度。将创业专栏设置得更加醒目、便捷、多样,在整个校园里营造鼓励创新、支持创业的氛围,使得每一位大学生的创新创造活力都能得到充分地释放和有效地激活,让大众创业、万众创新在高校大学生中蔚然成风。

在创业信息的获取渠道上,大部分的大学生选择在网络平台上获得,由此可以看出,网络作为大学生创业意识培育平台的重要作用,尤其是在当前"互联网+"环境下,高校应将互联网运用到大学生职业生涯教育和创业意识培育之中,要在遵循互联网发展和使用的客观规律基础上,重点提升网络有效利用和广泛宣传能力。通过微信公众号、微博公众平台等新媒体技术和网络社交平台,用大学生喜闻乐道的网络语言来解读与创业相关的知识和政策,练就通过网络诠释创业理念与价值、进行创业网络文化建设的过硬本领;发展形成属于大学生群体的数字档案资料库,为有创业兴趣和创业打算的大学生提供实时更新的大量网上资源,包括优秀创业家的视频剪辑和播客、创业文化及创业管理相关课程以及创业参考书目和个案研究等;开设大学生创业知识网络专栏、大学生创业论坛、创业答疑区等,组建优秀的专业教师、企业导师共同参与网络培训、网络评论等,及时更新并完善大学生创业的网络资源;强化网络信息安全管理,增强网络舆情研判能力,实现校园网络内部对虚假创业信息和不良因素的识别、判断与隔离,减少其对大学生创业意识的冲击与有害作用。

关于创业相关专栏的宣传内容,大体上可设置以下三个方面。一是舆论宣传,充分利用校园电子媒体、报刊、网络等,多方搜集宣传资料,推介一批毕业生独立自主、成功创业的经验和教训,还可通过印发宣传册、分年级组织创业交流会等方式,引导大学生形成对创业的正确认识和理解支持,为大学生创业营造良好的校园舆论氛围。二是政策宣传,尽管国家关于大学生创业出台了诸如高校创业扶持、休学创业等相关政策,但由于大学生的关注面相对较窄,这些创业政策一时难以传入大学生当中,这既降低了相关政策的有效价值,又给初具创业想法的大学生造成一定损失。因此,高校需要通过各平台创业专栏的设置,及时对创业政策进行正确的宣讲和解读。三是典型宣传,通过创业专栏的典型宣传，可以轻松达到通过一个好典型带动一片的效果，在宣传时应选取因小取胜、由小做大的具有代表性的学生创业典型，但要切忌炒作，所有宣传典型须真实有效，不可肆意捏造或夸大，以此来带动处于踌躇观望阶段的大学生，使之得到启发和激励。

此外，值得一提的是，创业意识的培育事关大学生一生的职业发展，是大学生安身立命的道路选择，它应该是权利的自由选择而不是义务的必须履行。因此，高校的任何宣传都应该以阐明事实、辨明意义、澄清价值为主，以鼓励和引导的形式进行，断然不能因为过度或不当的宣传而造成创业"绑架"，使得创业意识培育成为一种变相的"洗脑"教育。在大力支持和倡导的基础上，让学生自主地、发自内心地选择是否创业、何时创业、如何创业。

2. 合理安排创业培训，与实践相结合

为切实鼓励更多的大学生选择创业，开启创业之路，除引入 KAB、SIYB 等创业培训以外，国内众多高校纷纷开设了校内的创业培训，旨在为大学生提供创业资讯、创业知识及创业课程，广泛对接创业资源，以便全方位服务高校大学生。然而，当前高校的各类创业培训或创业类讲座，过于注重"励志"而缺乏实质性内容，很多仅停留在空喊口号阶段，缺乏实践。纵观校内各类创业培训，主讲人多为学校教师或外聘创业导师，他们中很多缺乏实际的创业经历，大多空谈励志，对创业相关知识的解读并不全面甚至不甚科学，缺乏实质性的内容。

此外，片面用灌输、感染式的口号教育代替真正的培训内容。口号作为宣传教育工作的一种有利方法和形式，它用通俗有力、简洁明了和鼓舞性的语言文字来赢取听者和受众的普遍共识，这是一种在短时间内收效较为明显的说教方式。然而，在高校针对大学生的创业培训中，过度－的口号和励志宣传尽管能够在一定程度上激发大学生的创业热情，但它占用了创业培训的诸多时间与宣讲内容，况且由于口号过于简洁，比如"创业带就业，双赢促和谐""有梦想就有希望，敢创业就有收获"等，并无法全面地甚至准确地树立价值观的，甚至呈现出片面化的倾向。因此，合理安排创业培训，提供系统、完整的创业资讯，建立完善的创业培训体系，对于大学生创业意识培育和科学创业观的促成具有十分重要的意义。

高校在创业培训的设置上，应通过企业与高校的有效对接，邀请优秀的民营企业家或创业人士作为创业培训的主讲导师，通过定时、定期的企业家系列创业培训和讲座，传递最新的创业资源、知识和前沿性问题解读。创业培训还应注重分层培训，针对不同年级的学生特点和不同学生的创业了解与实践程度，对学生进行分类培训，以实现效果最大化。还可以在授课和培训的同时，与相关企业或部门达成协议，定期输送有潜力、表现优异的大学生参观、考察知名企业，通过与创业领导层、管理人员和部门员工的交流，获取第一线的创业实际操作内容与创业学习心得。如此，既传递了优秀创业家的创业理念和经验，又增强了大学生对创业行为的真切理解进而形成客观评价，在一定程度上促进了大学生创业意识的萌芽与初现。

3. 发挥教师引导作用，提供科学的创业信息

首先，高校辅导员应在大学生日常思想政治教育和职业生涯教育中适时、适当地进行创业意识培育和创业观指导。高校辅导员是高校思想政治工作者和高校教师的重要组成部分，承担着大学生思想政治教育和日常管理的双重任务。职业生涯教育与指导属于辅导员主体性工作中的发展性指导，旨在为学生的职业选择、职业发展、就业创业等方面作出思想层面的基本指导。高校辅导员应在主题班会、班级讨论会、职业生涯规划指导过程中，紧密结合当前我国经济社会实际，向学生阐明创业活动的价值与意义，科学地为大学生解读国家与高校对于大学生创业的各类政策；鼓励大学生积极主动地关注国家新闻和社会热点问题，关注经济、文化、教育等发展方向，组织学生定时针对热点问题开展研讨交流，使他们明确当前我国社会的发展势态与就业形势，自觉、自愿地适应社会转型，使自身成长为创造更多就业岗位的创业型人才；树立正确的就业创业价值观，在日常接触中善于发现每一个学生的性格特点、心理特征和择业倾向，在学生党员及班干部培养、日常班级活动中有所侧重，有针对性地培养学生的组织协调能力、行为实践能力、学习创新能力和沟通合作能力，培养创业意识和创业精神于无形。

其次，应当以专业课教师第一课堂的讲授为依托，实现专业人才培养与创业意识培育的有效对接。教师在专业教学过程中应竭力优化人才培养模式和课程设置方案，在制定教学计划、更新教学内容、选

取教学方式时适当地融入创业教育内容和元素，将创业意识的培育作为一种通识教育融入课堂教学之中，传授与本学科、本专业相关的创业信息、创业资源与创业优势，激发学生的创业欲望和兴趣；教师在知识传授的过程中，应适当地对教学模式和教学方法加以改变，以启发式教学和问题式引导为主要教学形式，将以前强迫学生去思考、寻求答案和回答问题的课堂提问模式，转变为启迪式的自由、自愿讨论解答模式，引导学生将曾经的课堂问题看作是"我"的问题，是"我"需要并想要去解答的问题，培养学生主动发现、思考并独立解决问题的能力，从而使得学生超越"为别人打工"的受雇者心态，以"创业者"的姿态去发现别人没有发现的问题，探索别人未曾踏足过的领域，做别人未必敢做的事。

最后，在师资队伍建设上，高校和各专业院系可以在考虑自身校情、院情等实际情况的基础上，可将教师划分为理论型和实践型两个相辅相成的教师队伍。其中，理论型教师侧重于对学生的理论指导，承担着大学生日常专业理论教学的任务，并在课程中穿插创业教育的相关内容，提供创业活动的相关讯息和理论传授；实践型教师可主要聘请既有过教学经历又真正发起或参与过创业活动，将科研成果转化为创业行为的创业导师为主要构成人员，带领学生投身于实践，在实际中考查学生想法和创意的有效性和可操作性，指导学生参与创业论坛、创业大赛，在实践中找寻创业规律，必要之时还可充分利用自身人脉关系，帮助学生获取市场资源和商业投资。想法和创意可以付诸实践并有继续发展和成功的希望，这对于大学生创业意识的培养无疑是巨大的推动力。

4.完善校友联络资源，发挥优秀校友的朋辈作用

在高校建设和管理方面，国内多数高校已设立校友办等校友联络机构，及时更新、完善校友信息，定期举办校友会，邀请已毕业杰出校友回校聚会，为学校的改革、建设、管理和发展建言献策。同样，在职业发展和创业指导方面，高校也应在本校大学生就业创业指导中心设立诸如校友办、校友联络办等部门。一是通过多种途径收集、整理历届毕业生资料，完善校友档案，将毕业生中优秀的创业校友群作为学校大学生创业的资源库，通过校友自身及校友会的人脉，完善高校就业创业中心关于大学生创业的更多、更新的政策、资讯甚至是机会，还能在一定程

度上丰富高校的就业资源。二是通过开展优秀毕业生创业校友会、邀请校友回校进行创业讲座和创业交流会、聘任优秀校友为兼职实践型教师，在校友所创立企业设立学校与之合作的实训基地等方式，为在校生传授创业经验、诠释创业价值、推介新思想与新技术，同时通过校友与在校生"传帮带"的模式，使大学生较为深刻地感受到创业校友身上所体现的创业精神和品质。三是通过与创新创业优秀校友进行科研项目合作，实行大学生创业"导师制"，将历届校友中涌现出的杰出创业者回聘为高校创业团队实践"导师"，分门别类地指导大学生的科技竞赛、创业项目，为大学生的无限创意增添更多可实现和可推广的可能性。四是通过校友投身于学校管理与发展，为大学生创业获取更多校友捐赠经费和更多实习、合作与创业机会，将校友捐赠资金用来设立各类创新创业奖项，鼓励大学生创新创业，积极参与创业实践，保持高校的创新活力和创业竞争力。

（二）大力优化大学生创业意识培育环境

大学生创业意识的培育与发展离不开优良的外界环境，高校承担着教书育人的重要使命，倘若只是"教而不育"，只能因知识的强制性灌输或重理论、轻实践而缺乏其化育心灵的真正意义。大学生创业意识之"育"除了需要第一课堂等显性的教育以外，还需要营造高校独特的人文精神理念与创业意识培育环境，以此来提升大学生的创业意识。同时，这也是大学生创业意识培育的发展期，这一阶段应着重营造创业文化氛围、优化创业认同环境、利用创业扶持环境、净化创业网络环境。

1.依托人文精神，营造创新与宽容并存的文化氛围

首先，在校园文化方面，高校应积极发扬大学精神和校风、校训，将大学历久弥新的校园文化传统与符合当前时代发展需要的创业精神相融合，共同内化为大学生在学业学习、职业规划、个人成长和生活思考过程中的价值标准和品德品质。在校园文化的传承和落实方面，斯坦福大学和麻省理工学院的做法值得我们深思和借鉴。斯坦福大学以 The wind of freedom blows 为校训，即"让自由之风劲吹"，其校训的推行和传播使得整个学校衍生出以自由风格和尝试创新为标杆的校园文化。麻

省理工学院校训为 Mens et manus mind and hand，译为"心和手"，旨在既学会动脑，又学会动手。在这样的育人环境下，麻省理工的学生们既可以将一串木制小车连接起来，从一座宿舍楼顶直冲而下停在半空中，通过计算各种角度和运行速度，确保小车不会砸落在地；还可以将校长办公室的门伪装后刷成一面墙以至于校长早晨上班因找不到门在走廊里兜兜转转。所有的这些看似恶作剧的小创意，都是麻省理工所包容和鼓励的，学校设置了专门的博物馆将学生的恶作剧作品收藏起来，有些还制成了精美的画册，成为校史馆独特的组成部分。由此看来，国内大学在文化育人方面，还有很长的路要走。尽管教育机制和校风校训均与国情、校情紧密相关，各国的方式方法在一定程度上也呈现多元化，但事实上，我国高校在校园文化的构建上，可以将其更加轻松活泼、更深刻、更广泛地融入师生之中。一方面，积极找寻、开发高校在办学传统和时代发展中的精髓所在，并将这种精神、风气和创造力运用于学术之中，并内化为创业文化体现在大学生的创业意识培育和创新创业项目之中；另一方面，鼓励、包容并小心翼翼地呵护大学生充满乐趣甚至天马行空的想法和创意。

其次，在人才培养方面，一方面，高校要培养学生学以致用的理念，在教学过程和课外活动等各方面积极引导学生将大学所获取的知识转化为技术，进而通过实践转化为生产力，不仅教会学生知识，还教会其如何运用知识和转化知识；另一方面，高校在教育教学中要善用启发和激励，强调任何一种知识学习的研讨性和实践性，期末考试的平时成绩不能仅局限在出勤率上，应将学生参与研讨的次数、深度及结论的获得作为评分的标准之一。在课堂提问上，要鼓励并引导学生发出疑问、提出问题，即便是刁钻的问题，也应和学生在探索中一同寻找答案。这样自由、有趣、充满活力的人才培养精神才能最大限度地激发学生创新创业的意愿和动力。

再次，在创业理念方面，高校要加大对创业文化的深入探索和研究，在大学生创业意识培育上还应树立敢于尝试与创新，宽容挫折和失败的创业文化理念。任何创业都不是百分之百成功，对于缺乏社会经验的大学生而言更是如此。在对大学生进行创业意识培育的过程中，高校应当告诫、劝勉学生不要畏惧失败与阻碍，并将失败看作是对于成功的一种有益尝试。对于失败而归的在校创业大学生，除安抚以外，还应该消除其心理阴影，对于其再次尝试仍要积极支持与鼓励。

最后，高校还要深入挖掘并向师生传递大学生创业意识培育的独特内涵和意义。一来创业意识的培育涉及创业知识、信息、素质和经验等的培养，以培养大学生的创业意愿、兴趣、品质和价值观等方面为目标；二来要在创业意识的宣传和培育过程中，将创业意识内化为大学生职业选择、职业实践和发展的内在精神气质，使创业意识不再局限于大学生就业的一种途径，而是成为学生思维和生活、成长与成才的一种方式。无论学生将来是否创业，他们都会得益于拥有这一意识和精神使得其工作和事业发展更具创新性和开拓性。

2. 加大社会支持和关注力度，提升创业幸福感

大学生创业意识培育与社会支持和融合度息息相关。这种支持与融合，不是单方面的融入，而是双方相互接纳和认同。其中，既包括大学生所处家庭、朋友圈的支持和肯定，又包括社会的支持力度、高校的鼓励程度，以及大学生自身对创业意识和行为的认可程度。

在大学生创业意识培育与社会融合上，要努力做到以下三个方面。一是社会与高校关于创业资金的融合。目前，尽管国家出台针对大学生创业的引领计划，明确大学生可凭营业执照、税务登记证等材料，经高校就业创业部门认定方可办理创业休学手续，但就部门高校的实际情况来看，这一政策并未深入到大学生当中，一些有创业意愿的大学生仍困在无法兼顾学业的问题之中。此外，部分高校对大学生创业扶持的力度较小，在对大学生的创意和创业项目评估上有待完善，真正做到对有实现可能和发展空间的创业项目的资金支持。还可以充分发挥校友会作用，由优秀校友牵头，设立校友创业基金会，资助具有一定技术创新和成熟项目的大学生创业者。二是创业文化的融合，主要包括创业者自身和社会层面对创业意识、创业精神、创业理念的认同，以及创业者和其在社会中所处领域、行业，双方对于行业规范、处事风格和价值观念等方面的互相认同与融合。在这一层面上，高校应摒弃过于理想化的学院派创业文化和创业培育，要在创业意识培育中有针对性地加入各行各业的不同元素、风格和文化，引导大学生"入乡随俗"，增强适应性，以正确的创业理念、精神去从事创业行

为，以此获得社会各界的支持与认可。三是身份的融合，一方面，创业者自身对创业者身份的认同和主体地位的较好发挥；另一方面，社会各界对于"大学生创业者"这一社会标签的认同和支持，以此来实现创业幸福感的提升。

3. 有效利用创业孵化器，打造双线创业生态圈

"创业孵化器"是一种新型的社会经济组织，通过提供一系列创业所需的管理、资源、网络平台等的支持，帮助和促进新企业发展。创业孵化器不能仅为学生提供场地，随着互联网的发展，高校可以建立集空间、设备、资源、团队一体化，并将其通过互联网有效连接并投入创业孵化基地使用，着力打造大学科技园，成为大学生创新创业的后方力量。尽管当前我国已经有高校着手创办创业孵化器"雏形"，但就其规模、设施、师资配备等方面仍不够完善。[①] 一方面，部分高校的创业孵化中心、创客空间、创业实验室、创业园区等机构存在精英化培养的倾向。在这些园区和实验室的设立和使用上，很多都是以提高学校创业基数和水平、显示学校创业管理政绩为目的，只有少数有项目、有获奖经历的学生被吸纳进去并受到重视，部分大学生只知道这些机构的存在，没有体验或参与过。这就容易造成两极分化的趋势，并不利于大学生整体创业意识的普遍提高。另一方面，有些学校虽较早设置了大学生创业园、孵化器，但真正运行起来的或真正有一支活跃团队的并不多。因此，在创业孵化器设置和管理上，高校应注重其广泛性及普遍性，充分发挥创业孵化器对大学生创业意识培育的积极作用。高校可在孵化器设置上设立创业体验部门，在不影响拥有创业项目、具备创业资格的大学生和团队创业孵化的基础上，在寒暑假等时期阶段性地开展创业体验活动，分批地接受来自不同学院不同专业的大学生进入创业孵化中心，随后依据其专业分类、技术水平和个人兴趣与特长进行分组，开展模拟或实地创业体验。对于在创业体验中表现突出和优异的个人和团队，可将其吸纳进创业孵化中对其项目进行指导和资助。由此一来，既为创业孵化器吸收和培养了更多具有潜力的可造之才，丰富和活跃了其团队组成和氛围，又为广大学生群体敞开大门，使每位大学生都有接触创业活动的机会，对于大

---

① 于洋. "互联网+"对大学生创新创业的影响与引导研究[J]. 三门峡职业技术学院学报，2016，15（2）：5.

学生创业意识的普遍提升有益无害。

除创业孵化器以外，大学生创业意识的培育还需要一个科学、系统的生态圈来实现循环培育。随着移动互联网时代的到来，迫切需要我们在大学生创业意识培育环境的建立过程中布局整体的创业生态圈。"互联网＋"时代的到来，给各个企业和整个商业圈带来了急需对内提升自身、对外应对竞争的双重压力，在此种情况下，新兴企业以及传统产业的道路转型应运而生。"互联网＋"一是促进了大学生创业意识的发展，二是要求大学生创业意识培育需在高校范围内进而延展到社会范围建立大学生创业生态系统，以充分迎合互联网时代的飞速发展。一方面，高校要加强学生的创业合作意识和竞争观念，并有意识地引导这种合作和竞争扩展到互联网层面，从而推动大学生的创意理念和创新想法实现现实产品和虚拟网络服务的共同发展，将线上开发与线下操作相结合，打造双线创业生态循环系统，培养"合作发展、互利共赢"的创业思维。另一方面，大学生创业意识的培育还需要时刻以尊重人性、注重个体差异和个人发展为目标，平等对待每一个想法、创意，对每一个创业项目"终身负责"，尽所能为每一位具备想象力、勇于进行创业实践的大学生提供科研和实际创业机会，最大限度地激发大学生的群体智慧。

（三）积极建立大学生创业意识培育链条

创业意识的培育是一个环环相扣的生态系统，涉及从国家、社会、高校、企业再到个人等不同的层面，同时涉及经济、文化、教育、制度、行为等方方面面。高校作为大学生创业意识培育的主要承担者，目前其对于大学生创业意识培育的体系建设仍处于起步阶段，还有极大的上升和发展空间。大学生创业意识培育同样需要建立一个相对稳定的、促进大学生创业可持续发展的整体机制与链条。这一阶段既是高校实施创业意识培育的突破期，也是大学生创业意识的完善阶段，高校应以课程为引导，通过校内外实训为驱动力，广泛进行校企联合，并积极开展和真正落实创新创业大赛，以强化实践为目的，通过实践来巩固和完善大学生的创业意识。

1. 课程引导，将创新思维融入课程学习

2015年12月，《关于做好2016届全国普通高等学校毕业生就业创业工作的通知》中强调,从 2016 年起,所有高校都要设置创新创业教育选修课和必修课,并纳入学分管理,这对于大学生创业意识的培育具有相当大的推动作用。此外,衡量一个人才智高低或者创新能力强弱的标准,既不是高智商,也不是学历,更不是职位,而应是创新成果,即发现式创新、发明式创新或提出问题、发现问题、解决问题的真本领和真水平。因此,对于高校和教师而言,若要真正提高大学生的创业意识和创业能力,最基本的是要通过专业教育和课堂渠道,在澄清创业价值的基础上,适时引导学生的创新思维和独立解决问题的能力,在启发式教学和创新培养的基础上,自然而然地提升大学生的创业意识。

第一,要尽可能地完善基础课程设置,并竭力提升基础课程质量,使专业基础课成为学生爱听、爱上和真正收获知识与学问的课程。任何创意点子,都来源于基础科学和专业知识,这是大学教育的首要宗旨,也是大学生创业意识的活力源泉。只有将基础知识和专业理论教学做得扎实到位,学生乐于学、喜爱学、能学会,他才能在这一学科理论上有进一步创业的想法,才能在创新思维开发上有所建树。第二,把专业知识的传授和创业意识的培养融合与统一起来,教师在各专业的课程教学中,可以专业为依托,突出前沿问题和新媒体、新技术在该学科领域的运用,引导学生以专业为导向,形成对专业学科发展趋势的充分认知,并及时更新知识和信息资源,依据社会经济发展和市场需求来调整职业定位,在一定程度上培养全局化和主体性的创业意识。第三,在创业课程设置上,要始终秉持"学以致用"的课程理念。尽管 2016 年以来,各大高校均开设了创业课程,但无论是与创新创业相关的公共选修课还是必修课,在课程设置上除了创业基础课程外,还应结合高校实际,注重创业课程开设的多元理、互联网思维与创新意识、社会竞争与合作能力培养以及组织行为学等,均可分别开设课程供广大学生选修,即便没有创业打算的同学,也会因对某一门技能感兴趣而选修,甚至很有可能在学习过程中对创业产生兴趣。

2. 实训驱动,发掘大学生互联网创业潜能意识

当下大学生创业意识与信息化观念的融入程度并不高,众多学生的创业想法仍然停留在开饭店、服装店、摆摊经营等传统创业思维上,即便有互联网创业的想法,大多也是将时间耗费在淘宝网店、微商等几近

泛滥的网络经营上，而损失了本该用来积累知识和经验、锻炼能力的大好时光。由于大学生普遍存在社会经验缺乏，理论与实践、知与行、动脑与动手相脱节的问题，高校应适时地安排大学生实地训练活动，将创业意识的培养实践化。尽管目前众多高校均有针对应届毕业生的校内外实训或实习，并设置相应的学分要求学生通过实训获得，但在这一环节上对校外实训基地、实习单位或公司的审查不严，对学生实训技能的考核过于松懈，造成专业实训"名存实亡"，众多学生并没有实地进入公司或创业团队考察、实习，因而没有对其形成完整的认识，在一定程度上阻碍了大学生创业意识的产生和发展。因此，高校在开展大学生创业实训过程中，应明确高校作为这一活动组织者的主体地位，对于学生的实训进行严格把关。对于软件工程、生物科学、管理工程等科技工程的学生，应引导他们善于、敢于着手学科前沿研究，在与互联网的不断融合与探索之中，在不断发现与解决的过程中进行创新、创造与创业。对于教育、语言、艺术等人文科学，则需要在深入掌握专业知识和理论基础的前提下，引导学生善于以社会科学专业知识为依托，发现现实社会中与人们生活密切相关的新现象和新问题，以互联网为平台并对其加以广泛利用，提高社会科学领域知识的社会接受程度和实际发挥作用程度，致力于现实社会问题的解决，满足人们对精神文化的需要。

　　除专业实训和创业实训以外，高校应将每一次公共活动和社会活动当作真实的工作内容和特殊的实训项目。从学校各类大型活动的承办，到省级或国家级别大型研讨会的会务工作，高校都可以将其视作真实的工作项目，适当地交给学生全权参与和服务，从前期硬件设施和各类资料的筹备、赞助筹集和经费预算，到现场接待工作与会务安排、突发事件应急处理和预案，全部交由经培训具备一定业务能力和责任心的大学生团队来组织。这样的参与形式实质上是课外实训与创业培训的一种，通过这样的参与和体验，既锻炼了大学生的实践能力、团队组织能力和风险预判能力，也使大学生容易在参与过程中发现自身某方面可运用到创业当中的特点和优势，发掘与自己最有默契的合作伙伴，从而产生或进一步增强创业意识。

　　3.校企联合，激发大学生的创业热情和创新兴趣

　　高校需要意识到，具备众多信息资源并有效整合的平台，是大学生

能够参与到创业中来,进而激发大学生创业意识的关键。当前,各企业皆处于转型发展的新时期,寻求并希望具有年轻活力、充满想象力和创造力的大学生加入其中,这对于高校及大学生来说,无疑是强化实践锻炼的良好机会。因此,高校在进行正常教育教学活动的前提下,积极进行校企合作,在对口企业建立大学生培训基地和创业意识培训基地,或通过共同的协议引入相关企业在校内成立实训基地,以校企联合共建的方式为大学生创业意识培育提供有益空间。

在对学生进行创业观教育和创业指导时,应考虑大学生的个性特征、个人兴趣、专业程度与发展方向的有利结合。积极开设功能不尽相同的创业平台,如开设创业俱乐部,邀请成功的创业团队、企业家或创业者作为常驻嘉宾,与处于职业迷茫期以及具有创业梦想的大学生进行交流;开设校企合作创业基地,输送优秀学生利用假期和课余时间进行见习,甚至参与公司项目运行;等等,最大限度地激发大学生的创业热情和创新潜能。

在校企合作过程中,高校应始终明确自身与合作企业之间的关系与角色定位,应将高校自身始终放在主导地位。既不能将与企业的合作看作是提高创业率和就业率的捷径,也不能因为鼓励大学生创业、培养创业意识而忽视学术研究和科学探索的主体地位,更不能因为企业的绩效目标而偏离了高校人才培养的本质。因此,这就需要高校明确规定参与校企合作项目的大学生在任何时候都要将学校教育活动和学术活动放在优先地位,所参与企业的任何项目都只是在理论学习和研究基础上的实践补充与发展,强化大学生作为高校一员的主体地位和创业责任意识,使其在点燃创业激情的同时,明确创业目的,勿忘创业初心。

4.以赛代训,为大学生创业意识提供发展空间

"互联网+"时代,针对大学生的各类竞赛提供了更加新型、便利的平台,这为学科竞赛的发展以及在更大、更广的范围内进行提供了有利条件。高校不仅要鼓励大学生在业余时间积极参加学业竞赛,还要在学校内建立起能反映现实学科价值诉求的、能够具有实际操作性和发展意义的、能够对大学生创业意识的形成和发展起到一定促进作用的学科竞赛和创业竞赛。在竞赛形式、风格和内容上,可以更加多样化以提高新颖度。例如,麻省理工将创业大赛划分为不同的竞赛环节,其中电梯演

讲竞赛也称"电梯游说",要求参赛者在电梯运行的 60 秒内完成自己创意的初步设想以及亮点的展示,除了评委、观众及潜在投资者的现场投票外,还充分利用互联网平台进行网络投票,极大地扩大了影响力,实现了大学生的创业满足感和参与感,为创业意识的培育带来更多可能。高校可以设置的各类与创业相关的课程为蓝本,设立相应的极具趣味的技能性、计划性、语言类、模拟类大赛,还可以在大赛的内容或环节设置上集合诸如互联网、手机 APP 等大学生喜爱的现代元素,吸引更多的同学加入其中。

此外,在大赛的奖项设置上,可分层次、分阶段地设置奖项。针对学科和创新创业竞赛的每个阶段、类别设置不同的奖项,使获奖对每个学生来说都会成为可能,而不是遥不可及,如此针对大赛的每个阶段均分设奖项,既能提高大学生的参与度,也有利于每个参赛团队、参赛作品的积极推进,由此一来,竞赛不仅集合了创意性、趣味性、实用性于一体,还增加了获奖的可能性,这对于大学生参赛兴趣和创业意识的激励无疑是具有重要意义的。另外,高校可针对学科竞赛和创业大赛孵化的创业项目和作品,设立专门的基金会。所设奖金和所筹集的基金也要分类,一类用来资助在竞赛中获得突出成绩、已初步成形、具有开发潜质、有可能获得技术或品牌许可的创业项目;另一类则用来奖励那些短时间内难以成为可能、但又为改善社会生活做出努力的创新型研究想法。

(四)努力强化大学生创业意识自我培育

尽管受到国家政策支持、社会经济发展的需要以及"互联网+"大环境的有利影响,并且得益于高校创业渠道的开辟、创业环境的营造、创业整体链条的建立等外部因素,但真正富有智慧、相信科学、敢于冒险、知行合一的大学生才是影响创新创业的重要内部因素。无论外部条件有多么得天独厚,倘若大学生自身无法融入和适应,并将其内化为自身认识社会和自我实现的观念、意识与准则,他都无法成为创业活动的实施对象和创业成果的享受对象去窥探其中的诸多体验与享受。因此,这一阶段即大学生创业意识的自我培育阶段,同时是大学生创业意识的成熟期。

1. 转变就业观念，积极投身大众创业浪潮

作为大学生而言，先应该改变的是其对于科学的看法。一方面，明确大学学习的重要性，公平、理性地看待每一门学科，并明白其对于自身全面发展和未来事业的重要性。所有的智慧与想象力均来源于科学，因此作为大学生应时刻保持对科学的敬畏之心，以学以致用为学习理论知识的实际目的、以追求真理为学问探索和科学研究的终极意义。积极在课堂学习中发散思维、发挥想象，敢于提出不同的见解，并有意识地将知识与实际生活结合起来，从而培养"科学是有趣的"理念，在知识的汲取中努力寻求对外部世界的科学探索和对内心世界感悟体验的统一。

另一方面，在职业生涯规划中，大学生需要将社会价值与个人价值统一起来，将国家富强、民族振兴、人民幸福的中国梦与自身的职业梦想统一起来。在职业选择上，要紧随时代和社会发展潮流，积极关注国家方针政策，将国家所倡导的就业创业和社会需要的岗位需求，与自己的专业领域和个人兴趣相结合；在实践中转变思想观念，以社会发展和民族进步为己任，善于抓住时代发展的新特点和新趋势，顺势而为，积极投身于"大众创新、万众创业"的浪潮之中，乘着互联网之风，积极发展和培育创业意识，在创业时代中有所作为。此外，处于社会发展新时期和教育体制改革的新阶段，大学生们还需要转变传统的就业观念，深刻发掘并实现创业意识的当代价值与现实意义。正如恩格斯所说"社会一旦有技术上的需要，则这种需要就会比十所大学更能把科学推向前进"，对于个人而言也是如此。在当今知识经济社会，创业不仅是一种职业出路和发家致富的途径，它还是个人独立自主开辟新道路、组合思维和技术以成为一种事物的过程，是个体在职业发展中自我实现的较高境界。同样，创业意识已不仅局限于创业这一行为活动中，它除了有利于培养大学生的创业技能和创业素质之外，还在于大学生事业心和进取心的培育、在于在职场中主人翁意识的习得。因此，大学生们需要转变传统就业观念和创业意识，将创业意识的培育不再唯目的性，而看作一种积累经验、自育能力、提升素质的过程认知。

2. 注重积累沉淀，增强知识、更新意识与转化能力

知识的积累与沉淀不足，对自身理论基础、技术能力的预估与实际

需要有很大差别，这也是影响大学生创业意识的原因之一。

大学学习是专业知识的研究与理论的深入，首先，大学生需要明确理论学习对于自身创业理想和实践的重要意义，而不是一味地散布"知识无用论"。无论在专业理论课学习还是创业培训上，都应以积极的态度去学习理论知识，积极参与研究活动，发现并提出问题。从与创业密切相关的通识课程或专业课程中汲取经验，并在学习中时常与同学交流感受，分享心得。其次，用批判的眼光和思想看待问题，不要理所当然地去认为书中的一切都是正确的，善于提出疑问并发现新的思路。要时常关注时政知识，关注学科前沿问题，并善于同自身的专业学习结合起来，将传统理论与观念与时俱进地融入现代元素中，在时代发展中不断发展传统理论，及时更新自身的资料库与知识库，使之从封闭的思想中解放出来，以符合当前时代发展和学科发展的需要。最后，要不断增强知识自觉转化的能力，能够有意识地将所学知识同自身的职业生涯规划联系起来，要根据自身的职业定位自觉、恰当地选择知识。知识转化为生产力得益于丰富的知识，但往往又受制于知识的丰富。大学生应在实际学习生活和职业规划中不断积累知识，同时善于选择知识，通过"排列与组合"，将每一种知识适时地放到恰当的位置上去。

3.自觉躬行实践，积累创业经验、磨炼创业品质

倘若知识不能在实践中发挥作用，那么再多的知识也只能是"纸上谈兵"，因而大学生若想增强自身的创业意识，在自我培育中提升创业意识，就应该将"死"的知识充盈到"活"的社会实践中去。第一，大学生知识积累的眼光不应仅仅局限于学科内部，而是要培养自己从跨系、跨学科教育的角度，基于不同的学科领域和理论去研究问题，从而形成自身独特的见解与思考。第二，要积极选修创业相关课程，如经济学、商学、市场营销、互联网思维与应用、人际交往、语言的艺术等相关学科与技能学习，并以课程相关的讨论、课题和项目为纽带，具备合作意识，积极与课上不同专业的同学进行交流，因为他们有可能会成为你今后的创业伙伴。第三，积极参与学科竞赛、技能竞赛与创业大赛，在实践中寻求理论与实践的统一，通过与团队的通力合作、联合攻关，培养自身竞争与合作的能力，在实践中不断积累经验教训，磨炼有胆识、有谋略、有韧性等方面的创业品质。

此外，大学生还应该抓住一切有利机会，积极投身于大型组织活动和社会实践活动中去，在实践中发现自己的弱点和缺陷，并通过实践的不同环节去弥补和锻炼。比如，当通过学校社会活动和各类大型组织活动，发现自身在组织能力上有所欠缺，时常自乱阵脚、漏掉一些重要的细节时，便可以在每次活动组织前做好准备，结合活动策划早做预案设想出每一个可能会出现的细节和情况，多与团队沟通，实现能力与素质方面的互补。

第五章　大学生职业生涯规划教育与创新创业能力培养的有效途径

第一节　大学生职业生涯规划教育的一般认识

一、大学生职业生涯规划教育的内涵

职业生涯规划教育的理念开始兴起于20世纪70年代，最先提出生涯教育概念的是当时的美国联邦教育署署长马兰德（Marland）博士。他认为所有的教育都是或都将是生涯教育。适当有效的生涯教育，需要新的教育整合，它必须破除教育系统与社会隔离的障碍。这种教育同时具备学术及职业的功能，为学生升学及就业做好了准备。它强调在传统普通教育中建立起职业价值，使学生能够具有谋生能力。其基本目标是培养学生享有丰富的、有创造性的、有生产价值的人生，这是发挥教育真实价值的一种整体构想。

第六届国际生涯教育研讨会指出，职业生涯规划教育的内容十分广泛，包括学校教育、家庭教育以及环境教育，不仅要注重知识的传递，同时要特别注重人格的培养。职业生涯规划教育要跨越国界，满足个人需求、社会需求以及时代需求，在改造世界的同时发展自我，使他人从自己的成功经验中获得启发和经验，产生相互合作的信心，促使个体不断地完善自我。

尤敬党、吴大同等认为狭义的生涯教育就是一种专门性的课程与活动，目的是帮助学生进行生涯设计，更好地了解自己；确定生涯发展目标；选择合适的职业生涯角色；寻找到实现职业生涯发展目标的最佳方法[1]。黄天中认为，生涯教育的内容包括了四个层面：一是学习如何生活；二是学习如何学习；三是学习如何谋生；四是学习如何爱。对于高校而言，就是要教会大学生如何适应学校生活和社会生活，让他们掌握学习和自我学习的方法，以及求职的相关技能，使他们珍爱生命、生活和周围的人和物，让他们具有高尚的人格与情操[2]。

大学生职业生涯规划教育从职业生涯规划的科学理论出发，以每个人都可以成才的科学人才观指导学生，不仅向学生传授有关职业生涯和职业道德的科学知识，帮助学生进行职业生涯规划，同时还帮助学生进行职业环境认识、职业技能培养等活动。强调了职业在人的一生中的重要地位，也十分关注学生的主体性和全面发展。简单来说，大学生职业生涯规划教育就是通过一系列相互联系的、具有可行性和操作性的、全方位的教育途径，激发起大学生进行职业生涯规划的自主意识，帮助大学生正确认识自我和社会，合理理性地规划未来，树立积极的择业观和就业观，并努力在学习过程中自觉提高就业能力和管理能力的综合教育活动。大学生职业生涯规划教育是学校教育的重要组成部分，高水平、高质量的职业生涯规划教育是提高大学生就业率的基石，也是高校开展思想政治教育、提高知名度、提升学校品质的重要保障。

二、大学生职业生涯规划教育的特点

（一）全程化

不同年级的大学生具有不同的心理发展特点，大学四年可以分为适应阶段、探索阶段、定位阶段以及冲刺阶段，在不同的阶段要分别实施主题、内容不同的职业生。大一对新生开展大学适应教育和职业教育，让学生初步了解职业发展和社会就业情况；大二帮助学生正确认识自己、

---

[1] 尤敬党，吴大同．生涯教育论[J]．江苏教育学院学报（社会科学版），2003，19（1）：12-16．
[2] 黄天中．生涯规划[M]．北京：中国财政经济出版社，2001：112．

评价自己，了解自己的兴趣爱好、特长优势等，进一步认识自己的专业；大三帮助学生了解社会需要哪些岗位的人才和用人单位的基本情况，指导学生参与一定的社会工作和招聘活动，直观地接触市场；大四指导学生如何撰写求职信、履历，传授求职技巧、面试技巧等。通过全程化的职业指导，帮助学生在激烈的求职竞争中能够突破自我，顺利就业。

（二）全员化

高校职业生涯规划教育需要全员参与，其领导小组由校长领导，分管学生工作和教学工作的负责人积极参与，并且吸收研究生院、教务处、学生处、科研处、团委等行政职能部门的主要负责人以及研究生工作部、学生处分管就业工作的主要负责人共同参与。该领导小组制定全校职业生涯规划教育的指导性政策和实施方案，组织开展就业指导工作。各学院要形成与学校职业生涯规划小组相对应的组织机构，负责落实学校的各项制度，开展就业指导工作，提高学生就业率，促进其职业生涯发展。

高校有关行政职能部门要将职业生涯规划、科研工作、教学工作三者结合起来。学生工作部门要引导学生树立正确的职业价值观，鼓励学生努力奋斗追求事业；教务部门要根据社会发展现状和职业需求，调整学科结构、专业设置以及教学内容，修订更切合实际的人才培养计划；科研部门要动员专家教授积极与企业单位联系，为学生与用人单位之间搭建桥梁；校友会要利用校友资源，拓宽就业渠道。

（三）专业化

职业生涯规划教育的专业化包括四个方面。

（1）教育机构的专业化。大学生就业工作十分重要，高校要设立专门的职业生涯规划和就业指导服务机构，认真贯彻教育部相关政策。

（2）教育与指导队伍的专业化。一支专业化、专家化的教师队伍能够提高职业生涯规划教育的有效性。国内高校职业生涯规划教育的教师队伍素质普遍不高，很多都是半路出家，也没有相关的资格证书，缺乏专业性，不能给学生提供专业化、系统化指导。

（3）职业测评的专业化。大学生职业生涯规划教育普遍采用职业测试作为辅助工具，帮助大学生客观合理地认识自己，了解自身的个性特点、兴趣爱好等。同时，要建立一支专家型的测试队伍，能够对测试结果科学分析、客观解释，给学生提供个性化的职业辅导。

（4）指导课程的专业化。大学生职业生涯规划教育的基础是课程，就业指导课是各年级学生接受职业生涯规划教育的主要载体，系统化的指导教材是职业生涯规划教育和就业指导有效开展的保障。因此，高校要将职业生涯规划和就业指导课程纳入教学计划，结合学校实际和不同年级学生就业指导的内容，编写出高质量、系统性、符合社会发展实际的职业生涯规划教材，建立起完整的职业生涯规划与就业指导的专业化课程体系。

（四）社会化

高等教育的最终目标是为社会、国家培养各类高素质人才，而这个目标的实现离不开企业等用人单位的参与。因此，高校要充分利用企业的巨大资源，建立校企合作，增强高校的办学活力，为大学生就业拓展渠道。

（1）建立长效合作机制。高校与企业建立长期合作关系，签订书面协议，明确双方的权利和义务。高校为企业培养人才，企业给高校学生提供实习、工作的机会。

（2）加强校企互动交流，推进职业指导前移。高校可以派专家走进企业，宣传学校办学特色，提升学校影响力；还可以派教师走进企业实地考察，促进师资队伍建设。企业也可以派技术专家走进高校，举办各类讲座、报告或宣传活动，帮助学生了解社会职业需求、行业发展动态以及就业形势等。

（3）及时听取企业意见，调整专业设置。通过和企业的沟通，高校可以了解当前社会的职业需求，适时调整专业设置和课程设置，更好的适应社会，满足企业需求。

（4）校企联合，组织学生毕业实习和社会实践活动。通过学生与企业的交流，一方面可以提高学生的社会适应性，增加就业机会，另一方面也能帮助企业挑选合适员工。

（五）个性化

大学生职业生涯规划教育最普遍的实施途径是举办职业生涯规划讲座，优点是效率较高，缺点是不能根据学生需求进行个性化辅导。职业生涯规划教育主要取决于社会需要和个体需求，起主要作用的是个体需求。每个人都是独立的个体，具有不同于他人的特性，因而大学生职业生涯规划教育要遵循个性化原则，运用各种方式提供个性化指导。例如，开展大学生职业能力测试和心理测试，帮助大学生更好地了解自己；提供个性咨询，给出有针对性的职业发展建议，供学生参考；给参与咨询的学生建立档案，并且跟踪服务。在进行大学生职业生涯规划教育的过程中，要注意将职业生涯规划与学生的兴趣、气质、能力等结合起来，这样才能调动起学生的主动性和积极性，充分发挥他们的特长，确立合理的职业目标并努力奋斗，最终实现职业生涯的成功。

三、大学生职业生涯规划教育的要素

科学的职业生涯规划包括职业目标和职业发展路径。在大学阶段，职业发展路径一般表现为实践体验，高校职业生涯规划教育应重点关注职业生涯目标的选择和确定。因此，从微观层面来讲，社会环境、职业锚、个体特质和科学引导是影响大学生职业生涯规划教育的主要要素。

（一）社会环境

个体不能脱离社会独立存在，脱离了社会的职业生涯规划只能是空想。社会环境因素主要从宏观上了解一个国家的社会、经济、文化发展现状，产业、行业发展动态，社会劳动力市场的用人制度、分配制度，有关就业的政策、文件、法律，最新科技成果等。具体分析它们的特点，评估它们的发展趋势和需求变化，明确自己与环境的关系，在适应社会的前提下提升自我，实现职业理想。

（二）职业锚

美国著名的职业指导专家施恩提出了著名的职业锚理论，它是职业生涯规划理论的重要组成部分。当必须做出选择时，永远都不会放弃的东西或者价值观就是职业锚。职业锚能够比较准确地反映一个人的职业需求及所追求的职业环境。施恩首先提出了五种职业锚,后来被学者们拓展为八种。职业锚有助于指导、制约、稳定和整合个人的职业,越早意识到自己的职业锚,就越能减少困惑,坚定地向目标前进,进而取得成功。

(三)个体特质

客观合理地认识自我是进行职业生涯规划的基础。从微观上讲,兴趣、爱好、能力、情商、特长、身体状况等所有与个人相关的因素都需要评估,甚至包括个人的人脉关系。建立在客观理性的基础上,有专业人士指导的评估才能具有效用。

(四)科学引导

大学生的身心发展特点决定了他们在性格上既表现出渴望独立的一面,又表现出依赖他人的一面,需要家长、老师、亲人的指导帮助,才能更好地了解自身,认识社会,避免走入歧途。从一定角度来说,社会环境、职业锚、个体特质这三方面都离不开经验人士的指导和启发。当确定职业发展目标后,如何选择合适的行动路径和行动方案,同样需要成熟客观的引导,因此对大学生进行及时、正确、科学的职业引导具有重大意义。

上述四个方面因素相互影响,大学生往往容易单独受某一两方面要素的影响,从而为自己制定出不太合适的职业目标及实现路径,产生严重的生涯困惑。若是在综合考虑四方面要素的基础上制定个性化的职业生涯规划,大学生们将能够最大限度地发挥潜能,有效地实现自我价值。

四、大学生职业生涯规划教育的功能

(一)职业生涯规划教育对学生发展的意义

职业生涯规划教育是帮助学生正确认识自我、评价自我,确立合理的职业目标，并且根据自身的性格特征找到合适的职业，实现人职匹配，将个人价值最大化，实现个人价值和社会价值的统一。通过职业生涯规划教育，大学生从一进大学就要树立起职业生涯规划的自主意识，开始关注社会职业需求和就业现状，以职业的要求有意识地提高自身知识与技能，合理安排学习和生活，从而实现学业与职业的对接，并有效地提高学生的综合素质和就业竞争力，使他们在激烈的社会竞争中获得一席之地。

1.有利于大学生明确人生目标和实现人生价值

目标是人们努力的方向，有了目标，人们才能有效地发挥个人主观能动性，采取行动，实现目标。大学生职业生涯规划教育的意义在于可以帮助学生根据自己的兴趣、爱好、性格、价值观等确定职业发展目标、选择合适的职业岗位，并在此岗位上发挥自己的特长、努力工作、创造业绩、取得成功并实现人生价值，避免混沌度日、浪费青春。一个人的价值只有被作为价值主体的个人或社会接受时，才能称之为现实的价值，对于大学生而言，成功就业就是价值由潜在转为现实的桥梁。职业生涯规划教育是大学生科学规划学习生活、树立正确职业观的关键，是大学生成功就业的保障，为大学生实现人生价值提供前提条件。

2.有利于大学生构建合理的知识结构和提高综合素质

职业生涯规划教育以素质教育为基础，是终身教育的一种形式。素质教育是面向全体学生的教育，要求教师在教学工作中明确学生是教育的主体，要充分调动起学生的积极性和主动性，并根据他们的个性创造性地开展教学，挖掘他们的潜能，使每个学生都能自主学习，促进学生构建合理的知识结构，提高综合素质。职业生涯规划教育既要发展学生的个性，培养创造精神，又要将学生的个性发展和社会需求统一起来。具体来说，开展职业生涯规划教育既要帮助大学生合理地评价自我、评价社会，还要引导他们适应社会需求谋求自身发展，最终提高就业成功的概率，实现职业理想。

3.有利于提升大学生应对竞争的能力

当今社会，机遇与挑战并存，社会竞争无处不在。随着高等教育的扩招和就业分配制度的改革，大学毕业生人数成倍增长，就业市场的供求关系发生明显变化，导致大学生择业、就业的竞争更加激烈。在校期间，大学生如果不能根据职业生涯理论科学地确立职业目标、理智进行职业选择、努力进行职业准备、合理规划自己的人生，就会严重影响对今后理想职业的准备和毕业后对工作、社会的适应。因此，高校应该在条件允许的情况下，尽早开展完善的职业生涯规划教育，帮助大学生在校期间确立清晰的职业认知，明确职业目标，设计好自己的职业生涯规划，使自己在激烈的就业竞争中能够脱颖而出并立于不败之地。大学生职业生涯规划教育的目的不仅仅是初次就业，还要为今后整个职业生涯的发展奠定坚实基础。

（二）职业生涯规划教育对学校发展的意义

1. 有利于拓展思想政治教育的新路径

思想政治教育载体是指在实施思想政治教育过程中，能够承载和传递思想政治教育的内容或信息，能为思想政治教育主体所运用，促使思想政治教育主客体相互作用的一种活动形式和物质实体。借助于职业生涯规划教育的过程、形式、方法等，可以使思想政治教育的目标更加明确、内容更加全面、形式更加多元，可促进思想政治教育实效性的提高。大学生职业生涯规划教育蕴涵着丰富而生动的思想政治教育理念，是加强大学生思想政治教育的新路径，能够进一步增强思想政治教育的效果。

2. 有利于推进教学体制改革，拓展素质教育

大学生职业生涯规划教育的实质是素质教育，在实施职业生涯规划教育的过程中，学校开始关注社会需求，相应地调整专业设置和教学内容，使得学生所学的知识能够更具有专业性和针对性，能更好地满足市场和岗位需求。另外，大学生职业生涯规划教育还十分注重培养学生的实践操作能力，鼓励学生多参加课外竞赛和实践和见习活动，将所学知识与社会实际联系起来，使学生在实践中更好地了解外部环境和自身条件。

3. 有利于就业工作的开展和学校知名度的提升

随着当前社会就业竞争日益激烈，大学毕业生就业压力日益加大，高校就业工作的开展也越来越困难。大学生职业生涯规划教育的实施，有利于提高学生的就业竞争力和学校的就业率；也有利于学校从各方面

加强保障，推动学校就业服务、指导、管理工作的全面提高；还有利于提升学校的知名度和认可度。

（三）职业生涯规划教育对社会发展的意义

一个国家经济发展和社会进步都需要高素质的人才，对大学生开展完善的职业生涯规划教育，一方面能提高学生的综合素质和就业竞争力，改善学校的就业工作；另一方面，能够激发起学生进行职业生涯规划的自主意识，使学生更愿意直面社会。同时，分析个人优弱势和社会环境，可根据现实情况采用各种方法拓宽就业渠道，顺利完成第一次正式就业，这些都将有力地促进就业、缓解社会就业压力，最终实现社会安定繁荣。另外，对大学生进行职业生涯规划教育，能够促进学生个人特点与职业特质的匹配，最大限度地发掘个人潜能，找到适合自己的职业，并在喜欢的岗位上努力工作，从而促进社会的和谐发展。

五、大学生职业生涯规划教育理论基础

（一）人的全面发展理论与思想政治教育理论

马克思主义关于人的全面发展理论谈到，人的全面发展包括人的需要的全面发展、人的素质的全面发展、人的本质的全面发展。职业生涯规划教育就是为了促进大学生的全面成长而努力。由此可见，马克思主义关于人的全面发展的理论帮助大学生职业生涯教育规划，确定教育目标和方向，教育学生按照成才规律成长。马克思主义价值观具有强大的生命力，它巨大的认识作用、激励作用、凝聚作用和调节作用对学生的成长与成才具有非常重要的作用。大学生思想政治教育中的价值观教育可帮助大学生树立正确的择业观。理想信念是大学生世界观、人生观、价值观的根本表现，也是大学生思想政治教育的核心内容。大学生正处在世界观、人生观和价值观形成的关键时期，远大的人生理想和坚定的社会主义信念，可以帮助大学生进行职业生涯规划教育明确职业发展方向。

(二)胜任力素质理论

胜任力素质的应用开始于20世纪70年代初期,由麦克里兰(Mcclelland)设计,旨在有效预测人才的胜任素质,区分工作业绩的个人条件。胜任力素质理论是人力资源领域的一个全新视角和有力工具。这个方法对现代人力资源具有重要意义,将一个岗位胜任特征模型建立出来,并辅之详细的说明,是人力资源规划管理的重要评价工具,能够使人力资源管理者把握分寸,提升人力资源管理的有效资源配置,提供科学合理的方案。根据麦克里兰教育的理论方法,企业描述岗位胜任特征,有效地区分某一个岗位的一般、优秀、良好等层级的特征,即在个人特质、外形、态度价值、知识技能等显性和隐性的表现情况,进而帮助企业选拔合适的优秀人选。胜任力素质理论有利于高校更加有目的性地提升大学生的综合素质,一些隐性的心理素质培养容易在大学生教育中被忽视,而些素质将对个人的职业生涯发展产生非常重要的影响。因此,高校可充分利用这一素质模型,评价学生的胜任素质,从而促使其有效提升核心就业竞争力。

六、大学生职业生涯规划教育的现实要求

(一)社会要求对大学生进行职业生涯规划教育

据教育部公布的数据显示,2022年高校毕业生人数首次突破1000万,达到1076万人,比2021年增加了167万人。从毕业生人数来看,2000年高校毕业生是95万,2010年是631万,2022年毕业人数较10年前增长了58%,是2000年的11倍多。从城镇就业人数来看,2000年约为800万人,2010年是1168万人,2021年是1269万人,按同时期岗位竞争比进行测算,2000年1个应届毕业生可选择的就业岗位有8.4个,2010年是1.9个,2021年是1.4个。单从数据来看,相比20年前,应届毕业生就业难度系数提高了不少。

在此情况下,高校首先应当强调职业生涯规划教育,虽然不能直接产生就业效果,但是体制化的职业生涯规划教育,能够帮助学生在四年的学习期间,阶段性地提升自我能力,并能清晰定位,为就业做好准

备①。对于企业而言，在人职匹配的理想状况下，企业与劳动者得到了双赢，从而能够提高劳动者对企业的贡献度，提高就业的稳定性，对社会安定及价值创造具有至关重要的现实意义。

（二）大学生个体成长要求进行职业生涯规划教育

大学生自身的发展与成长都非常需要职业生涯规划教育。大学生职业生涯规划教育能够帮助其明确大学阶段的发展方向和学习目标。学生高中阶段在较长的负荷下努力学习顺利考进大学之后，认为自己终于达成目标及理想，因而对学习的相关要求也变得很放松。再加上大学的学习环境及自由化管理，学生学习主要依靠自己的自制能力，如果自制力难以形成，对其学习发展极为不利。学生经常会对自己的发展目标感觉到模糊，通过大学生职业生涯规划教育，能够使学生在大目标前提下，将其分解成各个小目标，从而有助于促进大学生的发展与成长。大学生职业生涯规划教育还能够消除大学生中存在的一些误区。除了就业市场的激烈竞争以外，一些大学生无法正常就业的原因与其自身的意识观念以及职业价值观有很大关系。例如，某些学生将工资待遇放在首位，却忽略了自己的能力水平及素质培养，较少关注到某一企业未来的发展前景；有一些大学生只愿意去大城市、发达城市和沿海城市；有一些大学生因为对自身缺乏正确的认识和分析，在就业前常常毫无目标，不清楚自己想要什么，在选择职业的时候也存在着非常大的盲目性。这些问题都是造成学生就业未能成功的重要原因。为使学生能够顺利就业，应当进行职业生涯规划教育，帮助其树立正确的职业目标与价值观。通过生涯规划教育，学生能够有效认识自己的个性特征和优势，全面定位自己的价值态度，避免在选择职业的过程当中无法清晰定位。

职业生涯规划教育还能够帮助大学发掘潜能，提升自身核心竞争力。通过职业生涯规划教育，能够使学生能够充分了解自我。还能帮助学生运用科学的方法了解自己与职业世界，鼓励学生学习各类知识技能，参加有针对性的培训，发挥自身的优点，取长补短，更好地提升自我能力。事实上，大学生在职业生涯发展过程中的所谓职业竞争就是自身综合素

---

① 陈新. 大学生职业生涯规划能否促进就业：基于郑州某高校2009年毕业生的统计调查分析[J]. 中国统计，2009（12）：2.

质的竞争。用人单位不会接纳一个毫无职业理想、工作懒散，没有创新开拓精神的员工。因此，职业生涯规划教育的课程能够提早帮助学生了解用人单位的用人标准（包括品行、能力、性格特征等），从而有的放矢地制定出合理的规划，并能够实现规划，激发出自己的潜在能力，提升综合素养，从而有效提升自己的就业核心竞争能力。

（三）国家制度与政策要求高校进行职业生涯规划教育

职业生涯规划教育在我国的发展较晚，中华人民共和国成立以前出现萌芽，清华是首家成立职业辅导专门机构的学校，后来，民国政府逐步推动，得到一定的发展。但因为一些历史缘由，这一教育的发展在当时受到较大的束缚。中华人民共和国成立之后，国家承担大学生的职业安排工作，学生往往只是根据国家的意愿被安排工作，没有根据自己的兴趣和优势选择职业，这一时期的就业制度发展存在一定的局限性。后来随着国家教育部门的教学计划调整，职业指导的教育课程成为大学生的必修课，个人的生涯发展与职业选择逐渐匹配起来，使得我国的就业职业发展教育得到一定程度的发展。而随着就业指导的逐渐成熟，职涯规划理论的引进使国家及专家学者一致重视。到如今，我国的职业生涯规划教育已经取得了全面的发展。从我国的整体制度发展及政策演变的过程可以发现，国家对于大学生职业生涯规划教育逐渐重视起来，高校必须顺应时代的变化，逐渐创新教育服务机制。

第二节 大学生创新创业能力发展概述

一、大学生创新创业能力培养发展阶段

"青年强则国家强"。自中华人民共和国成立以来我国就非常重视大学生能力的发展和培养，明确提出大学生创新创业能力培养方针并具体实施，取得了良好的成效。但是，作为高等教育人才培养的要求和政策指导则没有明确提出过。随着全球化信息化快速发展以及中国特色社会主义市场经济的全面推进，1998年为适应新世纪对人才竞争需求及市场

经济的发展趋势,高校陆续引进创新创业竞赛及培养模式,大学生创新创业能力培养也于20世纪90年代末期正式起步。本节将大学生创新创业能力培养划分为四个阶段。

(一)起步阶段:1998—2002年

1998年,教育部发布《普通高等学校本科专业设置规定》,对本科专业进行评估,并对人才培养方案进行大调整。在此背景下,清华大学率先引进国外的创新创业教育理念、竞赛、课程等,对中国高等教育融入大学生创新创业人才培养进行了初步尝试和探索,并在全国形成了良好的发展态势。

(二)快速发展阶段:2002—2007年

随着清华大学成功引进创新创业,这一人才培养新模式也逐渐引起各高校的重视,着手通过开展创新创业相关竞赛、课程乃至建设实践基地、科技园等发展创新创业教育并对其积极宣传,相关管理机制也向其倾斜,高校创新创业能力培养发展速度迅速,并在国内初具规模。

(三)多元化综合发展阶段:2007—2013年

2007年,教育部启动"国创计划",成为高校培养大学生创新创业能力的重要依据,各高校结合自身专业发展特色,优化大学生创新创业能力培养机制,以提高人才质量为核心,面向全体、分类施教、结合专业、强化实践,促进创新创业能力培养融入高校人才培养体系。

(四)国家战略引领全面发展阶段:2014年至今

2014年9月的夏季达沃斯论坛上,国务院原总理李克强发表了讲话,提出要在960多万平方公里的土地上掀起"大众创业""草根创业"的新浪潮,形成"万众创新""人人创新"的新态势。紧接着,十八大政府工作报告进一步阐述了"大众创业、万众创新"的"双创"思想。在国家"双创"战略的引领下,各高校树立以"德"为先的教育理念,落实立德树人的根本任务,加大力度推动大学生的成长奋斗与国家创新发展深度融合。例如,清华大学以"德"为先的以独立、首创、勇气、包容和责任为核心的价值塑造教育理念等。

二、融创新创业于高等教育的多元化教育模式

经过20余年的发展,全国高校将大学生创新创业能力的培养作为人才培养的主体,并融入人才培养的全过程。目前,全国各层次的高校2200余所均参与"挑战杯""互联网+"等中国大学生创新创业大赛。在历年的比赛中彰显出各自的特色优势和成就,形成各具特色的融创新创业于高等教育的多元化教育模式。本节以重点大学为调研对象,以双一流特色型大学为例,特概括总结如下四种代表性的教育模式。

(一)清华大学:"三位一体"的创新创业教育体系

清华大学以立德树人为育人根本。以全面培养人才能力为核心,在实践中确立了价值塑造、能力培养、知识传授"三位一体"的教育理念,培养学生具有坚定意志、坚实基础、创新思想和社会责任感。设立了以全面提升大学生能力为重点的人才培养方案。增加了培养学生实践能力、品德行为、心理素质的学分考核,并且更加重视大学生的思想品德、信仰追求等,使大学生的理想信仰、品德行为等有很大提升。清华大学充分发挥教育课程的主渠道作用。在知识传授和能力培养的基础上进行价值塑造,在教学活动中增强时代感和互动性。例如,举行"科学发展,成才报国""行健新百年,共筑中国梦"等主题教育活动,引领青年学生树立追求人生目标的意志力。

(二)浙江大学:基于创新创业的教育体系

浙江大学着眼于新时代人才的培养目标,侧重培养大学生的创新能力和创业精神,通过强化学科、融合专业、深化辅修、普及通识、支撑实践等多环节形成合力,全面促进创新思维,培养融入人才培养全过程。全校开设专创融合课程,重点提高学生的创新能力。例如,开设"创业与创新基础""技术创新创业"等100余门课程,占通识课程的15%左右,并设立亚洲首个创业教育博士点。同时,强化其创新创业师资力量,初步整合了一支以专业教师、辅导员、创业学长等为核心的创新创业师资

队伍。此外,浙江大学注重实践,开辟出 7000 平方米的多形式的创业实践基地,举办多样化的创新创业竞赛,如"蒲公英"大学生创业计划大赛等,着重提升大学生的综合实践能力。

(三)上海交通大学:以志趣为导向的创新创业教育体系

上海交通大学注重培养大学生的追求人生信仰意志力,包括信仰追求、品德行为、责任担当等,将创新创业人才培养目标由成为企业家拓展至为国家、社会发展而奋斗。上海交通大学综合提高了大学生的学习能力、分析能力和创新思想,开设跨学科、跨专业的交叉课程和创新思维、现代设计、哲学智慧与创新思维等教育通识课,并在专业教育中融入创新、创造的精神和理念。同时,学校投入资金建立了若干面向全校各专业学生开放的实验基地和创业基地,并且增加了社会实践在教学中的比重。比如,开展市场调查、商业实践、管理实践等多种形式的实践活动,开发具有智能性、研究性、创造性的社会活动,提高学生综合实践能力、社会能力发展的需要。

(四)北京邮电大学:特色优势引领开放联动的创新创业教育体系

北京邮电大学以信息通信工程为优势学科引领带动整体"双创"发展,围绕培养全体学生的责任担当感、创新精神、实践能力的目标,开展了广泛的校企合作,注重开放、联动的创新创业体系构建。

三、大学生创新创业能力发展实践与成效

(一)科学人才理论指导高校创新创业教育理念改革

当代高校教育以科学人才理论为指导,强调以"德"为先的教育理念,以态度、情感、价值观为人才培养目标,重视大学生的信仰追求、品德行为、心理素质、责任担当等品质精神的培养。清华大学强调大学生创新创业中价值塑造的重要性,通过具有思想政治教育特色的创新创业类课程,如职业生涯指导、创业指导、党的十九大与大学生创新创业等,熏陶大学生的思想,把思想政治教学内容真正内化为学生追求人生

信仰的意志力；上海交通大学注重大学生创新创业能力培养的顶层设计，注重培养大学生追求人生信仰的意志力，将创新创业人才培养目标由企业家扩展至为国家发展而奋斗的人才，据麦可思数据研究院发布的历年《中国大学生就业报告》中毕业大学生自主创业的比例数据如图5-1所示，中国大学毕业生自主创业比例持续上升，半年内自主创业率从2010届的1.5%到2022届的4.25%，可见大学生创新创业意志力有所提升。

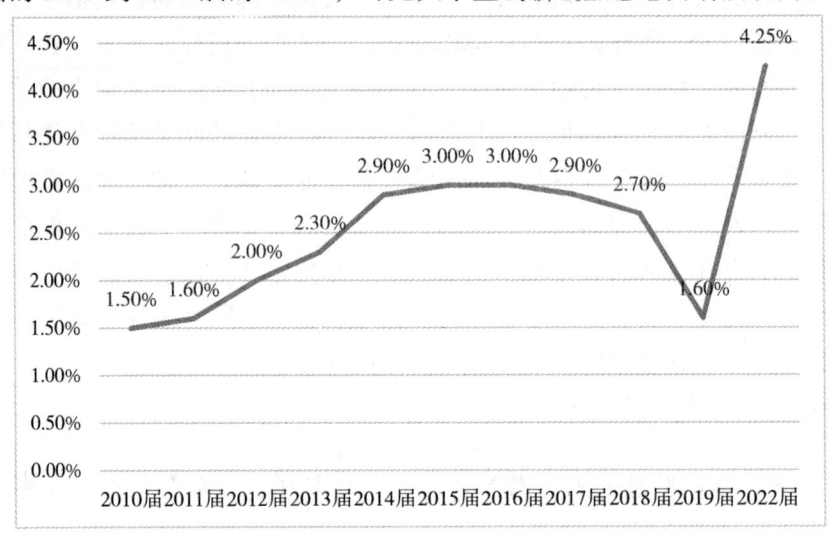

图5-1　2010~2022届大学生自主创业比例变化趋势

（二）创新创业教育教学体系、课程体系改革深化完善

近年来，各高校以培养创新创业能力为目标，深化课程体系改革，逐步打通专业大类下具有相似性的基础课程，探索建立跨院系、跨学科、跨专业交叉课程以及开设与创业相关的经济学、金融学、管理学、心理学等多门课程，实行多学科集成融合改革，构建完善创新创业课程体系，例如，浙江大学打造"四大课堂"全方位协同培养的创新创业课程体系。第一课堂以融合专业教育与创新性的课程为载体，第二课堂以创业类学生组织为载体，第三课堂以创业类实践为载体，第四课堂以创业类国际交流为载体，着力培养大学生的创新精神、创业能力和国际视野。师资类型不断丰富，教师更具有创新能力。

（三）"校政企联合"创新创业模式拓宽大学生实践空间

在科学人才观的实践育人理念的指导下，高校注重拓展实践的渠道，积极与政府、高校、社会通力合作，协同打造创新创业实践平台，共享社会实践资源。由国内222所高校、60家创新型企业、事业单位和社会团体共同组成的"中国高校创新创业教育联盟"，泛西北地区的16所大学科技园联合建立的"丝绸之路经济带众创空间"，促进了建立联合开放型创新创业实践模式。其中，比较有代表性的是由百色学院联合共青团百色市委、百东新区、南宁高新区及中科招商集团、环球集团等政府和企业共同建设的新型创新创业学院——百色中科创业学院，建立了百色市青年创客大街、大学生创新创业孵化基地、孵化加速器、百色学院科技园、创业园、创业大赛展览展示平台等实践实训基地，整合政校企三方资源优势，为大学生提供前沿的实验设备和实际的应用场景，促进学生对事物全面、深入地认识，切实提升知识的实际运用能力；为大学生提供了更多优质的实习机会，拓宽了大学生社会实践的渠道，开阔了学生的视野，能够接触多方领域，积累人际交往、团队合作、组织领导的社会经验，提高大学生的社会能力。

（四）丰富的创新创业实践活动助推大学生多路径参与

在科学人才观的实践育人理念指导下，我国各高校积极开展丰富多样的创新创业实践竞赛。目前包括三个层次，第一层次是范围覆盖全国的国家级创新创业大赛。例如，以增强大学生创新意识和创造能力为目标导向的"创青春"全国大学生创业大赛；以信息化新时代为背景，以互联网、云计算等时代新科技为依托的"互联网+"大学生创新创业大赛。第二层次是地区层面的实践活动，是由政府和教育相关部门联合举办的实践活动。例如，北京市文化创意创新创业大赛等。第三层次是院校联合相关部门举办的实践活动，如创新创业论坛、报告会等，通过与其他院校、企业的沟通交流，拓宽创新创业能力的培养思路，从实践中汲取经验，更好地培养大学生的实践能力。可见各类大赛的举办确实为大学生提供了更广阔的发挥空间，为大学生创新创业能力，特别是综合实践能力的提高发挥了重要作用。

（五）适应创新创业教育的部门联动管理体制不断完善

高校以优化大学生"双创"能力培养为核心，全面推进其管理体制改革，提高理论教学与实践应用对接和转化的管理效率。当前，为了适应大学生创新创业能力培养的复杂性，高校多以"一个中心，多部门联动"的管理机制为主。例如，西南交通大学成立创新创业领导小组，下设教育中心、服务中心两个创新创业专门机构，统筹教学、科研、学生工作、各产业系统，从科研实验、实践平台、实践活动、师资建设、资金保障等方面联动管理创新创业，更能实现大创活动的多样性与效率性，综合提升大学生的创新创业能力。

第三节 完善大学生职业生涯规划教育与创新创业能力培养

一、完善大学生职业生涯规划教育

（一）更新职业生涯规划教育观念

1.重视大学生职业生涯规划教育

在我国，大学生职业生涯规划教育虽然已经开展多年，但是由于受到各种主客观因素的影响，大学生职业生涯规划教育一直没有得到社会、高校和个人足够重视。从社会和高校的角度上来讲，国外高校学生职业生涯规划教育之所以可以长期高效地开展，很大程度上是得益于其强有力的制度保障。而我国缺乏相应的法规政策，这不但使大学生职业生涯规划教育工作受到较大的阻力，也在一定程度上降低了教育人员的热情。所以应该为大学生职业生涯规划教育提供有力的制度保障，并对高校大学生职业生涯规划教育进行考核。高校必须充分认识到职业生涯规划对大学生的作用和意义，在思想上重视大学生职业生涯规划教育，通过各种宣传途径广泛宣传大学生职业生涯规划的重要性。一方面鼓励大学生进行职业生涯规划设计，另一方面使全校教职工能够重视大学生职业生涯规划教育，积极为大学生提供指导。同时，高校还应该出台有关大学生职业生涯规划教育的相关政策。

2. 实现从"就业指导"到"生涯辅导"观念的转变

大学生职业生涯规划指导与简单的就业指导本质的区别在于，前者是将大学生的职业生涯和个人发展看成是一个整体，让大学生能通过自我了解、自我评价、自我规划学会适应社会的快速变迁，了解社会职业发展的方向，能够规划和决定自己的职业生涯发展目标，以发展为主，注重指导的探索功能；后者则仅限于个人面临职业选择时，进行的信息服务、政策解说、组织招聘活动和求职技巧的指导，仅限于就业安置一个环节。用一句话总结，前者是"授人以渔"，后者是"授人以鱼"。大学阶段是大学生进入职业领域前系统的、完整的准备阶段，大学生职业生涯规划教育要帮助大学生客观地认识自己的心理、生理特征，发展兴趣爱好和能力，规划自己的职业生涯，为今后的就业、创业做好准备。所以说，作为大学生职业生涯规划教育工作的主要承担者，高校开展大学生职业生涯规划教育的目的，不应该是仅仅满足于帮助大学生寻找一个就业的机会，也不应只是大学生毕业前的一个阶段性工作，而应该是一个长期的准备过程，是指导大学生制定初步职业发展规划的过程。大学生职业生涯规划指导应该兼顾大学生个人特征与社会的需要，而进行的自觉、自立、有科学根据的职业发展和合理选择职业的过程。

3. 树立"以学生为本"的职业生涯规划教育理念

要改变原有的传统工作观念。学校在开展大学生职业生涯规划教育时要坚守"以学生为本"的思想，增强工作人员服务意识和服务水平。坚持以学生为本的思想，就要处理好大学生的学业、职业生涯、就业和事业的关系，使四者协调发展、相互促进。

第一，以学业为基础。学业，是指大学生在大学期间应该在德智体等方面提升自己的诸多素质，不仅包括专业学习，更包括思想道德素质培养、文化知识技能掌握、个人综合素质提高、创新意识和动手能力的训练等各方面。要对全体大学生灌输这样一个概念：学业是职业生涯的起点，是就业和事业发展的基石。

第二，以职业生涯规划为导向。职业生涯规划的内容包括人生理想、学习目标、生活目标、职业生涯。实质和核心是引导大学生通过自我认识，促进成长，最终达到自我实现的目标。职业生涯规划教育是激发大学生自觉学习，把就业压力分解到高校每个学期的有效措施。现在高校对新生普遍进行心理测试，了解大学生心理状况，对开展大学生职业生涯教育工作起到了很好的作用。

第三，以就业为前提。就业是连接学业与事业的桥梁。一方面，大学生了解就业市场导向，就会积极努力提升学业水平，找准专业方向，促进学业进步；另一方面，如果顺利实现了就业，就为通向事业成功之路做了铺垫。

第四，以事业为目标。追求成功事业，实现自身价值，是每个大学生的人生理想。大学生只有在具体的工作岗位上才能真正地认识自己、完善自己，找准职业定位。对大学生进行职业生涯规划教育，就是要帮助他们尽早了解职业发展倾向和潜能，培养职业发展能力和素质，规划职业发展战略和道路。

（二）发挥教师在职业生涯规划教育中的作用

1. 提高教师的专业素质

怎样使大学生尽快找到适合自己的职业，做到人尽其才，才尽其用，职业生涯规划教育就显得至关重要，也对职业生涯规划教育的教师素质提出了更高的要求。但是许多高校对职业生涯教育的重视程度不够，目前还没有形成专业化的职业生涯教育教师队伍，职业生涯教育课程和职业指导多是由"两课"教师或者辅导员来兼任，这样的教育和指导不能明显促进大学生职业生涯教育的发展。

大学生职业生涯规划教育具有很强的专业性，是创造性与政策性相结合的脑力劳动，对教师素质要求很高。职业生涯规划教育课程作为一门实践性很强的课程，不仅要求教师具备很强的专业知识，而且要求教师具有很宽的知识面，如：心理学知识、教育学知识、法律知识等。同时，还要求有扎实的实践工作经验。高校职业生涯规划教师应该具有的素质有以下几点。

第一，教师要具备马克思主义的基本理论知识。不管是对大学生进行马列主义的世界观、人生观、价值观、择业观教育，还是心理素质教育，或是帮助学生处理就业中的各种问题，都需要具备扎实的理论知识。在科学的世界观和方法论的指导下，总结职业生涯规划教育的经验和规律,使职业生涯规划教育在科学的道路上前进。

第二,掌握社会学、教育学、心理学、人才学、信息学等专业知识。职业生涯规划教师不但是"知识传播者",而且还是"生涯规划指导者"和"就业市场的信息员"。不仅是让学生了解社会、熟悉外部环境的窗口,而且要协助学生进行自我评估,同时也是督导学生提高职业素质和能力的督导员、为学生提供职业咨询和辅导的专家。

第三,有一定的社会阅历和生活经验。有一定社会阅历的人才能在教育的过程中旁征博引,解决大学生的困惑,使传播的知识和信息更有说服性。

第四,浓厚的职业兴趣。职业生涯规划教育是一项烦琐而复杂的工作,职业生涯规划教师,要有忘我的牺牲和奉献精神。要大学生想他们所想、急他们所急,真正为大学生排忧解难。

要做到这些,只有专业而广博的知识是不行的,还要对职业生涯规划教育有浓厚的兴趣。带着浓厚的兴趣去工作,才能充满激情和热情并积极进取、勇于竞争,使职业生涯规划教育真正成为大学生受益一生的教育。

2. 发挥辅导员在职业生涯教育中的作用

高校辅导员是大学生人生发展的导航者、学习成才的指导者、心理健康的辅导者、学生权益的维护者,在促进大学生全面成长、培养社会主义事业合格建设者和接班人方面发挥着重要作用。高校辅导员要对大学生的学习和生活等各方面进行教育和管理,所以能够贴近学生,与学生交流的机会比专业课教师多,对学生的兴趣爱好和个性特征会有比较准确的把握,能更好地引导学生对自己进行评估,帮助学生制定合适的职业生涯目标。

首先,高校辅导员通常都在固定的院系工作,对所在院系所设专业的特点、前景、用人单位的招聘条件、学生的就业状况等方面都有比较全面和深入的了解。他们能通过往届的就业情况,来预测本专业学生的职业生涯规划效果,提供更具体、更真实的就业信息,帮助他们根据自身的条件、所学专业以及社会需求进行个性化的职业生涯规划,以确定自己的职业目标和职业理想。

其次,辅导员作为学生管理工作的具体负责人,可以创设形式多样的职业生涯情景，让职业生涯辅导走出课堂，走进学生生活，这样便是把职业生涯规划教育渗透到学生的生活中，无形中加强了职业生涯教育的实效性，从而使大学生职业生涯规划教育达到"随风潜入夜，润物细无声"的效果。

最后，辅导员工作的任务之一就是帮助学生解决学习生活中遇到的疑难问题和心理困惑，在这些问题的解决过程中已经得到了学生的亲近和信任，学生在辅导员面前敢讲真话、讲实话。辅导员也就能了解学生在职业生涯规划中最真实的想法，知道哪些现实条件或心理因素在学生的职业生涯规划中分量最重，以便更有效地对学生进行针对性的指导。

可以看出，辅导员在对大学生进行职业生涯教育的过程中辅导员的优势和作用是显而易见的。辅导员应该努力提高自身的职业素养，在认真贯彻教育教学方针、对大学生进行思想政治教育的同时转变工作理念、创新工作内容，重视大学生职业生涯规划教育，认真扮演好自己在职业生涯教育中的作用，深入学生、了解学生，积极配合相关部门，在大学生成长成才方面发挥应有的作用，为我国社会主义现代化建设培养合格的建设者和接班人。

（三）发挥思想政治教育在职业生涯规划教育中的作用

1. 加强"三观"教育

世界观、人生观、价值观教育是思想政治教育的重要内容，也是进行职业生涯规划教育的前提。职业生涯规划伊始就需要大学生评估自我、分析环境、确立目标。世界观、人生观、价值观决定着个体对世界的看法、对人生目的和意义的认识以及个体的价值判断，是一切行为的思想根源。有科学的世界观、人生观和价值观的个体，就一定有明确目标以及为实现目标锲而不舍的精神和积极的人生态度。这种精神和态度能帮助大学生正确认识国家、集体、个人之间的关系，把满足国家、社会的需要以及实现自己的理想结合起来。尽管大学生非常重视兴趣爱好和个人才能的发挥，但是现实他们更愿意选择能带来更多经济利益的职业。大学在职业生涯规划过程中出现的各种问题，正是他们世界观、人生观、价值观出现偏差的表现。所以对大学生进行"三观"教育，使他们能正确地认识自我、认识社会、确立职业生涯目标，能自觉地把个人前途命运和国家的利益结合起来，把个人价值的实现通过服务社会、造福人民体现出来，到祖国最需要的地方去，在最能发挥自己聪明才智的地方建功立业。

2. 加强理想信念教育

理想信念教育不单是思想政治教育的重要内容，而且是大学生职业生涯规划教育能否沿着正确道路发展的关键。高校培养的是有社会主义崇高理想信念的高级人才。只有坚定社会主义的理想信念才能成为社会主义事业合格的建设者和接班人。崇高的思想和坚定的信念是人生的奋斗目标，是人生前进的动力和精神支柱。理想信念包括生活理想、社会理想、道德理想、职业理想等。其中职业理想是理想信念的重要组成部分，是实现其他理想的前提和基础。加强理想信念教育首先要使大学生在正视现实的基础上确立自己的职业目标，选择适合自己的发展方向，不断完善职业素质，最大限度地发挥自己的特长和潜能。职业理想的逐步实现能使大学生更加坚定自己的理想信念。在职业生涯规划教育中重视理想信念教育有助于大学生以积极的态度参与人才市场的竞争，以科学的态度进行职业生涯规划。

3. 加强职业道德教育

职业道德教育是思想政治教育的重要内容。《中共中央关于社会主义精神文明建设指导方针的决议》明确指出："在我们社会的各行各业，都要大力加强职业道德建设。"职业道德是指从事一定职业的人，在工作和劳动过程中所应遵循的与其职业活动紧密联系的道德原则和规范的总和。它是通过一定的职业情感、职业责任心、职业良心、职业荣誉感、职业技能、职业作风等体现出来的。当前用人单位不但看重毕业生的专业素质和技能，更看重毕业生的职业道德素质。所以在对大学生进行职业生涯规划教育时，除了引导学生不断发展知识和技能，更要重视培养大学生的职业道德。因此在职业生涯规划教育中重视大学生的职业道德教育，才能使大学生积极进取，胸怀大志，为社会做出贡献，实现自己的人生价值。

（四）加强实践环节

认识来源于实践，高于实践[①]。没有理论指导的实践是盲目的，没有建设意义的。缺乏实践的理论是空洞的，没有说服力的。按照舒伯的生涯发展五阶段理论，大学生正处在职业生涯的探索阶段。在这个关键的阶段，要想使大学生确立正确的职业生涯目标，实践活动就显得尤为重要。在对大学生进行职业生涯规划教育时，不但要教给学生职业生涯规划的理念和知识，更要在教育教学中不断地增强实践环节，才能使职业生涯规划教育更具感染力和说服力，才能达到职业生涯规划教育所希望达到的教育效果。

1. 课内实践活动

职业生涯规划的理论大都是在课堂教学中传授的。在理论灌输的同时，贯彻理论联系实际的原则。善于从大学生关心的热点、难点、疑点问题，紧密联系当前的国内外环境和就业形势，从学生的实际需要出发，结合职业生涯规划的理论，做出科学的、符合实际的、有说服力的回答。例如，在教学过程中给学生提供案例让学生进行讨论。讨论过程中，学生互相学习，共同提高。通过讨论有了重新认识自我、增强自信心的机会。而且讨论能帮助学生更好地理解和掌握职业生涯规划方面的知识。

2. 校内实践活动

大学生首先应该认识到，学校是一个缩小版的社会。学校有很多适合学生实践的岗位，如做学工助理，帮老师做一些力所能及的事；在食堂打扫卫生；在公寓值班等。看起来这些工作内容很简单，甚至显得有点枯燥，但是一样能够锻炼大学生的能力。不少大学生可能认为，校内的这些实践内容，大都是打杂、跑腿之类的事，没什么价值，不屑去做这些事。其实，任何能力的发展都是一个循序渐进的过程，都需要从身边小事做起，从点滴做起。参加校内社会实践是职业能力提升的一个绝好机会。因此，大学生要提升自己的职业能力，并不一定都要到校外的工作场合去才行，校内的很多岗位同样可以得到锻炼。它可以让大学生更好更快地发展和成长，可以为以后正式参加工作打下良好的基础，而

---

① 郑未. 大学生职业生涯规划教育存在的问题及对策研究[D]. 兰州：兰州交通大学，2014.

这些基础对大学生来说无疑是非常重要的。要反思和改变轻视校内实践的态度，珍惜目前的机会，这样才能有所收获。

学校应该配合职业生涯规划课程，开展各种教育活动。比如，请就业或创业成功的校友回校开座谈会，讲述自己求职择业过程中的经验教训，并与在校生展开交流，强化大学生的职业生涯规划意识。举办各种创业大赛，培养大学生的创业能力，激发他们的创业热情。

3. 社会实践活动

在职业生涯规划课的实践教学中，社会实践是重要的实践教学环节。学生在社会实践中所接触的人和事无疑是更生动、更真实的教材。要组织学生参与各种主题明确、形式多样的社会实践，开展理性与感性相结合的体验式学习，让学生深入到社会生活中去，熟悉行业，拓宽视野，增强对行业的理解和兴趣，帮助学生树立正确的职业观，是职业生涯规划实践教学的社会实践功能之所在。校外社会实践活动主要有暑期兼职和课余兼职两种。暑期兼职。一种是指由学校团组织带领，组成若干个小分队，开展文化下乡、科技下乡、卫生下乡、义务文教、农村调查、企业调查等活动，主要以关注弱势群体、利用所学知识奉献社会的青年志愿者活动为主。另一种实践机会需要自己去找。虽然是一些送文件、发传真之类的活，但是小事有小事的学问。做任何一件事，都能得到锻炼，只要认真去做，多总结，多改进，一定能得到实践单位的好评，自己也能得到更多的收获和机会。课余做些家教、促销、发传单之类的工作就是课余兼职。

二、完善大学生创新创业能力培养对策

（一）遵循人才成长的多样化规律，强化创新创业能力培养

1. 更新教育理念，支持学生个性发展

个性化教育是以人的个性发展为出发点来展开的教育模式。其实，中国的个性化教育自古就有，儒家的代表人物孔子就曾兴办私学，门人弟子也是各种身份地位的人都有，且智慧和见识也各不相同，基于这种情况，孔子针对不同的人，采取不同的教育方式，而这也打开个性化教育的先河。在当今社会，个性化教育不仅成了时代发展的需要，更是教

育自身发展的需要。在这一过程中，人的主体地位得到极大的重视，个性化诉求也越来越强烈。从这个意义上来讲，现代高等教育的个性化诉求，并不单单是教育内部的原因所导致的，更多的是社会和自身发展的需求等多重因素共同作用的结果。同时，这与国家所提倡的"以人为本，促进经济社会和人的全面发展"的科学发展观理念也是相辅相成的。创新人才培养模式，使学生个性得到解放和发展，是当代高校落实"以人为本"的科学发展观的重要举措。

美国在被殖民时期和建国初期，美国的大学教育主要强调培养英国式的"绅士"以及"横向型"的具备多种才能的人才。但是随着不断细化的社会分工以及工业革命的影响，美国大学开始转变人才培养理念，转而培养各种专业性和实用性的人才。随后又转入培养全面发展且有教养的社会型人才。到了20世纪后，随着社会对于知识和创新的需求，美国的大学开始把创新性写入人才培养理念中，也成为当下世界各高校重要的人才培养理念。

家庭因素对当代大学生的创新创业也有着重要的影响。例如，大学生的家庭背景对其进行创新创业活动的支持度，对其创新创业态度有着重要的影响。许多家庭背景比较好的大学生，因为父辈们的努力奋斗积累下了丰富的资本，父母们担心孩子在外创业吃苦受累，所以更希望孩子可以有一个稳定的工作，在这种情况下许多学生的创业意识相对较低。反过来如果家庭鼓励和支持大学生勇于挑战自我、积极创新创业，这样的学生在创业时就会怀有更加积极乐观的态度，敢于去直面创业中的艰辛和困难。另外，家庭环境对创业意识的影响还体现在父母是否有创业经历，如果其父母是个体或企业主，那么他们的孩子的创业意识就相对较高。因此家庭观念的更新对于大学生的个性发展和创新创业意识的增强也有着十分重要的作用。

2.改变传统指导方式，激发学生创造实践的主观能动性

要改变传统被动地指导学生的方式，调动学生主动参与进来。传统的高等教育，在课堂上更多的是老师在灌输知识，学生更多的是在接受知识而不是掌握知识，他们不会去自觉思考和学习，最终导致学生根本离不开老师的指导自己去解决问题，因而当大学毕业之后，离开了老师就会感觉自己什么也没有学会，就业也会显得十分困难。因此在高校课

堂上，老师应该改灌输式的直接教育为引导式的间接教育，这样就能让学生去主动学习和思考，有助于学生个性和创新性的培养。

可见，只有当高等教育真正把学生当作主体，充分释放学生的主体个性之后，学生的创造性就会被无限地激发出来。人的一生，最关键的时候是学生阶段，中小学义务教育更多的是学习实用性的知识和技能，在进入大学之后，才真正开始释放自己的个性，进而发挥自己的创新能力。教育实践也证明了这一点，如果一个学生的个性得到了充分的发挥，那么他的创新能力随之也会得到很好的发挥。

总之，在高等教育中，学生理应成为教育的主体。只有这样，才能重视到每个学生的个性差异，进而学生的个性才能得到充分发挥，最终成长成为个性独立，极富创造力的人才，从而使学生的创新创业能力得到极大的提高。

（二）加强大学生创造性思维训练，挖掘创新创业潜力

创造性思维是指思维的一种高级别的综合性活动，是创造者根据自己所拥有的知识和经验，进一步找到事物之间的新的关系，进而得出新结论、获得新成果的综合思维过程。创造性思维具有多种含义，这里主要强调的是普遍意义上的高校创造教育及在课程教育下的创造性思维培养，其目标主要是培养高校学生的创造意识，从而开发其创新潜力，进而使得其成为创新型人才。创造教育的内容主要包括对创造思维知识进行学习以及对创造性思维实践能力的培养，并且从内容上来讲，二者是一个协调统一的整体。

对于大学生创造性思维的培养，国内外大学都在积极探索相关的途径，如 SRT（Student Research Training，简称 SRT）计划便是其中一种。SRT 计划是高校为了加强培养学生创新意识和能力，使本科生能尽早接受科研训练，解工业现状和社会实际情况，从而激发其创造性思维。SRT 计划能使学生在导师指导下，开展一些初步探索性研究工作，使学生早日进入专业领域，受到科研工作的锻炼。这种带有独立性的工作方式对于培养学生的创造性大有益处。

当然，SRT 计划只能算是一种尝试，高校要对学生就行创造性教育，培养学生的创造性思维，不是一蹴而就的事，而是具有系统性和长期性的。

1. 完善高校创造性教育课程体系

目前我国大多数高校大多都存在着创造性教育成效不佳的情况，阻碍了学生创造性思维的发展。面对这种情况，高校要明确创造性教育的人才培养目标，更新创造性教育人才的培养理念，不仅仅把目标定位于科学文化知识的学习和创新就业能力的提高，更应该培养德才兼备的适应社会主义现代化建设的新型人才。

基于以上原因，高校已经在逐步开设创造学的课程，进而提高学生的创造性思维。另外，创造性人才的培养不仅要结合国内的社会经济发展情况，也要重视对国际上创造性教育的吸收和借鉴。麻省理工学院1948年就开始设置"创造性开发"相关的课程，随后国外其他大学纷纷效仿。美国几乎所有高校都有相关的创造性课程，随后经过不断的发展和创新，对于我国的创造性教育发展都有重要的借鉴意义的。

2. 搭建创新创业实训平台

学生要树立理论和实践相结合的学习理念。因为对于高校学生来说，其创造性思维是由理论思维和实践能力两方面相结合进而培养出来的，但是实际情况显然不是这样，部分高校对学生的培养中理论和实际严重的脱节，导致大多数学生在具体的实践中早已将所学的创造性思维抛到一边。即使是课堂上的理论学习，也因为教学时长的关系，不能做到十分完备，面对这种情况，高校学生在面对所开设的学习科目时都应该用创造性的思维去进行再思考，进而得出新的解决问题的方法。对于理工科的学生来说，要珍惜和充分利用自己的实践机会，在实践中积极运用创造性思维去思考和解决问题，从而激发自身的创造潜力；对于文科生来说，要做到熟练掌握自己专业的知识和技能，并在此基础上进行多学科的交叉学习，进而培养自身的创造性思维能力。另外，在与社会接触的过程中也要充分运用创造性思维去分析和解决问题。

对于高校来说，要搭建好理论和实践相结合的创新创业平台，从而确保大学生有更多的机会在社会和市场中去操盘练手。例如，创办大学生创业园，给有志于创新创业的大学生提供实践创业机会，对于大学生来说具有非凡的意义。首先，它作为大学生创业的孵化基地，为大学生创新创业能力提供了一个十分重要的实践平台；其次，它是大学生创业教育的课堂、创业实践的大本营，也是检验创新创业教育效果的最佳舞台。因此，高校和政府社会机构应该积极地致力于学生创业园的建造，并通过大学生创业园的信息反馈，与社会金融服务机构、创业培训机构、创业资质评定机构、创业者校友联合会等机构进行联系沟通、协作，共建高校、社会、政府良性互动链的创业服务性的科学化系统，提升创新创业的认可度和支持度，形成和谐、有力的社会支撑服务体系和评价体系。另外，高校也可以建设互联网"中小项目交易平台"，使企业需求与大学生的创业项目良好的对接，实现互惠互利，这样就可以充分发挥网络优势，把校外科技研发和创业合作有效结合起来，通过创业服务基地，注册的企业要进行资质审核及认证，鼓励和支持有创造特长和创业意向的大学生组成团队去承接企业的中小项目研发和营销等市场经济活动。

总之，高校学生要抓住机会积极主动地去培养自身的创造性思维能力，提高本身的创新创业能力，进而适应未来的社会发展需求，在激烈的社会竞争中占据一席之地。

（三）实施分层次分阶段培养，提高大学生创新创业能力

学生素质的差异，主要是由于高等教育自身的改变所造成的。高等教育的规模不断扩大，但招收的学生知识层次和学习能力都有较大的不同，从而导致学生本身素质存在明显的差异。对于学生自身的学习特点，则是因为处于不同的发展阶段的学习，其本身对于教育的方式有不同的要求。例如，初次进入大学校园的学生，对于自我的定位和未来的就业没有一个清晰的认识，进入大学二年级，学生已经适应大学的生活，对于自身和未来开始有比较清晰的认识，针对不同阶段学生的不同情况进行相应的培养，才能更有效地提高大学生的创新创业能力。

1. 针对学生素质差异，实施分层培养

对学生进行分层培养，自古就有这样的先例。比如，中国原始儒家的创始人孔子就曾提出并在实践中力行。同样的问题，不同的弟子来提问，孔子会做出不同的回答，例如，颜回问孔子"仁"是什么，孔子回答"克己复礼为仁"，朱熹对孔子的这一行为做了这样的评论："乃传授心法切要之言。非至明不能察其几，非至健不能致其决，故惟颜子得闻之"，足见孔子对于颜回的赏识。而子贡来问"仁"是什么，孔子却说："己欲立而立人，己欲达而达人。"这不是在谈论"仁"，而是怎样从自身

去做的问题。而这些，都是孔子根据其弟子的不同特点所做出的最为恰当的回答。这种做法，运用在教育实践中，被称为"因材施教"。

回到高等教育本身，对于学生素质的差异，可以采用分层培养的方式，这样既能很好地落实教学计划，又能满足不同素质学生的发展要求，更是对个性化教育的实践。美国当代著名的教育家本杰明·布鲁姆就曾讲道："学生在学习中无法取得优异成绩，主要原因不是学生能力欠缺，而是由于未得到适当的教学条件和合理的教学帮助造成的，"这也是对于分层培养一个很好的解释。假如在面对学生素质差异很大的情况下，高等教育依旧采取"一刀切"的方法，用相同的方式去教学，那么学生之间的差异会更加巨大，久而久之，跟不上教学进度的学生就会对学习失去兴趣，进而一蹶不振。只有采取分层教学，才能有效地避免这种情况，这一点，在西藏民族大学的教学实践中，就得到了很好的落实。西藏民族大学的生源有区外生源和藏区生源，二者差异较大，针对这种情况，学校对区内和区外的生源采取了两套培养方案，将区外学生定位为学术理论型，将藏区的学生定位为实际应用型，很好地结合了西藏当地经济发展的需要，极大地满足了藏区对人才的要求标准。而对于区外生源，因为其毕业后主要回归区外，因此在培养的过程中采取和区外院校同步的教学方式，使得区外的生源在毕业之后具有很强的就业优势。这样一来，就使学生教育很好地做到了分层学习，分级就业。

2. 针对学生成长特点，实施分阶段培养

对于学生成长特点，可以在不同的阶段对学生进行分阶段的创新创业培养，如对于刚进入大学的新生，因为还没有适应大学生活，对于自身的发展目标和就业方向都没有明确的认识，这一时期对于学生的创新创业教育应该以引导为主，引导学生进行创新性思维的学习，树立明确的创业方向，进而根据自己的实际情况制订学习规划。到了大二、大三之后，因为已经适应了大学的学习和生活，对自身的兴趣爱好、专业技能学习情况以及将来的就业方向都有了较为清晰的认识，因此在这一时期应该对学生进行全面且深入的创新创业教育，增强学生的创新创业能力。到了大四的时候，学生对于自身的学习程度已经有了一个全面的把握，创新创业能力也有了一定的提高，到了这个阶段，就应该多鼓励学生去参与社会实践，一方面用于提高自身的创新创业能力，另一方面也为今后就业积累一定的社会经验。

从学生角度来讲，大一阶段是起步阶段，在这一阶段学生就要开始接触职业规划的概念，进行初步的职业生涯设计；到了大二，是其创新创业能力孵化的重要阶段，在这一阶段，大学生们要了解自己的兴趣，确定自己的价值观、动机和抱负；进入大三，就要不断学会推广自己。其间可以参加与专业有关的暑期短期工作，学习写简历、求职信等求职技巧，了解搜集就业信息的渠道，并积极向已经毕业的校友了解往年求职情况，如果有相应的就业机会要去积极尝试；到了大四，经过三年的充分积累，已经到了要进入社会的阶段，这时候就要积极利用学校提供的各种有利信息，了解用人公司的相关情况，同时强化自身的求职技巧，为入职做最充分的准备。

（四）深化个性化教育理念，增强高校创新创业氛围

1. 创设个性化的教育教学环境

高校要创设个性化的教育教学环境，要从以下几点做起。

第一，要创新教育教学管理模式，进一步服务于学生的个性发展。创新教育教学环境，就是要转变以往以"教"和"传授"为中心的教学管理模式，改为以学生的个性成长和创新创业培养为中心，进而全面提高学生的创新创业能力。

第二，要完善科研制度。科研是培养学生个性，提高学生创新创业能力的重要途径。要完善科研制度，首先要优化学生的课程设置，积极鼓励学生参与老师的课题研究。另外，在课堂教学的环节中，也要加大研究性教学和互动的培养方式，开拓学生思路，锻炼学生解决问题的能力。更为重要的一点，是学校要大力支持学生参与相关的科研项目，并给予一定的专业指导和经费支持，这样一来，学生的自我创新能力就会得到一个大的提升，有利于今后的就业创业。

第三，要推广和完善访学制度。访学是学生深入和亲密接触前沿学术、开阔学术视野，以及增强跨学科、跨文化交流和理解的重要途径，对于学生的创新创业能力培养有着重要的作用。当然，访学也要根据高校的具体情况，从自身的实际出发，建立适合各自发展的路径，与国内外高校进行更多的交流和合作，为学生提供更多的国内外高校间相互交

流的机会。同时，更要在访学项目上下大功夫，提高项目本身的学术价值和创新性，才能使得出访的学生有机会去接触高水平的科研项目，并亲自参与到项目的进程中，最终使科研能力有根本性的提高。

第四，要改革教学评价方式。教学评价，对于衡量高校教师的教学水平以及学生的学习水平有重要的作用。如果教学评价让教师和学生接受和认可，不但有利于教师进一步开展自己的教学方案，也对引导学生的个性发展有着重要作用。如果教学评价不当，对于教学和学习都是一个严重阻碍。要对目前的教学评价进行改革，首先要改结果评价为综合评价，把评价的着重点放在对教学质量的纠正和调控上，这样才能起到提高教师教学水平的目的。其次，在评价的依据上要更多地考虑学生的创新思维能力和自我实践能力，而不能一味地只考察最终的分数。再次，可以尝试新的学生评价和考核方式，例如，在坚持传统学生评价和考核方式的同时，用学生的创新成果或创新创业项目来代替学生的毕业设计或论文，这样更能激发学生的创造性思维，促使其更加积极主动地去进行创新创业。

2. 建立创新创业激励机制

从心理学上来讲，激励对一个人的潜力发挥有着重要的作用。正面的激励，不仅能使得学生发现自己潜在的能力，进一步认识到自我的潜能，更能激励其更加坚定的信心走上创新创业的道路。

要实行高校创新创业的激励体制，首先高校要鼓励学生积极动手实践。就现阶段的高校学生而言，在学校的学习还是以理论为主，缺乏充足的实践机会。但是创新创业兴趣，更多的是在实践中慢慢地产生的。因此，高校应该给学生更多的实践机会，让他们参与到学校的日常事务中，甚至是管理中去，以此来加强学生的实践能力，激发其对于工作的热情。总的来说，学生对于学校给予的工作锻炼机会还是非常有积极性的。学校要有针对性地安排学生参与到学校的日常事务和管理中，充分考虑到参与学生的个人兴趣和特长，坚持自愿选择的原则。同时，也要考虑到所安排的工作既要和学生本身的能力相适应，又要有一定的挑战性，这样才能起到很好的锻炼作用。另外，还可以把学校相对重要职务的选择条件和学生的创新创业成果结合起来，更能促进学生参与创新创业的积极性。选拔本身对于学生来说也是一种认可，这样既可以在精神上给予一定的激励，又能激发学生自身的责任感以及增强学生自我实践的能力。同时，学校要积极促成学生的校内创业与社会的真正接触，发挥自身的桥梁作用，引领学生的创业项目走出校门和社会上的企业进行合作。而对于没有进行创业的学生，学校也要积极引导学生利用课余时间，参与到社会的实践中去。在实践中所取得的成绩，学校应该给予一定的表彰。通过这一系列的活动，学生对于自我创新创业的能力有了更加深入的认识，进而明确了接下来的学习中要努力的方向，也为将来的就业增添了许多竞争优势。

其次，高校要设立创新创业奖学金，专门用于学生的创新创业以及校企合作就业实践。作为大学生，还没有稳定的经济来源，仅有创新创业的想法还不足以完成自己的创业实践。如果高校在学生的创新创业过程中予以资金上的扶持，足以激发起学生的创业梦想。在这一方面，国外大学做的非常好，他们设置各种类型的奖学金，学生可以根据实际情况去申请适合自己的奖学金，并且在数量上没有限制，只要符合要求就可以申请。因此，国内高校也可以设立相应的创新创业奖学金以及微小企业奖学金等，鼓励学生发挥自己的创新创业特长。

3. 打造专业的创新创业导师队伍

要培养创新型的人才，对于高校来说，拥有一支创新教育团队是十分重要的，这就需要高校建立一支多学科的教师队伍。创新教育是一个系统性的教育，需要多学科多层次的综合教育，在教学过程中要纳入各类社会科学知识。显然，单一的学科已经无法满足创新创业的教育要求，这就要求综合多学科的教师，以及从社会中聘请相应的企业家和创业先进分子等，组成一个综合的教育团队，来对学生进行全面的创新创业教育和相应的实践指导。教育团队他们需要相互分工、相互合作，以便最终完成教学任务。同时高校对于创新教育队伍要加大培训的力度，并创造条件让教师们去亲自体验创新创业的过程，进一步提高自身的理论水平和实践能力。这一方面，教育部也在下大力气来抓提高。比如，教育部每年都会在各个高校抽调骨干教师参与"创业教育骨干教师培训班"，在培训中由相关的创业教育领域的专家学者来讲授国内外高校的创新创业教育的相关经验，让各个高校的创新创业教师了解国内外先进的创业教育方法，以便提高自身的教育培训能力。对于外聘的企业家和创业先进分子，他们将从各自熟悉的领域对学生进行专业且深入的创业实践指导。此外还可以邀请政府部门创业政策的相关负责人为学生讲解相关创业政策，引导学生进行创业实践。

4. 深化校园创新创业文化建设

校园文化建设是培养创新型人才和大学生创业教育重要而有效的途径，对于学生的个性发展和创新创业教育都有着重要的促进作用。

第一，校园文化有利于学生的个性和谐发展，为学生的创新创业打下了良好的基础。发挥校园文化的作用，首先，要重视校园的环境文化。因为只有做到个性化的校园建设，才能充分发挥环境资源本身的教育价值，为学生的个性化成长营造良好的氛围。例如，对校园人文历史遗迹进行深入的发掘，既可以增强学校的文化内涵，又可以突出学校的个性特色。同时，学校建设在很大程度上也体现了地域性特点，并在对这一地区的历史文化的继承和发展中形成了自身的个性特点，有着浓重的地域特色，深入发掘校园的人文历史遗迹，就可以使学生更直观地了解这一地区的地域特色，更容易融入这一地区，将有利于今后的创业就业。同时，也要重视校园的文化导向作用，如设立具有创新性的浮雕、石雕等，对于学生都有潜移默化的教育作用，能潜在地激发学生的创新意识，使其更加主动地投入到创新学习中去。其次，要重视校园的网络文化。在信息高速发展的时代，网络已经成为人们的生活、学习中不可分割的一部分。对于校园网络生活来说，它是网络与学校生活结合起来而形成的一种新的生活和网络形态，是对传统校园文化生活的进一步丰富和补充。随着网络的发展和快速传播，使得网络本身具有极强的影响力，网络文化已经成为一种新的文化形态，对人们的精神生活有着重要的影响作用。宣传学生的创新创业教育先进事迹，可激发学生的创新创业教育热情。同时，也可把创新创业教育加入自媒体当中进行宣传，扩大宣传路径，进一步强化校园网络文化对于创新创业教育的引导功能。

第二，校园文化可以直接带动学生进行创新创业活动。一方面可以通过举办校园创新创业大赛，进行项目评比，这样可以直接引导学生参与创新创业活动。同时通过参与创新创业大赛，对于学生的自主创新能力和决策能力等都起到一定的锻炼作用。一部分学生还可以获得相应的创业奖金，使其创新创业想法进一步变成了创业现实。另一方面还可以在校园建立创新创业社团。例如，提供相应的场所和活动经费，并委派专业的创新创业教师对创业社团的相关活动进行科学的指导。另外，高校也可以利于自身的资源优势为创业社团和社会上的优质企业进行牵线搭桥，让高校的创新社团走出去。

大学生创新创业教育离不开校园文化建设这一培养平台，应该紧密结合学校工作实际，坚持科学为本、创新为先、成才为导、实践为基的工作理念，形成与创新创业教育相匹配的校园精神文化、学术文化、行为文化、物质文化。校园应发挥创业文化在宣传创业、鼓励创业、引导创业方面的核心作用。同时，大学生创新创业能力的培养还需要全校师生的共同努力，营造出独具特色的校园文化。

第四节　大学生职业生涯规划教育与创新创业能力培养体系构建

一、大学生职业生涯规划教育体系构建

（一）构建组织管理体系

大学生职业生涯规划教育的有效开展必须要有一个健全完整的组织机构，这样才能充分调动学校各方面的力量，保证职业生涯规划教育的有效开展。大学生职业生涯规划教育工作的组织管理体系要立足于完成职业生涯规划教育的任务要求，应当是立体系统的，能够充分发挥职业生涯规划教育组织及个人的作用，并根据客观变化进行调整，保证其整体性的运转。组织结构内的各级部门及其工作人员既有各自的任务，又能相互配合、协调地工作。

1. 完善教育制度建设

完善的制度体系是职业生涯规划教育工作高效有序开展的重要保障。高校要把制度建设作为基础性工作来做，逐步建立符合市场经济规律，促进学生全面发展的职业生涯规划教育工作制度体系。例如，制定关于做好大学生职业生涯规划教育的实施意见，出台职业生涯规划教育的学

分认定管理办法、学生课外社会实践活动基金管理办法、学生参加职业生涯教育文化活动奖励办法等规章制度，调动大学生参与职业生涯规划教育相关活动的积极性，鼓励大学生围绕自身素质的全面提高，主动规划职业生涯，参加职业体验、社会实践等活动，将其作为评优评先的条件之一。建立职业生涯规划教育工作奖励制度，调动广大教职员工的主动性，为保障实习实践基地建设的有效实施，给大学生提供职场实践机会和实训指导，不仅要出台相关的制度措施，还要和一批社会责任感强、企业文化氛围好、社会形象良好的企业签署就业实习见习基地，为给大学生提供创业实践机会，制定相应的管理方法，建立灵活的运作机制。

2. 加强组织机构建设

（1）成立教育工作领导小组。

第一，实施"一把手"工程，成立校级工作领导小组。学校要成立由党政"一把手"担任组长，职业生涯规划教育中心主任、主管学生就业工作的副书记和主管教学、就业工作的副校长任副组长的校级职业生涯规划教育工作领导小组。成员应当包括高校毕业生就业机构、教务处、招生部门、学生处、财务处、人事处等相关职能部门负责人和各院（系）行政负责人。目前我国高校采取校长负责制的领导体制，校长在一些重大问题上被赋予较高的决策权，作为高校的主要领导，校长对职业生涯规划教育的重视程度会直接影响该项工作开展的效果。因此，高校要开展好职业生涯规划教育工作，首先要从更新校长观念开始。要进一步增强大学生职业生涯规划教育的意识，树立职业生涯教育观念，以学生的全面可持续发展作为学校办学的目的和出发点，使学校培养的人才能够和社会发展的需要接轨。学校职业生涯规划教育工作领导小组要统一领导职业生涯规划教育工作，根据教育部及上级有关部门的精神和要求，制定全校职业生涯规划教育工作方案，对职业生涯规划教育的目的、课程体系构建、教育内容和方法等进行宏观调控，统筹安排各种资源。要定期召开会议，研究工作中遇到的问题，安排部署全校职业生涯规划教育工作的开展。同时要负责监督检查教育工作的开展情况，对学校各二级单位工作开展情况进行考核，及时组织经验总结和交流会。

第二，要成立院（系）级教育工作领导小组。各高校要建立校、院（系）两级管理的新机制，构建"一把手"主抓、职业生涯规划教育中心统筹、各院（系）实施、全员参与的职业生涯规划教育工作体系。各院（系）要成立由院（系）"一把手"任组长，院（系）领导班子和教研室主任、骨干教师等为成员的职业生涯规划教育工作领导小组，定期召开会议，研究、部署职业生涯规划教育工作，并根据学校分解的目标任务，将教育工作传递给教研室和每一位教师，使日常专业教学与职业生涯规划教育有机结合，发挥教学单位、专业教师在职业生涯规划教育工作中的主动性和积极性。

（2）建立和完善职业生涯规划教育中心。目前，绝大部分高校都建立了大学生就业指导中心，但职业生涯规划教育中心很多高校并未设立，或者是依托于就业中心来开展职业生涯规划教育工作。为加强职业生涯规划教育工作的组织领导，各高校要逐步建立和完善职业生涯规划教育中心。

第一，建立校级大学生职业生涯规划教育中心。中心的设立要满足日常的职业生涯规划咨询与辅导、职业生涯规划教育相关信息的搜集、整理和存档以及职业生涯规划教育的推广和宣传。职业生涯规划咨询与辅导要由专业人员担任，在学校心理健康教育机构的配合下开展工作。要深入学生群体，了解学生的不同特点及职业生涯发展需求，根据学生的不同需求开展工作。要建立定期咨询制度，对来访学生建立完整的档案，实时地进行跟踪和反馈。同时工作人员要负责学校二级职业生涯规划教育机构工作人员的培训工作，开展定期、不定期的培训，不断总结交流经验。要重视职业生涯规划教育工作的信息收集和档案整理工作，建立学校职业生涯规划教育的信息网络系统和档案管理制度，利用网络开展职业生涯规划教育，建立职业生涯发展档案库。要重视推广职业生涯规划教育理念，推介职业生涯规划教育机构的服务功能，树立职业生涯规划工作的良好形象。职业生涯规划教育的推广和宣传包括面向校内、校外两个方面。对内宣传主要是通过在校园内开展各种形式的活动，扩大职业生涯规划教育中心在学生中的影响力，使学生了解其功能和作用，提高学生职业生涯规划教育的参与度。对外宣传工作包括向企事业单位的宣传以及和他高校的合作等，利用校外资源打造大学生职业生涯规划教育立体平台。

第二，建立院（系）职业生涯教育中心。职业生涯规划教育强调个性化、全程化、全员化和系统化，统一由学校职业生涯规划教育中心工作人员开展很难做到面面俱到，而院（系）的学生工作人员对学生的情况相对熟悉，比较容易掌握学生的个性特点及心理发展过程，在开展职业生涯规划教育的过程中能够起到更直接的作用。职业生涯规划教育工作领导小组要推动院（系）建立职业生涯教育机构，加强对院（系）的工作人员进行职业生涯规划教育的培训力度，使其积极配合学校开展教育工作。同时，职业生涯规划教育工作与思想政治教育工作密不可分，院（系）的工作人员将两项工作结合起来，可以起到事半功倍的效果。

3. 强化师资队伍建设

师资是职业生涯规划教育的关键，拥有高素质的教育人员是开展高水平职业生涯规划教育工作的重要保障，必须把选拔与培养优质师资提到重要日程上来，努力提高职业生涯规划教育队伍的专业化和职业化水平，建设一支具备人力资源管理、法学、教育学、心理学、社会学等相关知识背景的师资队伍。目前，相当一部分学校没有专职的职业生涯规划教育师资队伍，师资主要来自辅导员队伍、就业中心或一些职业生涯教育相关的专业课教师，虽然教师数量能够基本满足学生的需求，但教育效果并不理想。一方面，职业生涯规划课程教学并不是他们的"主课"，时间上并不能保证，另一方面，虽然这些教师具备一定的理论基础，但是由于大部分教师不是专业科班出身，不具备相应的社会实践经历和经验，缺乏理论联系实践的技能。

高校可通过内部培训提高和外部引进的方法来充实职业生涯规划教育师资队伍。一方面对现有师资进行相应培训。通过选送现有的就业指导教师参加职业生涯规划教育培训班，使之系统学习相关的理论知识；另一方面，高校还应与社会各有关部门或企事业单位联合，建立若干相对固定的实习或研究基地，大力支持教师到企业挂职锻炼，鼓励老师参加与行业、企业或科研院所的创新创业实践，使之更加直观地了解社会和职业环境，并积累经验。高校也可通过引进或聘请当地企业中一些既有实际管理经验又有管理理论修养的企业家、咨询师或政府官员来担任兼职讲师，作为职业生涯规划教育的辅助师资，增强教师队伍的实战性，由于他们的实践经验丰富，教学更有说服力和穿透力，更能激起学生兴趣，充分发挥他们丰富的社会实践经验，指导学生进行职业环境探索，为学生合理定位提供重要参考。

4.将学生组织纳入管理体系

高校有很多学生组织，以学生会、学生社团、兴趣小组等形式存在，绝大多数的学生组织是根据同样的兴趣、爱好、特长等自发组成的组织，学生的参与面广、涉及学生多。在大学校园里，学生组织有管理服务型的、学术研究型的、发明创造型的、纯娱乐型的、调查统计型的、科普型的、文艺型的及志愿型的等等，涵盖了大学生活的各个方面。学生组织引领着校园文化发展的潮流，作为大学校园集体生活最重要的形式和载体，学生组织对大学生群体的高覆盖率是其他任何形式所不能比拟的，它涵盖了大学生的专业学习、文化娱乐、社会实践等各个方面。充分发挥学生组织在学生群体中的积极作用，通过他们传播职业生涯规划的理念，引导在校学生进行职业生涯规划教育的实践，具有其他形式所不能替代的天然优势。

从持续时间来看，学生组织开展的活动几乎贯穿了大学生活的全过程。利用学生组织开展职业生涯规划教育，一方面可以使职业生涯规划理念传播得更广泛，参与的学生更多。另一方面，通过学生群体内部开展职业生涯规划的教育和实践，学生的参与度更高，也更加积极主动，职业生涯规划教育的效果也更好。因此，要将学生组织纳入职业生涯规划教育机构的管理体系，在业务上接受职业生涯规划教育机构的指导。开展诸如创业论坛、职业生涯规划大赛、模拟招聘等活动，吸引更多的同学参与，通过各种形式的活动将职业生涯规划教育工作渗透到学生的日常活动之中。

（二）构建教学管理体系

1.完善教育课程设置

高校传统的由通识课程教育到基础课程教育再到专业课教育的课程体系过分地强调专业化和系统化，局限了学生的思维，使想象力和创造力不能得到正确的引导和开发，致使学生知识结构残缺、创造能力低下。课程体系建设是高校开展大学生职业生涯规划教育的核心载体，是保障目标得以实现的重要因素。职业生涯规划教育的成效可以通过课程体系的建设体现出来。科学合理地设计课程体系是大学生职业生涯规划教育的基础，关系到大学生职业生涯规划教育的全面普及和能否最终取得实效。所以应该把大学生职业生涯规划教育融入高校的教育教学体系，在原有的教学计划基础上，增设大学生职业生涯规划教育课程，并结合专业课教学，通过渗透、结合、强化的方式，切实提高大学生的职业生涯规划意识和能力。大学生职业生涯规划教育要贯通大学全过程，以必修和限定选修课相结合的形式，侧重理论知识和实施路径的有机结合，让学生具备职业生涯规划的基本技能。

职业生涯规划教育课程体系决定着大学生职业生涯规划教育的质量和效果。据调查，虽然大多数高校都开设了职业生涯规划教育相关课程，但有的是选修课的形式，课时量也和教育部文件要求有较大差距；课程内容相对匮乏，教育途径相对单一，大多数高校侧重于理论教学，课程内容不够丰富。开展大学生职业生涯规划教育要以培养和提升大学生的综合素质为目的来设置课程体系。课程体系应包含四个方面：一是理论课程的设置。理论课程可以分为公共课、专业课、选修课三类，目的是使学生养成职业生涯规划的意识、掌握职业生涯规划的基本理论，能够进行正确的自我分析和外部环境分析，进而做出正确的决策，最终实现职业目标。二是实践课程的设置。主要以大学生的自我教育、自主学习为主线，要充分发挥教育对象的主观能动性和积极性，使其进行独立思考，具有发现问题、分析问题和解决问题的能力。三是活动课程的设置。活动课程主要从认知、情感、动作技能等方面进行教育，不涉及直接的生产操作和经营管理。四是环境课程的设置[①]。环境课程是相对于显性教育的一种隐性教育方式。主要是通过学风、校风教育和举办职业生涯规划教育相关的活动等形式，培养学生的职业生涯规划意识，引导其主动进行职业生涯规划。使学生受到启迪和感染，从而不断塑造自我、提升自我，养成良好的职业生涯规划习惯。

2. 改革教学管理机制

开放且富有弹性的教学管理机制对开展大学生职业生涯规划教育是很有必要的，能让学生灵活掌握职业生涯规划的学习时间和方法，激发学生学习的主动性，同时也能让学校更加全面地检验和评价开展职业生涯规划教育的情况。总的来说，可以从以下两个方面来改革教学管理机

---

① 张氢. 大学生职业生涯规划实效性探析[J]. 黑龙江高教研究. 2009（9）：163-165.

制。第一，在教学管理上，要以教学为中心，提高专职教师的职业素质与教学水平，将大学生职业生涯规划教育渗透于各科专业教学之中，进行职业道德、职业素养、人际合作、动手能力、组织管理等综合素质的培养。第二，在学籍管理上，要从管理封闭型向服务开放型转变。探索实行完全学分制，保证学生可以根据自身情况来自由选修课程、调转专业、决定修业年限等，增加课程的选择性与弹性，扩大选修课的份额，拓宽学生的知识面，满足学生求知的欲望，提高学生的综合素质，为职业目标的实现打下坚实的基础。实行职业生涯规划实践学分制，鼓励学生参加社会实践，通过了解职业和社会环境，确定更加清晰的职业目标，有针对性地提升自身的综合素质。在社会实习实践中表现突出的学生，可以给予相应的学分。

3. 创新教育课程内容

高校应加强大学生职业生涯规划教育课程内容建设，把政治学、经济学、组织行为学、管理学、社会学、心理学、文化学、伦理学等学科引入大学生职业生涯规划教育课程，形成内容丰富、涉及面广的课程群，建立现代化的教学内容和课程体系，努力打造大学生职业生涯规划教育的精品课程，使学生成为符合社会需求的复合型人才。职业生涯规划教育是一项复杂的系统工程，涉及的知识领域相当广泛，在培养学生系统掌握本学科专业知识的基础上，开设上述相关课程，是大学生职业生涯规划教育体系必不可少的组成部分。

将大学生职业生涯规划教育课程作为独立模块参与课程设置，坚持将大学生职业生涯规划教育与专业教育相融合，并纳入专业教学计划。根据学生的特点，为不同年级的学生开设不同的职业生涯规划教育课程，课程分为必修课和辅修课，学生修课可给予相应的学分。内容设置上，面向全体学生开设"大学生职业生涯规划""就业指导"等必修课程。在开设职业生涯规划教育课程的基础上，要根据学生的兴趣爱好和社会需求选择开设辅修课程，如开设"职业礼仪""中文写作""形体与舞蹈""人际关系与沟通""大学生心理健康""情绪与压力管理""音乐欣赏与艺术修养"等涉及学生的职业生涯规划意识培养和职业能力提升的选修课程，通过辅修课程的学习。

4.更新教学方法

大学生职业生涯规划教育要突破传统的教案、教材以及教学方式，立足于培养学生的研究和实践能力，增强学生学习的主动性，增加学生的参与程度与主体意识，以讨论式、问题式、参与式的教学方式吸引学生，提高学生分析问题、解决问题的能力，做到讲授和讨论相结合、理论和实践相结合。将有关职业生涯的基本理念和知识，如职业的含义、分类、目标的设定等通过课堂讲授使学生了解，引导学生初步树立职业生涯规划意识，掌握职业生涯规划的知识和技能。同时采用阅读和案例讲解、读书讨论会、多媒体教学、专题讨论、观念联想等方式，激发学生的交流、讨论欲望，从而提高学生参与教学的积极性和主动性，提高职业生涯规划教育的实效性。要采用理论教学和实践教学相结合的方式，使学生在实践活动中学习职业生涯规划教育的相关知识。通过角色扮演、讲演训练等方式进行校内实习，通过社会调查、企业实习、参观访问等方式进行校外实习。通过实践教学，创造学生职业体验与社会经验的机会，使学生充分地了解外部环境，为合理规划职业生涯提供重要参考。

（三）构建实践运行体系

职业生涯规划教育绝不是空洞的说教和纯粹的理论知识传授，必须注重有关内容的体验，职业生涯规划能力的培养需要在实践中养成，因此，指导学生有效地进行有关职业生涯规划的实务操作，构建职业生涯规划教育的实践运行体系，是职业生涯规划教育体系的核心内容之一。

1.重视实践教学环节

实践教学环节是实现人才培养目标的重要过程，它对理论联系实际、树立实事求是的学风、提高职业技能和技术水平，以及解决实际问题能力等具有重要作用。实践教学一直是我国高等教育的薄弱环节，高校要进一步深化实践教学改革，不断提高实践教学质量，充分发挥实践教学在职业生涯规划教育中的积极作用。把实践教学和课程理论教学放在同等的位置，要通过实践性教学，提高学生的动手能力，尽早着手培养职业技能，使学生将思想与实际、理论与实践、自身与社会统一起来，将所学知识融会贯通并用于社会生活中去。

实践教学是理论联系实际的重要环节，可以使学生更加直接地了解外部环境，是提升大学生就业能力的重要内容，与大学生的职业发展有密切关联。高校应该重视学生实践环节的锻炼，充分利用校内外资源为学生创建一个针对性强、设施先进的平台和基地。引导学生充分利用见习、实习环节，依托校内基地，开展职业实践和职业适应力研究，深入、全面、直观地了解职业环境，收集职业信息，提高职业技能，增强社会实践能力和社会适应能力的同时为顺利就业打下基础。

2.强化第二课堂建设

充分发挥第二课堂作用，广泛开展职业生涯规划教育活动，要以开展丰富多彩的职业生涯规划活动为载体，激发学生的职业生涯规划欲望，培养职业生涯规划的能力，从而提升学生的综合能力。要通过学校的广播、电视、校刊、板报、讲座、活动以及学校的职能部门、大学生社团等载体开展丰富多彩的活动。在这样的校园文化氛围中，学生能够耳濡目染，会自觉自主地开展创新职业生涯规划活动。

（1）开展职业生涯规划设计大赛。以全国大学生职业生涯规划大赛为契机，以全面提高学生综合素质为目标，大力宣传、广泛动员、积极鼓励学生参与竞赛活动。大学生职业生涯规划大赛的开展，有利于学生把理性认识上升为感性认识，还可以加深对职业生涯规划的理解。职业生涯规划大赛不仅是展示职业生涯规划成果的平台，也是提高学生综合能力和职业素质的有效途径。目前，全国大学生职业生涯规划大赛已成功举办两届，各省市也都开展了大学生职业生涯规划设计大赛。高校应将职业生涯规划大赛作为一项精品活动长期开展下去。要依托重点社团，加大宣传力度，扩大学生参与面，建立健全大学生职业生涯规划设计资料档案，让每位学生都有机会参加。帮助学生从大一开始自我认知、自我盘点、自我规划、自我调整，使学生在参与比赛的过程中认识到自身存在的问题和不足，并不断加以修正，从而更好地完善自我，为探索和拓展就业渠道，帮助大学生更好地明确职业目标，从观念、心态、知识、技能等各方面做好应对竞争压力和职业挑战的全面准备，树立正确的成才观和择业观，为顺利就业打下坚实的基础。

（2）开展大学生暑期社会实践活动。积极开展大学生就业、职业生涯规划相关的主题实践活动。一方面要以社会实践活动为纽带，组织学生参观考察企业、走访用人单位，让他们在社会实践中明白职业发展的艰辛、感受艰苦奋斗的成果，克服追求享受、贪图安逸的懒惰思想。另一方面，使学生在实践中增加对社会环境和职业环境的认识，为合理定位和正确进行职业生涯规划打好基础。

（3）举办大学生职业生涯规划讲座或报告会。利用社会资源，邀请校外职业生涯规划专家、成功人士，定期举办职业生涯规划论坛、讲座，为学生讲解职业生涯规划政策，分析职业生涯规划环境，讲述职业生涯规划历程，分享职业生涯规划经验，让学生了解职场人应具备的基本素质和条件，培养学生的职业生涯规划意识与创新能力。通过报告会一方面可促进学术交流，充分展现当代大学生的创造力，同时也激发大学生们对科学研究的兴趣。

3.开展丰富多彩的校园文化

在强化第二课堂建设的同时，要充分发挥学生组织的思想引导、文化塑造和实践载体作用，通过开展丰富多彩的校园文化活动，营造良好的职业生涯规划教育氛围。

目前高校的学生组织类型多样，几乎涵盖了大学生活的方方面面，每个组织通过定期不定期地开展活动，逐渐形成了具有特色的精品活动，每年定期开展"职业生涯规划大赛""简历制作暨模拟面试大赛""就业情景剧"等一系列活动，涉及年级多，参与学生面广，有助于在学生当中形成一定的影响。一方面传播了职业生涯规划的理念，另一方面使越来越多的学生开始参与到职业生涯规划的实践中来。要进一步挖掘和职业生涯规划相关的社团精品活动，对有影响力、学生喜闻乐见的活动要大力支持，高校应加强学生社团的资源共享与相互协作，从大学生就业和职业发展过程中的实际需求出发，为重点学生社团提供有针对性、专业性的创业就业指导和职业生涯规划实践服务，帮助学生社团开展类似的活动，让更多的学生成功迈出职业生涯规划的第一步。

目前各大高校中还存在着很多职业生涯规划专业社团，对大学生职业生涯规划教育发挥着直接作用。例如大学生就业与职业发展协会、职业生涯规划协会、创业协会等。协会通过举办校园模拟招聘会、指导会员组队参加创业计划大赛，定期举办大型企业参观活动、开展系列活动和职业生涯规划大赛等一系列有特色的活动，为大学生打造一系列紧扣职业生涯规划，并具有现实意义的体验过程。协会通过举办一系列活动，对于传播职业生涯规划的理念，营造人人参与的积极性具有积极的作用。同时协会还可以尝试邀请知名人士到校召开讲座，讲解职业生涯发展过程中遇到的问题和注意的事项。使学生近距离和社会知名人士接触，对于了解职业，规划职业生涯可起到直接的作用。

4. 加强实践基地建设

职业生涯教育是从认知到行为的内化过程，要完成职业生涯教育认知的内化功能，就不能没有社会实践。由于大学生实践经验缺乏，对职业环境了解较少，不利于学生全面客观地规划职业生涯。而社会实践可以使学生更加清楚地认识自我、认识社会，将所学习的理论知识和职业需求相结合，提升个人的应用能力。稳定的实习、实践基地的建设，不仅可以确保学生实践活动持续、稳定、健康地发展，而且可以动员社会力量来参与大学生的职业生涯规划教育和管理，形成校内、校外相结合的教育格局，提高教育成效。

（1）巩固职业生涯规划教育阵地。高校在职业生涯规划教育过程中要充分利用和开发社会资源，通过与政府相关部门、社会人才机构、用人单位的积极联系，建立与学生实际情况贴切的社会实践和就业实习基地。要不断加强实习实践基地建设，积极为学生创造与社会联系的机会，开拓学生与社会之间交流的渠道。要充分利用双休日和节假日，鼓励学生参加社会实践。高校应大力加强社会实习实践基地建设，使大学生在实践的过程积累经验，缩短走向社会的适应期。学生通过实践可以了解到用人单位的用人标准，了解自身能力与社会需求之间的差距，从而及时地调整和提升，使未来努力的方向更加明确。同时高校应进一步加强与用人单位的交流合作，及时了解人力资源需求情况，深入企业反馈信息，完善和调整人才培养计划，进一步突出人才培养的针对性和职业性，做到人才培养与社会需求步调的一致性，促成企业与大学生职业生涯规划的良性互动。

（2）搭建职业生涯规划教育新平台。招聘会是目前高校中常见的毕业生双向选择的平台，包括专场招聘会与大型招聘会，专场招聘会是高校日常工作中最主要的推介毕业生的方式。相比于政府主导的人才交流会以及社会服务机构举办的人才洽谈会，高校的专场招聘会针对性强、学生参会积极、签约率高，因而受到广大毕业生的欢迎，也成为高校积极推进毕业生就业的一项重要举措。随着毕业生人数的日益增多，为从毕业生当中优先挑选出适合企业发展所需的优秀人才，近年来，很多的企业的招聘计划开始提前，以往大部分企业从十一月底开始招聘，而近两年来，每年的十月初就会有企业到校招聘，且招聘时间有越来越提前之势。企业之间为找到满意的人才也开始展开招聘竞争，越发看中就业招聘会的现场效果，给高校的招聘工作带来了更大的压力。目前高校中从事就业指导的专职老师相对较少，而就业工作随着毕业生人数的日益增多而增多，压力也越来越大。

为做好毕业生就业招聘服务工作，可以探索依托学生社团开展就业招聘服务工作。将招聘单位的前期接洽、场地安排、现场服务、后期跟踪回访等工作依托就业与职业生涯规划相关的专业性社团来开展。这样一方面减轻了高校就业工作的压力，化解了就业招聘繁琐的事务性工作，更重要的是通过专场招聘会的服务工作，给广大在校生提供了一个接触企业、了解企业的渠道。据调查，大部分学生社团主要以在校生为主，通过前期的接洽以及招聘会现场的服务，使社团近距离的接触到招聘企业，提前了解企业所需要人才以及参加招聘会时的注意事项，按照企业的要求有针对性的提升自己的综合能力，为合理规划职业生涯打下基础。

（3）建设职业生涯规划教育网络课堂。由于我国职业生涯规划教育队伍相对欠缺，教育者的专业化程度不高，高校在开展职业生涯规划教育过程中，不能保证每一个学生都能得到及时、专业的指导，因此要加大职业生涯规划教育信息化建设力度，推进其网络化进程，逐步建立职业生涯规划远程教育系统，搭建教育沟通的平台，将专业人员和广大学生通过互联网联系起来。同时通过开辟网络课程教学、网络视频课程专栏、职业生涯规划知识网络竞赛、职业生涯规划网上测评系统等途径，使职业生涯规划教育的传播途径实现多样化，让每一个学生都能得到专业人员的指导。另一方面，在步入信息化社会的今天，大众传媒成为民众视听的主宰，要充分利用传媒传播快、覆盖广、影响深刻的特点，依托校园广播站、学生记者团等通过校园广播、校园 BBS、微博、微信等途径大力宣传职业生涯规划教育的理念，营造良好的舆论环境，使网络媒体成为职业生涯规划教育新课堂。

（四）构建评估反馈体系

职业生涯规划教育评估体系的构建有利于推进其健康持续发展。由于我国的职业生涯规划教育尚处于起步阶段，评估体系的构建需要在实践中逐步探索与完善，职业生涯规划教育评估工作的重点应当围绕人才培养目标、课程设置与教学方式、师资条件与水平以及组织领导等各个方面。

1. 培养目标与实施效果评估

要对职业生涯规划教育的培养目标及实施效果进行评估，观察与分析目标的设计是否科学、合理、规范、可行；实施效果是否达到预期目标。要在认真参考社会成功人士所具备的基本素质与能力的基础上，分析研究社会选用人才的标准，制定切实可行的职业生涯规划教育培养目标，通过纵向与横向两个方面进行目标分解，形成完善的指标体系。

2. 课程设置与教学方式评估

要认真评估职业生涯规划教育课程设置及其教学方式的综合性、指向性与活动性。综合性是指在一门课程中，往往包含着多个专业或学科知识。职业生涯规划教育的教学方式上要适合这种综合性知识的传授，课程设置与课程内容应紧紧围绕提升受教育者的综合能力，而不是根据专业或学科体系进行设置与教学。指向性是指必须围绕职业生涯规划教育的培养目标来设置课程内容，使受教育者形成职业生涯规划意识、养成良好的职业心理品质、提升职业素养和综合能力。活动性就是职业生涯规划教育课程设置要具有突出的活动特征，特别是具有职业特征的实践活动课，要使"活动性"特点落到实处。

3. 师资条件与教学水平评估

要从总体上分析评估教师队伍的整体情况及对职业生涯规划教育的认识度和参与度，从职业生涯规划教育的具体实施上分析与评估教师的教学效果，看其是否能熟练掌握运用渗透式、结合式或复合式的教学方式方法。职业生涯规划教育对教师的创新素质、职业素质、创造能力和知识结构都提出了新的要求，体现在教师能力、教学环节和教学效果三个方面。职业生涯规划教育师资目标是建立促进教师职业道德与教学业务水平不断提高的评价体系；突出评价的激励和调控功能，激发教师内在发展的动力。职业生涯规划教育师资评估的主要内容包括职业道德、了解和尊重学生、教学方案的设计与实施。开展评估时要确定评价制度和评价内容、确立创新职业生涯规划教育价值观、确立全面的教育质量观、确立整体的教育效益观等等。高校职业生涯规划教育师资评价体系的构建,需要不断地探索、总结经验,根据高校自身的特色,充分调动教师的主观能动性,建立激励机制,使教师能够充分认识到学校的信任、关怀和期待,能够理性地反思自己的不足,进而通过学习和实践不断加速自己的专业化进程,形成完善科学的职业生涯规划教育师资评价体系。

4.组织领导状况评估

高校是开展职业生涯规划教育的主要引导者,效果如何、师资水平及软硬件设施建设程度、教学方式方法是否合理等在很大程度上取决于学校各级领导的重视程度。要从职业生涯规划教育理念、组织实施、软硬件建设、实施保障等方面设置合理的评估指标与方法,对职业生涯规划教育的组织领导工作进行评估。同时,应当看到,由于高校在开展职业生涯规划教育的范围与程度上不尽相同,因此,开展职业生涯规划教育评估也要本着有利于推进工作发展为目的,采取灵活多样的形式进行。评估可以是综合性的,也可以是单项的;可以定期进行,也可以不定期进行。开展职业生涯规划教育评估后,应当及时反馈评估意见,将评估结果同评估对象的奖惩挂钩,实现通过评估达到推进职业生涯规划教育的目的。

(五)构建社会支持体系

职业生涯规划教育不是也不应该只是学校行为,它的顺利实施需要全社会的关注和支持。职业生涯规划教育归根结底是一项社会工程,需要完整的社会支持体系的。只有社会的大力支持和高校的正确引导,才能优化职业生涯规划教育的环境,确保职业生涯规划教育的顺利进行。

1.发挥政府的主导作用

就业是民生问题,促进就业和治理失业是我国政府的重要职责,也是各级政府执政为民的重要体现。职业生涯规划教育对于提高学生的综合素质,引导学生合理定位,顺利实现就业发挥着重要的作用。目前我国对大学生职业生涯规划教育的战略规划还不够完善。国家在经费、师资队伍、就业实习平台建设等多方面缺少强有力的政策支持。要按照《中华人民共和国就业促进法》的相关要求，制定促进大学生职业生涯规划教育的政策法规和财政政策，建立教育专项资金，加大资金投入，进一步强化政府公权力在大学生教育中的重要职责。大力发展经济，进一步调整产业结构，增加就业岗位、开拓大学生实践基地、加强教育和培训力度、提供就业援助等；要进一步转变职能，强化服务意识，实行对所属部门和下一级政府进行考核和监督的制度，为大学生职业生涯规划教育创造良好的外部环境。

2. 发挥企业的实践基地作用

企业是大学生进行职业生涯规划教育的实践基地，是学生进行职业认知和环境认知的重要途径。企业应实行优势互补，在双赢的原则下，积极与高校合作建立大学生就业与职业发展教育实践基地，鼓励学生深入企业参观、实习，从实践锻炼中加强对外部环境的认知度。积极设立大学生职业生涯规划教育基金或奖学金，鼓励大学生进行合作研发、自主创业，为学生创造良好的职业探索环境和条件，拓宽他们的知识视野，提高创新和创业能力，增强适应社会和市场竞争的能力，更好地推动以就业和社会需求为导向的人才培养模式改革。

3. 发挥家庭的情感支持作用

家庭支持特别是父母的支持对大学生的职业发展有很大的帮助，这种支持是自发给予的，无附带条件的。父母是孩子的第一任教师，也是对子女影响最大的人。家庭支持可以对毕业生提供一定的经济支持，帮助毕业生树立正确的人生观和择业观，为毕业生寻求更广阔的职业发展空间。一要充分认识家庭传统观念对学生职业目标设定的影响作用。中国传统的家庭观念是以血缘关系为纽带，强调家庭的和谐与团圆，崇尚共享"天伦之乐"。在传统的中国家庭里，个人首先要为家庭服务，先家庭而后个人，个人也自觉或不自觉地将家庭的目标期望作为自己的奋斗目标。父母要转变就业观念，了解行业趋势和整个就业形势，帮助学生树立正确的职业目标和发展方向。二要高度重视父母、社会资源对职业发展的推动作用。父母应该积极扩大社会资源为学生就业和职业发展提供帮助，教育学生树立科学的就业和职业发展观念。三要合理发挥父母的不同角色对职业探索的引导作用。在家庭支持体系中，父母在对其子女职业选择上的帮助是不同的。目前社会的主流文化还是以男性为主，父亲的一言一行都会对子女的成长产生重大的影响，对子女的就业与职业探索起着更加重要的作用。因此，父亲们需要认识到上述问题，从而更好地帮助孩子解决就业与职业发展问题。

二、大学生创新创业能力培养体系构建

为了顺应时代的潮流，越来越多的学者认为，一个国家发展的强大动力来自创新，而促进国家发展的主力就是当代的大学生。所以，大学生就应必须具备创新的能力，高校在开展创新教育时，应注重培养其创新创业能力，培养自主发现问题并解决问题的能力，注重实际动手能力的培养。只有逐步完善创新创业能力培养体系，才是符合现代教育要求和社会人才需求的。

（一）以课程为载体建立创新创业能力培养的课程体系

建立课程体系，学校应将创新创业教程充分融合于学生的培养计划当中，开设相关的创新教育必修与选修课程，且不能流于形式，应使创新创业教育适用于不同的专业，针对自身专业特色打造真正能够发挥专业优势的课程，避免千篇一律的形式教学，让学生能够真正学以致用。同时还要开展多种形式的创业课程，如定期开展宣讲会、讲座，邀请了解创业新规的专家们向学生们传递最新知识，也可邀请一些创业成功的学生代表向学生们分享经验。

（二）以活动为载体完善创新创业能力培养的项目体系

1. 优化创新创业教育机制

学校要通过相关领导的主持，各个职能部门互相配合，建立一支专门的创新创业教育团队，统一筹划并带领全校开展对创新创业的培育，进而让各教育部门和职能单位的协作行之有效，一同探寻出能够跨院系，在不同学科不同专业中培育创新创业精英的途径。以课堂教育为主，实践平台为辅，全方位增强学生们的创新创业技能，构建培养创新创业人

才的新机制，坚持教育育人，实践育人的方式提高学生创新创业素养，稳固创新创业能力，加深他们对于创新创业的认知。

2. 提升创新创业教育的针对性

搭建完整的职业生涯规划课程体系，面向全校学生授课。逐步形成符合学生实际的创业教育与创业实践模式——高薪职业实训系统三三二实训课程（三项自我教育系列：自我规划、自我管理、自我营销；三种通用能力：沟通口才、形象礼仪、面试求职；两大素养养成系列：国学文化研习馆、素质拓展训练营）。

在大学生就业创业指导中心和大学生创业培训基地，为大学生举办SYB创业培训，为更多的学子踏上七彩的创业之旅助力。创业训练实行小班（每班不超过30人）教育，通过交流法、训练法、授课法、娱乐法、事例法、头脑风暴法以及角色演绎法等不同互动培养方法，活跃课堂气氛，整个教学生动、活泼、趣味。课堂中的练习仿照实际的创业历程，通过参与性培养方式让学生充实自己的创业计划书并且将其演绎出来，结业后即可按自己的创业计划进行创业实践。

通过这种方法寻找出对创业十分感兴趣，并且了解创业，具有创业价值观的同学，将这些学生挑选出来对其进行更加深入的创业培养，这种培养模式使创新创业教学更加高效，增强大学生创新创业能力，提高创业气氛。

3. 保障创新创业教育智力支持

要经常性地举行创业发展咨询项目以及辅导学生的创业计划，创业导师要对学生创业方面的疑问进行解惑。对于开展的创新创业教学项目，授课老师要着重讲解其基础，对于学生的实践项目要重点协助；聘请成功创业人士、杰出校友、优秀企业家成为学生的非校内创业导师，连同改善师资团体组建、设立非本校专家资源库等手段，通过引导校内创新创业项目的合理运转以及发展，改善现阶段教学以及培育大学生创业的能力。

4. 丰富拓展创新创业教育形式

首当其冲的是训练手段的多样化。将各种训练手段巧妙应用于创业创新的教育课堂中，多种授课模式交替应用，包括讨论式、参与式以及互动式等等，重点关注孩子们思维创造性和自主性的养成。

再者，多角度开展创业指导教育，包括创业实务训练、创新模块培训和创业案例教学等。

接下来是强化制订创业创新的实践学分统计规则。鼓励各学子依据个人的兴趣以及优势所在，参与第一课堂之外的创新创业活动、社会实践活动和科研培训，以获取富有实践和创业含义的成效，同时由本校鉴定后给予其学分奖励。

最后要以主题活动、参观实践基地和访问交流等形式踊跃开设相关教学。组织本校学生和就业创业指导老师等参观创业大街或创业园，将校内各专业实验室、创新实践基地以及创业孵化基地等积极对外，以求在校内广泛共享教学、实验、科研的资源。从学生出发，在管理以及教学里引入创业创新教学等各个级别各个类型的创新创业方式。同时，也可以举行各类讲座，引导大学生进行创业实践，构筑好的创业环境，积极调动大学生对创业的激情。

5. 科学创建创新创业课程内容

（1）创建教育课程体系。通过大数据技术和创新创业测评技术选择出富含创新创业价值观、兴趣、爱好和特长的学生，指导他们选学相关课程，比如《创业心理学》《创业管理学》《大学生 KAB 创业基础》等。并且还要设立结构合理和特征突出的相关创业培训教学科目。此外，设立多类型的创业创新课程体系，包括培训、核心和选修课程。面向在校学生开设创业案例、创新方法和创新能力培养等课程，并予以学分统计。

（2）开展创新创业教育。根据学校本身专业和学科的特色，开设具有实践应用性与专业匹配度的创业创新教学。首要的就是设立本校各个专业有关方面的案例库，积极利用校友和各个专业老师的资源，以前沿技术分析本专业相关科目；有机结合专业和创业创新教学，设立富有专业特点的创业创新科目；实时地应用现阶段科研成果于教课中，丰富本校相关教学的实践指导性以及专业前沿性，优化本校学生运用本专业创业的水平；及时以调查问卷的形式掌握大学生对相关课程的接受程度，广泛吸收学生的意见以及相关需求，使创新创业课程能够在原来的基础上更趋于成熟、完善。

6.搭建创新创业教育平台

（1）搭建大学生创新创业交流平台。大学生创新创业交流平台的创建，可以为热衷于创新创业的同学提供一个相互交流，分享经验与心得的平台，让这些同学共同组建一个俱乐部和团委、招生就业处以及学校宣传部的共同努力，对俱乐部活动进行大力宣传，同时还要对平台进行有效指导和监督管理。与此同时，还要积极主动地与校外机构进行良性沟通，致力于建立长期合作关系。学校还应致力于共享信息资源的实现，平台应加大与各个院校相关组织间的交流、沟通。除此之外，在创新创业教育活动火热进行的同时，还可以借助微信这一网络通信工具组建创新创业团队交流群，为学生提供学习、交流、互助的平台。

（2）搭建大学生创新创业训练平台。大学生创新创业训练平台的搭建在设施管理、经费保障、活动开展、政策支持以及课程调整等多个方面给予了保障。通过"大学生创业基金计划""萌芽杯创业大赛"等为主题内容的训练，逐步形成良好的培养体系。这种体系的创立就是参考了职业生涯规划教育看重实践与模拟的特点。大学生创新创业平台对于企业家精神以及创新型人格的培养主要是通过多类型、多层次的实践来开展未来企业家创业训练营以及年度创业交流活动节。除此之外，由于在校大学生创新创业相关赛事更强调团队间的沟通，注重低准入制度，对在校大学生进行大力宣传、引导，使得"大众创业、万众创新"的良好氛围在学生中间得以形成。从学校比赛中脱颖而出的创业团队还会被学校推荐去参加全国性的创业赛事，如"挑战杯""学创杯"等科技创业大赛。

（3）搭建大学生创新创业服务平台。以学校现有条件为基础，全面提高大学生创新创业服务平台的质量。平台要建立自主创业学生的档案，做好登记工作并且定期追踪他们的创业项目，及时为他们提供科学技术、社会资源甚至融资资金的支持。平台服务的对象不仅仅局限于创业的学生，它会为全校的学生提供包括创业营销、工商注册、税务管理、专利知识、企业运营等在内的咨询服务，平台还会及时解读有关创业的相关法律和行业信息，积极引导学生确定创业方向。

（三）以管理为手段充分保障创新创业能力培养的制度体系

很多高校的教学设置、实践策划、招生就业等工作都是独立开展的，这就导致学生的实践活动与课堂所学的专业知识有所偏离，学生创新创业的综合能力得不到很好的锻炼。要想全面提高学生的创新能力，必须将教学、学工以及招生就业的部门系统地组合起来，设定统一的教学计划、实践目标以及培养方案。学校应当聘请理论知识丰富、专业技能水平好的老师对学生进行课堂教育和实践培训。

为了更好地了解大学生的兴趣和能力，高校要开设关于创新创业知识的教学，从大一开始就对学生进行职业生涯的培训和测试，积极开展相关实践活动，建立学生档案并做好学生能力的记录和评价，根据学生档案，学校可以开展系统化的管理，定向培养学生。同时可以开展学分选课，对大学生的实践表现进行打分，这样一方面可以充分考虑到学生的兴趣爱好，另一方面也能了解学生的能力，针对学生的不足开展教育。

参考文献

[1] 李金亮，杨芳，周欣 . 大学生职业生涯规划 [M]. 长沙：湖南教育出版社，2019.

[2] 杨红英 . 大学生职业生涯规划 [M]. 昆明：云南大学出版社，2015.

[3] 万生新，姬建锋 . 大学生创新创业教育 [M]. 西安：陕西人民出版社，2019.

[4] 陈彩彦，兰冬蓉 . 大学生职业生涯规划 [M]. 北京：航空工业出版社，2018.

[5] 胡庭胜，廖锋 . 大学生职业发展指导教程 [M]. 北京：商务印书馆，2018.

[6] 胡晓风 . 创业教育简论 [J]. 四川师范大学学报（哲学社会科学版）：社会科学版，1989，16（4）：1-8.

[7] 马林 . 大学生教育与职业风险分析 [J]. 教育与职业，2006（35）：175-176.

[8] 任亮 . 职业价值观不良是大学毕业生就业难的根本原因 [J]. 张家口师专学报，2001，17（1）：77-81.

[9] 于洋 ."互联网＋"对大学生创新创业的影响与引导研究 [J]. 三门峡职业技术学院学报，2016，15（2）：68-72.

[10] 尤敬党，吴大同 . 生涯教育论 [J]. 江苏教育学院学报（社会科学版），2003，19（1）：12-16.

[11] 陈新.大学生职业生涯规划能否促进就业：基于郑州某高校 2009 年毕业生的统计调查分析[J].中国统计，2009（12）：2.

[12] 张氢.大学生职业生涯规划实效性探析[J].黑龙江高教研究．2009（9）：163-165.

[13] 李菲菲.应用型高校创新创业教育实践教学体系构建[J].黑龙江工程学院学报，2022（3）：85-88.

[14] 徐萍.高校创新创业教育文化意识培育路径略探[J].学校党建与思想教育，2022（10）：76-78.

[15] 张丽艳，石皓月.高校创新创业教育研究热点及趋势分析[J].科教文汇，2022（10）：2-5.

[16] 刘佳.应用型本科高校创新创业教育生态的构建[J].环境工程，2022，40（4）：291.

[17] 田静.基于职业教育的高校创新创业教育生态系统模型构建[J].继续教育研究，2022（5）：80-84.

[18] 马超，郑佳薇，郑大明.高校创新创业教育转型发展分析：评《新时代高校创新创业教育理论与实践》[J].科技管理研究，2022，42（7）：253.

[19] 赵云.高校创新创业教育现状及未来发展探究：以柳州工学院信息科学与工程学院为例[J].教育信息化论坛，2022（4）：81-83.

[20] 胡玲，李艳杰.中美高校创新创业教育比较研究：基于关键性指标因素视角[J].黑龙江高教研究，2022，40（4）：75-85.

[21] 陈虹竹，王彩，钟晓杰，等.民办高校创新创业教育实践体系研究[J].现代商贸工业，2022，43（10）：58-59.

[22] 王盛，于专宗.高校创新创业教育中创新教育的缺失及对策[J].就业与保障，2022（3）：115-117.

[23] 杨金焓.高校创新创业教育与思想政治教育融合路径探析[J].中外企业文化，2022（3）：221-222.

[24] 孙磊. 高校创新创业教育资源整合问题探讨[J]. 创新创业理论研究与实践，2022，5（6）：161-163.

[25] 莫锦陶，李翔，陈伟杰."三全育人"理念下高校创新创业教育模式分析[J]. 内蒙古科技与经济，2022（4）：23-25.

[26] 郭萌，王怡. 地方应用型高校创新创业教育课程体系的构建[J]. 商洛学院学报，2022，36（1）：71-76.

[27] 杜鹃，李云霞，陈国华. 大学生职业生涯教育的课程思政教学改革研究[J]. 石家庄铁路职业技术学院学报，2021，20（4）：100-103.

[28] 张倩倩，刘颖，胡阳华."互联网+"时代大学生创新创业意识培养路径研究[J]. 作家天地，2021（30）：127-128.

[29] 罗娟，单路路，张梦汝. 人工智能背景下大学生创新创业意识与能力的培养研究[J]. 科学咨询（科技·管理），2021（10）：193-194.

[30] 肖丽. 自我认知主动性在提升大学生就业能力中的作用[J]. 人才资源开发，2021（18）：51-53.

[31] 蒋雅玲，李敏，潘丽. 高职院校大学生自我认知对就业竞争力的影响[J]. 就业与保障，2021（14）：62-63.

[32] 崔玲君，康思宇. 大学生职业生涯教育的路径探析[J]. 教育信息化论坛，2021（7）：114-115.

[33] 季玟希. 大学生自我认知与学习能力的关系研究：以某双一流建设高校为例[J]. 湖北招生考试，2021（2）：21-25，31.

[34] 周晓彬. 探析新媒体背景下提升大学生创新创业意识途径[J]. 数字通信世界，2021（4）：275-278.

[35] 柴丽娜. 大学生创新创业意识培育研究[J]. 作家天地，2021（7）：125-126.

[36] 王斐斐. 大学生自我认知现状及其对策研究[J]. 成才之路，2020（36）：6-7.

[37] 钟雄星，曹福兴. 大学生创业失败与自我认知关系调查研究[J]. 就业与保障，2020（3）：95-96.

[38] 颜刚威, 崔亚娟. 大学生群体自我认知偏差研究 [J]. 教书育人（高教论坛）, 2020（3）: 49-51.

[39] 周欣. 提升自我认知, 促进自我开发, 大学生生涯探索团体辅导实践报告: 以长沙学院为例 [J]. 当代教育实践与教学研究, 2019（19）: 197-198.

[40] 张淼. 浅谈大学生创新创业意识培养的问题与对策 [J]. 教育教学论坛, 2019（28）: 40-41.

[41] 乔佳汝."双创"背景下高校大学生创新创业意识的培养途径探索 [J]. 文化创新比较研究, 2019, 3（16）: 136-137.

[42] 徐睿, 翁海光. 职业生涯理论和归因理论视域下大学生职业韧性的培养路径 [J]. 学校党建与思想教育, 2019（3）: 75-76, 79.

[43] 雷享勇, 郭靖娴, 丁伟. 大学生自我认知对职业发展的影响 [J]. 教育教学论坛, 2019（6）: 64-65.

[44] 曹继伟. 经济新常态下大学生职业意识引导方法探索 [J]. 知识文库, 2018（18）: 159.

[45] 姜明辉, 汤隽晟, 葛永进. 大学生职业生涯规划与自我认知调查分析 [J]. 文化创新比较研究, 2018, 2（20）: 88, 90.

[46] 司泰宁. 如何培养大学生培养职业能力 [J]. 明日风尚, 2018（7）: 260.

[47] 罗勇. 无边界职业生涯理论与高职就业能力培养 [J]. 现代职业教育, 2015（30）: 90.

[48] 谢武. 大学生职业意识社会化探析 [J]. 创新与创业教育, 2015, 6（2）: 53-55, 136.

[49] 刁翔正. 职业生涯理论的演进与本土化研究的环境比较 [J]. 科教导刊（中旬刊）, 2014（16）: 139-140, 174.

[50] 李珺. 关于大学生职业意识培养的浅见 [J]. 文学教育（中）, 2014（5）: 114-115.

[51] 李瑞星, 郑金伟. 职业生涯理论综述及对职业生涯教育研究的启示 [J]. 中国大学生就业, 2013（18）: 54-60.

[52] 龙海涛. 职业生涯理论的研究 [J]. 一重技术, 2013（2）: 68-69.

[53] 张伟. 当代大学生职业意识的缺失与培养 [D]. 武汉：华中师范大学，2008.

[54] 陶仁杰. 当代大学生创新意识培育研究 [D]. 南昌：南昌航空大学，2018.

[55] 郑未. 大学生职业生涯规划教育存在的问题及对策研究 [D]. 兰州：兰州交通大学，2014.

[56] 秦翀. 职业生涯教育融合大学生思想政治教育的研究 [D]. 长春：吉林财经大学，2019.

[57] 黄露. 我国大学生职业生涯教育探析 [D]. 青岛：青岛大学，2012.